国家社会科学基金项目（批准号：06BJL003）阶段性成果
辽宁省高校人文社科重点研究基地项目（批准号：J05010）最终成果

二元经济结构转换与东北老工业基地振兴

张桂文　周　健　著

经济科学出版社

责任编辑：吕　萍　张庆杰
责任校对：王肖楠
版式设计：代小卫
技术编辑：邱　天

图书在版编目（CIP）数据

二元经济结构转换与东北老工业基地振兴／张桂文，周健著．—北京：经济科学出版社，2008.12
ISBN 978-7-5058-7706-1

Ⅰ．二… Ⅱ．①张…②周… Ⅲ．经济结构-关系-工业基地-经济发展-研究-东北地区 Ⅳ．F427.3

中国版本图书馆 CIP 数据核字（2008）第 180459 号

**二元经济结构转换
与东北老工业基地振兴**

张桂文　周　健　著

经济科学出版社出版发行　新华书店经销
社址：北京市海淀区阜成路甲 28 号　邮编：100142
总编室电话：88191217　发行部电话：88191540
网址：www.esp.com.cn
电子邮件：esp@esp.com.cn
汉德鼎印刷厂印刷
永胜装订厂装订

880×1230　32 开　9.25 印张　220000 字
2008 年 12 月第 1 版　2008 年 12 月第 1 次印刷
ISBN 978-7-5058-7706-1/F・6957　定价：18.00 元

（图书出现印装问题，本社负责调换）
（版权所有　翻印必究）

前　　言

　　振兴东北老工业基地是我国新世纪全面建设小康社会的重大历史任务，是一项涉及经济与社会全面发展的系统工程。它既要重视改造传统工业，促进产业结构优化升级，又要坚持统筹兼顾，注重协调发展。研究二元经济结构（城市现代工业部门与农村传统农业部门并存）与东北老工业基地振兴，有利于解决东北老工业基地振兴中农业剩余劳动力转移、农业与农村落后、农民贫困等城乡社会经济发展失衡问题；对于统筹城乡发展和促进老工业基地的振兴具有重要的社会应用价值。

　　迄今为止，国内外学者对于二元经济结构转换研究多是以国家而不是以区域为对象；对老工业基地振兴研究也多局限于对传统工业改造和产业转型，很少涉及二元经济结构转换与统筹城乡发展。二元结构矛盾既是困扰目前东北地区经济发展的主要因素，也是东北地区可持续发展中需要付出长期努力和重点解决的问题。因此，在新的国内外经济环境下，以科学发展观为指导，坚持从实际出发和矛盾分析的方法论原则，把二元经济结构转换与东北老工业基地振兴结合起来进行研究；从统筹城乡发展的角度来研究东北老工业基地的振兴，以改革二元经济体制为重点来促进东北老工业基地的二元经济结构转换，总结东北地区二元结构转换的经验与教训，探索既符合经济结构转换的一般规律，又适合东北具体区域情况的二元经济结构转换道路,无疑具有重要的理论意义。

本书是在新的历史条件下,从全面系统的观点,多视角对东北二元经济结构转换进行的一次尝试性探索。本书研究权当引玉之砖,以期能够为研究东北的二元经济结构转换提供一个新的思考线索。受到作者学识和水平的限制,书中一定会有不少欠缺之处,希望读者批评指正。

张桂文

2008 年 10 月

目 录

导论 …………………………………………………… 1

第一章　二元经济结构理论及启示 …………… 12

第一节　刘易斯模式 ……………………………… 12
第二节　费景汉—拉尼斯模式 …………………… 15
第三节　托达罗模式 ……………………………… 28
第四节　二元经济结构模式的比较分析及启示 … 37

第二章　二元经济结构转换对东北振兴的作用 ……… 48

第一节　解决东北地区的"三农"问题 ………… 49
第二节　促进区域产业结构的优化与升级 ……… 56
第三节　扩大东北地区的有效需求 ……………… 59
第四节　加快东北地区的城市化进程 …………… 64

第三章　东北二元经济结构的历史演变 ………… 68

第一节　东北二元经济结构的形成及深化 ……… 68
第二节　东北二元经济结构转换 ………………… 82

第三节　东北二元经济结构演变的总体度量 …………… 91

第四章　东北二元经济结构转换的特征分析 ………… 98
　　第一节　经济结构演进的一般规律 …………………… 98
　　第二节　发展中国家经济结构转换的特点 …………… 103
　　第三节　东北二元经济结构转换的特征 ……………… 113

第五章　东北二元经济结构转换的制约因素 ………… 125
　　第一节　资源枯竭和生态环境恶化 …………………… 125
　　第二节　资本形成不足 ………………………………… 129
　　第三节　有效需求不足 ………………………………… 138

第六章　东北二元经济结构转换的难点分析 ………… 146
　　第一节　产业结构升级与劳动密集型产业发展的
　　　　　　两难抉择 ……………………………………… 146
　　第二节　农村工业发展面临新问题 …………………… 156
　　第三节　城乡双重就业压力严重 ……………………… 161
　　第四节　城乡利益矛盾日益突出 ……………………… 167

第七章　东北二元经济结构转换的多元化道路 ……… 176
　　第一节　多元化发展道路的必要性 …………………… 176
　　第二节　多元化发展道路的基本内涵 ………………… 185

第八章　东北二元经济结构转换的主要途径 ………… 200
　　第一节　推进工业化进程 ……………………………… 200
　　第二节　促进传统农业改造 …………………………… 215

第三节　加速城市化发展 …………………………………… 233

第九章　以创新推动东北二元经济结构转换 ………… 245

第一节　创新在二元经济结构转换中的效应分析 ……… 245
第二节　技术创新的路线选择 …………………………… 253
第三节　二元经济结构转换中制度创新的重点 ………… 258

参考文献 …………………………………………………………… 275
后　　记 …………………………………………………………… 286

导　　论

一、理论与实践意义

二元经济结构是指城市现代工业部门与农村传统农业部门并存的经济结构。发展中国家由传统农业经济向现代经济演进的过程中，都经历了一个二元经济结构转换阶段。二元经济结构作为发展中国家在经济发展与结构成长过程中出现的一种特殊结构形态，是发展中国家经济发展后起性的必然结果，反映了发展中国家结构成长上的"先天不足"。发展中国家在工业化阶段的主要任务，就是对这种相对落后的国民经济结构进行改造，使异质的二元经济结构转换为同质的现代化的一元经济结构。只有完成了这一任务，发展中国家的经济才会发生质的飞跃，进入到一个新的发展阶段。

现代经济发展的历史表明，一个国家或区域的经济发展过程，不仅体现为国民经济总量的增长，而且还必然伴随着经济结构的演变。可以说，经济发展就是总量增长与结构转换相互影响相互作用的结果。中国作为一个发展中的人口大国，二元经济结构是国民经济的基本特征，而东北地区作为中国的老工业基地，受传统工业化道路的影响更大，二元经济结构特征十分明显。从二元经济结构与产业结构的关系来看，国民经济具有明显的二元结构特征，说明作为国民经济基础的农业部门仍处于传统的生产方式，表明东北地区现阶段的产业结构处于低度水准；就业结构表现在第一产业的劳动力居多，要素使用结构上表现为劳动密集型产业为主，因此，推进二元经济结构转换有利于促进东北地区产业结构的优化与升级；从二元经济结构与经济总量增长的关系来看，由于东北区域与经济体制的特殊性，在东北地区的经济发展过程中，总量与结构的关系突出地表现为总量增长与二元经济结构转换滞后的矛盾，只有推进二元经济结构的转变才能提高社会资源的配置效率，促进东北地区经济持续快速增长；从二元经济结构与区域经济的关系来看，二元经济结构表明城乡之间在经济发展水平、居民生活水平上还存在着相当大的差距，因此，只有推进二元经济结构转换才能从根本上解决长期制约东北地区社会经济发展的"三农"问题，即农民、农业及农村这一社会经济发展中的基本问题。

推进二元经济结构转换不仅对于东北地区经济发展具有重要的战略意义，而且对于解决东北地区目前经济发展中存在着的结构性矛盾突出、失业现象严重等紧迫性问题也具有非常重要的现实意义。经过改革开放20多年的发展，到20世纪90年代末，我国的经济运行特征发生了显著变化，由供不应求的短缺经济转为产品相对过剩的买方市场。有效需求不足成为制约经济发展的关键。受到有效需求不足的制约，加之体制转轨与结构调整的加速进行，城乡双重失业问题已达相当严重的程度，成为举国关注的焦点，作为老工业基地东北地区的城乡双重失业问题更为突出。与20世纪90年代末期以来的国民经济运行状况相适应，从1998年起，中央政府经济政策的着力点，也从抑制需求，缓解通货膨胀转为刺激需求，扩大劳动就业。经过长达5年的扩张型经济政策，到2002年下半年，中国经济走出了持续多年的通货紧缩困扰，开始进入新一轮上升周期。新一轮上升周期的突出特点是固定资产投资较旺，国际收支顺差导致银行体系流动性偏多，到2007年，经济运行出现了由偏快转向过热的风险，尽管中央政府出台了一系列紧缩型的经济政策，物价上涨的趋势并未能得到有效遏制，到2008年一季度全国居民消费价格总水平上升8%，物价上涨幅度创近来年来历史最高水平。此轮通货膨胀是典型的结构性物价上涨，在粮食、能源原材料供给不足的同时，大量最终产品销路不畅；在经济偏热的同时，城乡双重失业的压力仍然十分突出。2008年9月以来，美国次贷危机演变为全球金融危机，受外需急剧减少的影响，有效需求不足的问题更为突出，城乡双重失业问题更加严重。东北地区作为全国的老工业基地，不仅面临着严重的需求约束，结构性矛盾也十分突出，具体表现在：依据资源基础所形成的传统产业优势与本地资源保障间的矛盾日益突出，建设"生态安全东北"面临巨大挑战；资源型城市转型压力大，可持续发展问题突出；城乡就业压力与高层次人才短缺并存，产业结构调整任务艰巨；计划经济时期在大城市周围地区形成"孤岛经济"，导致城乡联系不畅，城市竞争力不强；农业基础不稳，农业与工业发展的相互支撑关系还相当薄弱。无论是全国宏观经济运行，还是东北地区所面临的突出问题，从深层次原因分析，都是受到二元经济结构转换滞后的影响。二元经济结构转换滞后造成我国农民的收入水平不能随着经济增长而相应提高。我国农村人口占总人口的比重近70%，3个农村人口的消费水平仅相当于1个城镇人口，由于二元经济结构转换滞后而造成的城乡收入差距扩大，农民收入水平偏低，是目前我国尤其是东北地区各种问题的症结所在。因此，推进二元经济结构转换对于缓解我国经济运行的周期性波动，解决东北地区目前经济发展中存在的结构性矛盾突出，失业现象严重等紧迫性问题具有重要作用。

振兴东北老工业基地是我国新世纪全面建设小康社会的重大历史任务。党中央国务院做出了振兴东北老工业基地的重大决策，为东北地区加快发展提供了难得的历史机遇。但振兴东北老工业基地是一项涉及经济与社会全面发展的系统工程，既要重视改造传统工业，促进产业结构优化升级，又要坚持统筹兼顾，注重协调发展。研究二元经济结构与东北老工业基地振兴，有利于解决东北老工业基地振兴中农业剩余劳动力转移、农业与农村落后、农民贫困等城乡社会经济发展失衡问题；对于统筹城乡发展，促进老工业基地的振兴具有重要的社会应用价值。

自20世纪50年代刘易斯的二元经济结构理论模式问世以来，发展中国家的二元经济结构吸引了许多经济学者的关注。他们从不同的角度考察和分析了国民经济二元结构的特征和表现形式，不同程度上分析和探讨了二元经济结构产生的原因与改造二元经济结构的途径。尽管有许多学者做出了巨大努力，但迄今为止，还没有建立起一个适用于各类发展中国家具有普遍意义又被广泛接受的二元经济结构理论。此外，国外对二元经济结构转换的研究大多是以国家而不是以区域为研究对象，而且大都是以完善的市场经济制度为条件，与发展中国家的现实具有较大差距。由于发达国家已完成了二元经济结构转换，所以国外对老工业基地振兴问题的研究也多局限于对传统工业改造和产业转型，基本不涉及二元经济结构转换与统筹城乡发展。

我国对二元经济结构的研究起步较晚，自20世纪80年代以来，才引起了国内经济学者的重视，并出版和发表了众多学术成果。但从目前公开出版的文献资料来看，国内对二元经济结构的研究主要表现在以下三个方面：一是在发展经济学的著作中介绍与评价各种二元经济结构理论；二是探讨与概括中国二元经济结构的特征；① 三是从不同的角度侧重研究与探讨二元经济结构转换的某一侧面。② 而且国内学者研究的重点是把全国经济作为一个整体，极少涉及一个区域内的二元经济结构转换。对于老工业基地振兴问题研究的成果也多集中于城市工业的改造和产业转型，从统筹城乡发展的角度，研究二元经济结构转换与东北老工业基地振兴的研究成果很少。以往对东北老工业基地研究，并没把东北地区当作一个大范围的"问题区域"看待，也没有将问题置于一个中长期可持续发展的平台上进行系统的考察。③ 从统筹城乡发展的角度衡量，二元结构矛盾既是困扰目前东北地区经济发展的主要因素，也是东北地区可持续发展中需要付出长期努力和重点解决的问题。因此，在新的国内外经济环境下，以科学发展观为指导，坚持从实际出发和矛盾分析的方法论原则，把二元经济结构转换与东北老工业基地振兴结合起来进行研究。从统筹城乡发展的角度来研究东北老工业基地振兴，以改革二元经济体制为重点来促进东北老工业基地的二元经济结构转换。总结东北地区二元结构转换的经验与教训、探索既符合经济结构转换的一般规律，又适合东北具体区域情况的二元经济结构转换道路，无疑具有重要的理论意义。

---

① 如有的学者在借鉴发展经济学的二元经济结构理论，根据中国农村工业对中国农业剩余劳动力转移的作用，提出了中国经济具有三元结构或四元结构的特征。
② 较多的是从农业剩余劳动力转移的角度来进行研究，其代表性的研究成果是蔡昉博士于1990出版的《中国二元经济与劳动力转移——理论分析与政策建议》；也有一些学者从农业发展、区域经济或经济运行机制的角度来研究中国的二元经济结构转换。
③ 金凤君等著：《东北地区振兴与可持续发展战略研究》，商务印书馆2006年版，第1页。

二、研究思路与体系结构

20世纪80年代以来，我国理论界关于二元经济结构的研究成果不算少，但是把二元经济结构转换与老工业基地振兴结合起来进行探讨，从统筹城乡发展的角度来研究老工业基地的振兴，还属于新的尝试。因此，在展开研究之前有必要交代一下本书研究所遵循的基本思路。

1. 研究的前提。本书所研究的是东北地区二元经济结构转换，因此，它必须以现阶段中国经济发展的国内环境作为基本前提。中国正处于历史性的变革过程中，现阶段中国经济发展的国内环境总体来说包括两方面的内容，一是从生产力发展水平上考察，经过几十年的经济发展，我国已经基本完成了工业化初期阶段的历史任务，在二元经济结构明显存在的条件下已步入工业化中期发展阶段。从世界工业化规律来看，这一阶段是一个国家经济结构加速转变时期，在这一阶段中虽然第二产业还是国民经济增长的主导，但制造业发展对技术进步和产业升级的依赖程度大大增加，与此同时第三产业的比重不断增长，城市化进程明显加快。二是从生产关系变革的角度看，我国经济体制改革已进入"后转轨阶段"，[①] 市场化进程步入加速时期。这一阶段市场化改革的特点是从局部的单项改革转向全面配套改革；改革进程中制度变革由帕累托效率向非帕累托效率转变，利益关系调整的难度加大，完善社会主义市场经济体制的任务更加艰巨。

经过20多年的改革开放，中国经济的开放程度不断提高，

---

① 刘克崮、张桂文等人认为，以中共中央16大为标志，中国体制改革已进入了"后转轨阶段"。其基本观点是这一阶段市场经济体制已基本确立，市场化改革方向已不可逆转；但体制转轨的深层次矛盾更为突出，利益关系调整的难度加大，完善社会主义市场经济体制的任务更加艰巨内部讨论稿《后转轨时期经济发展与政策》。

在国内经济日益国际化，国内市场日益成为世界市场的一个重要组成部分的条件下，研究东北地区的二元经济结构转换化还必须以当代全球经济一体化和知识经济作为国际背景和基本前提，充分考虑它们对东北地区二元经济转换所带来的冲击和影响。

以新的国内外经济环境为前提来研究东北地区的二元经济结构转换，要求我们站在一个新的高度，从一个全新的角度来分析和思考问题，这将会使研究成果更加符合东北经济发展的现实，并具有一定程度的前瞻性。当然，提出这一要求也无疑增加了研究的难度，从而使这项研究更加富有挑战性。

2. 研究的内在逻辑与本书结构。在新的国内外经济环境下，从全面系统的观点，多视角地研究东北二元经济结构的转换，总结东北二元结构转换的经验与教训，探索既符合经济结构转换的一般规律，又适合东北地区具体区域情况的二元经济结构转换道路，是本项目研究的主题和根本任务。尽管当代中国人大都同马克思时代的法国人差不多，"总是急于追求结论，渴望知道一般原则同他们直接关心的问题的联系"，① 我们的研究还是要按照二元经济结构转换中诸因素之间的内在关系，本着历史与逻辑统一的原则来进行。

第一，对发展经济学中的主要二元经济结构理论进行了比较研究，为以后的展开分析做了必要的理论铺垫。这一部分研究阐明了不同二元经济结构理论的长处与局限性；立足中国具体国情和东北区情，以知识经济与经济全球化作为国际背景，从综合分析的角度，探讨了二元经济结构理论的适用性及其不足。通过这一部分的分析明确了研究二元经济结构转换的核心问题，是农业剩余劳动力的转移问题；围绕这一核心问题所涉及的主要方面是

---

① 马克思：《〈资本论〉法文版序言》第1卷，人民出版社1975年版，第26页。

工业化、农业现代化与人口城市化；明确了本书研究的重点不是研究工业化、农业现代化和人口城市化本身，而是在新的国内外经济环境下如何统筹城乡发展，通过工业化、农业现代化和人口城市化相互促进的良性循环，推进二元经济结构的转换。

第二，探讨了二元经济结构转换对东北老工业基地振兴的积极促进作用。东北老工业基地振兴绝不是单纯的工业问题，而是农业与非农业协调发展，城市与农村全面振兴。这一部分以农业劳动力转移的主线，运用逻辑说明、相关分析和回归分析的方法，从增加农民收入、带动产业结构升级、扩大有效需求及推进城市化进程等方面，探讨和验证了二元经济结构转换对东北老工业基地振兴的促进效应。

第三，考察和分析了东北二元经济结构演变的历史过程及现实特征。如果说第三章是通过时间系列分析，考察了东北地区改革开放前后二元经济结构的形成、深化，及趋于缓解的历史过程的话，那么第四章则是通过对东北二元经济结构转换的横断面剖析，阐明了东北二元经济结构转换的特征。这一部分揭示了东北二元经济结构转换的总体情况，分析了东北二元经济结构形成、深化及转换特征的具体原因。

第四，对进一步推进东北二元经济结构转换所面临的问题进行了深入剖析。其中第五章主要是从东北地区的具体情况出发，阐述了资源约束、资本形成不足、低水平基础上的有效需求不足对东北二元经济结构转换的制约作用。第六章以全球化经济一体化与知识经济为国际背景，以工业化发展中期阶段与经济体制转轨关键时期为国内环境，充分考虑它们对东北二元经济结构转换所带来的冲击与影响，结合东北二元经济结构转换的制约因素，深入分析了东北二元经济结构转换的难点问题。

第五，在上述分析的基础上，立足于新的国内外经济环境，针对东北二元经济结构转换的制约因素及难点问题着重探讨了促进东北二元经济结构转换的应对策略。第七章提出并阐述了统筹城乡发展,推进二元经济结构转换的多元化发展道路;第八章分析了二元经济结构转换的主要途径,从工业化、农业现代化和人口城市化三个方面论述了推进二元经济结构转换的具体对策;第九章探讨了如何通过技术与制度创新来解决二元经济结构转换中所面临的基本矛盾:就业压力与资金、资源及市场需求不足的矛盾,以保证东北二元经济结构转换能够沿着统筹城乡发展的多元化发展道路顺利进行。

三、研究方法

在新的国内外经济环境下,影响东北二元经济结构转换的因素比较复杂,而且对新中国成立以来长达 50 余年的二元经济结构转换进行分析,现成的统计资料十分有限。在这种条件下,不综合运用科学的研究方法,是不可能完成这一艰难任务的。以马克思主义唯物辩证法为指导,坚持从实际出发和矛盾分析的方法是本书研究的基本方法论原则。对这一原则的运用主要表现在以下具体的研究方法上:

1. 规范分析与实证分析相结合。规范分析是以一定的价值判断为基础,来判断经济运行的前提和结果是好还是坏,进而说明应该怎样才是好的。实证分析则是对实际发生的经济现象及经济过程进行描述、解释及预测。研究东北的二元经济结构转换,实证分析与规范分析都是必要的,只有通过实证分析才能从总体上把握东北二元经济结构转换的历史,剖析二元经济结构转换的特征,揭示推进二元经济结构转换所面临的问题;只有通过规范分析,才能提出由二元经济结构向现代化的一元经济结构转换的目标，并提出如何实现这一目标的对策与措施。在东北二元经济结构转换的研究中，把实证分析和规范分析有机结合起来的关键，是以实证分析为主。因为只有在清楚地了解二元经济结构实际是怎样转换的，这种转换已经带来并且还会带来什么结果，明确二元经济结构转换中所面临的主要问题，才能在这一基础上提出应该通过什么对策与措施来实现这种转换。

2. 定性分析与定量分析相结合。定性分析与定量分析相结合，既可以防止定性分析的主观随意性，也可以避免由于数学模型的高度抽象而失去其现实意义。因此，我们在对东北二元经济结构转换的研究中采用定性分析与定量分析相结合的方法，既运用定性分析的方法，对东北二元经济结构转换进行逻辑推理和经验判断，又运用数学工具，对东北地区农业劳动力转移数量；东北农业、非农业比较劳动生产率与二元对比系数；产值结构、就业结构与城市化进程；城乡居民收入、消费水平及基尼系数的变动情况等进行了大量的统计分析和数学计算，并大量地引证了国内外有关数据，以尽可能地使对二元经济结构转换的历史考察、特征阐释、问题剖析置于客观的定量分析的基础上。

3. 历史考察与现实分析相结合。任何事物的发展过程都是历史与现实的统一，任何事物的现实特征无不包含历史因素的影响。在对东北地区二元经济结构转换的研究过程中，我们采用历史考察与现实分析相结合的方法，以现实分析为主，当然也以现实分析为目的。其中历史考察不仅集中体现在第二章的内容中，而且在对二元经济结构理论的比较研究及对多元化发展道路必要性的阐释中也包含有历史分析的因素。对历史过程的考察是为了说明历史因素对二元经济结构转换的现实影响，因此，在历史考察中本着历史与逻辑统一的原则，不是局限于对历史史实的罗列，而侧重于对二元经济结构矛盾运动的分析和考察。

4. 国内分析与国际比较相结合。西方发达国家，特别是发展中国家的经济结构转换有许多经验教训值得我们借鉴，但由于具体国情及结构转换的历史条件不同，即使是其他发展中国家的成功经验，也不能简单地采取拿来主义，而必须结合中国和东北地区的社会经济实际及新的国内外经济环境进行综合分析，并加以适当的改造。因此在本文的研究中，我们采取了国内分析与国际比较相结合，并以国内分析为目的的研究方法。具体体现在以新形势下国内外经济环境为前提，立足中国和东北地区的社会经济实际，通过对发展中国家与发达国家经济结构转换的国际比较、东北地区与其他发展中国家二元经济结构转换的国际比较，分析了东北地区二元经济结构转换的特征；并通过对发展中国家不同的二元经济结构转换道路的国际比较，论证了推进二元经济结构转换的多元化发展道路的必要性。

第一章

二元经济结构理论及启示

二元经济结构是发展中国家在经济发展过程中所出现的一种特殊的结构形态。自20世纪50年代刘易斯二元经济结构理论问世以来，发展中国家的二元经济结构吸引了许多经济学家的关注，他们从不同的角度考察和分析了国民经济二元结构的特征和表现形式，不同程度上分析和探讨了二元结构产生的原因和改造二元结构的途径，从而形成了发展经济学的二元经济结构理论。20世纪60年代以来，二元经济结构理论，成为后发展国家经济发展的主要理论依据，至今仍对发展中国家的经济结构演进具有一定的指导作用。

第一节 刘易斯模式

最早着重论述发展中国家经济结构转换的最著名的二元经济结构理论模型，是由美国经济学家阿瑟·刘易斯在1954年发表的《无限劳动供给下的经济发展》一文中首先提出来的。

在刘易斯的模式中，发展中国家一般存在着性质完全不同的两个经济部门，一个是资本主义部门，又称作现代部门，它以现代工业部门为代表；一个是"维持生计部门"，又称传统部门，它以传统农业为代表。传统部门较为庞大，过多的就业人口使农业部门劳动力的边际生产率十分低下或为零，在有些情况下甚至为负。由于生产力低下，农业劳动力的工资采取制度工资的形式，这一工资水平既是维持该部门劳动者生存的最低水准，又是该部门的人均产品。由于农业部门的劳动生产率十分低下，因此，农民收入中不存在可以变为储蓄或资本的经济剩余。与此相对应的是现代工业部门，这一部门较为弱小，其生产目的是追求最大限度的利润，劳动力的边际生产力大于或等于工资，从而这一部门存在着经济剩余，刘易斯假定资本家把它全部用于积累。城市工业部门的工资水平是由农业部门的收入水平来决定的，它不可能低于农业部门的生存收入，但也不会比这一水平高出许多，否则流入城市工业部门的劳动力就会超过工业部门对劳动力的需求，从而会迫使工业部门的工资下降。因此，工业部门的工资水平一般来说也是不变的，并且工业部门的工资水平一般要高于农业部门的制度工资。

刘易斯认为，由于两大部门的工资的差别，会使传统部门的劳动力不断向现代部门转移，加之资本家把利润转化为资本的行动，造成了现代部门进一步吸收劳动力的能力。这一过程我们可以用图1-1来表示。横轴表示劳动力数量，纵轴代表现代工业部门的现行工资水平和劳动的产出。OA表示传统农业部门维持生存的平均实际收入水平；OW代表现代资本主义部门的实际工资。WS表示劳动力的供给曲线，S为经济发展两个阶段的转折点。在这之前，由于存在着无限的劳动力供给，因此，随着劳动力就业人数的增加，工资水平不变，S点之后，劳动力供给曲线上翘。

假设在现代部门增长的最初阶段，给定不变的资本供给 K_1，

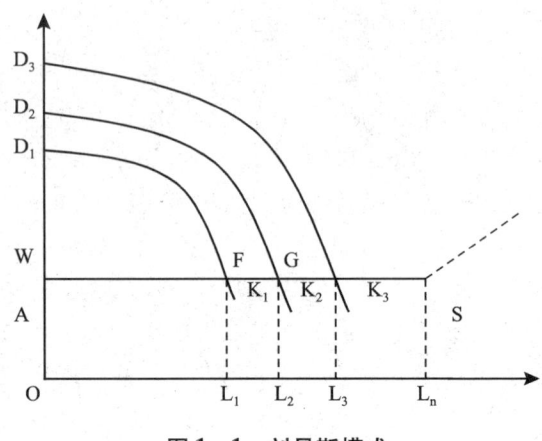

图 1-1 刘易斯模式

那么劳动力的需求曲线由劳动不断递减的边际产出来确定,并由曲线 D_1K_1 来表示。假定现代部门的雇主在劳动力的边际物质产品等于实际工资这一点(即劳动需求曲线和劳动供给曲线的交点 F)雇用工人,那么现代部门总就业量将等于 OL_1。区域 OD_1FL_1 表示现代部门的总产出,矩形 $OWFL_1$ 表示工人的工资,区域 WD_1F 表示产量的余额部分是资本家获得的总利润。假设这些利润完全用于再投资,现代部门的资本存量总额将从 K_1 提高到 K_2。资本存量增长会引起现代部门的总产品曲线上升,从而导致劳动的边际产品需求曲线提高,可由曲线 D_2K_2 表示。新的均衡就业水平将在 G 点得以建立,这点雇用的劳动力数量为 OL_2,总产量增加到 OD_2GL_2,而工资总额和利润总额分别增加到 $OWGL_2$ 和 WD_2G。利润 WD_2G 再一次全部用于投资,结果资本存量总额增加到 K_3,劳动力需求曲线转移到 D_3K_3,现代部门的就业水平上升到 OL_3。

假定以上现代部门增长和就业扩张的过程继续进行,直到剩余劳动力都被现代部门吸收为止(即达到 S 点)。之后经济发展进入第二个阶段，由于剩余劳动力的消失，劳动与土地的比率下降，农业劳动的边际生产率就会提高，从而，农村劳动者的收入也会相应增加。这时，工业部门要想得到更多的农业劳动力，就不得不提高工资水平，以与农业部门相竞争。在图 1－1 中，假设一个国家的剩余劳动力总量为 OL_n，超过这一数量，劳动力的供给曲线开始上升。

刘易斯二元经济结构模式的建立在经济学历史上占有重要地位，在西方发展经济学中具有重大意义。刘易斯首创的对发展中国家采用二元结构的分析方法，与总量发展模式相比，更为接近发展中国家的经济实际，并深深地影响了后来的经济学家，为发展经济学家分析发展中国家的经济问题开辟了一个新的思路。刘易斯模式根据发达国家工业化的历史经验，把经济发展、二元结构转换与劳动力转移有机地结合在一起，为发展中国家提供了一条通过城市现代工业部门的扩张吸收传统农业剩余劳动力，从而加速二元经济结构转换，实现整个经济工业化的道路，这对发展中国家制定经济发展战略也具有重大参考价值。

第二节 费景汉—拉尼斯模式[①]

美国耶鲁大学的两名经济学家费景汉和拉尼斯教授对刘易斯的二元结构模型进行了改进，他们两人于 1961 年共同发表了一篇重要的学术论文——《经济发展理论》，即费景汉—拉尼斯模式。这一模式研究二元经济结构转换中劳动力转移的不同阶段及其特点，以及工业与农业部门的平衡发展问题，反映了发展中

---

① 参见谭崇台：《发展经济学》，上海人民出版社 1989 年版，第 292～314 页。

家经济发展中城乡对立运动的一些客观规律。

一、费景汉—拉尼斯模式的基本结构

刘易斯模式只是描述了现代工业部门的扩张过程,对农业的发展没有作出具体分析,费景汉和拉尼斯则把农业劳动力转移和农业、工业两个部门的进步联系起来加以考察。费景汉—拉尼斯模式的基本结构可以由图1-2来描述。

与刘易斯一样,费景汉和拉尼斯认为,二元经济结构转换过程就是工业部门不断吸收农业部门剩余劳动力的过程。由于农业部门存在着大量的剩余劳动力,而工业部门又具有较高的劳动边际生产率,则二元经济结构转换的关键就在于把这些剩余的劳动力转移到工业部门。

图1-2(a)分析了工业部门的扩张对农业剩余劳动力的吸收。横轴OW代表工业部门的劳动力,纵轴OP代表工业部门的边际生产率与工资。劳动边际生产率曲线(劳动力的需求曲线)在不同阶段分别为dpf、$d'p'f'$、$d''p''f''$。它们取决于资本存量,因此这组曲线表示了随着资本积累的增加,工业部门对劳动力的需求也会随之增加。

劳动力供给曲线由水平部分SP'和上升部分$P'S'$构成,P'为转折点。P'点之前劳动力无限供给,P'点之后,劳动像资本一样变为稀缺要素,因此劳动力的供给曲线是向右上方倾斜的。显然这是继承了刘易斯关于发展中国家劳动力转移两个阶段划分的观点。但与刘易斯不同,费景汉和拉尼斯考察了农业增长、人口增长与劳动力转移之间的关系,认为只有当农业生产率提高,劳动力转移的速度高于人口增长的速度时,这个转折点才能够达到。

第一章 二元经济结构理论及启示

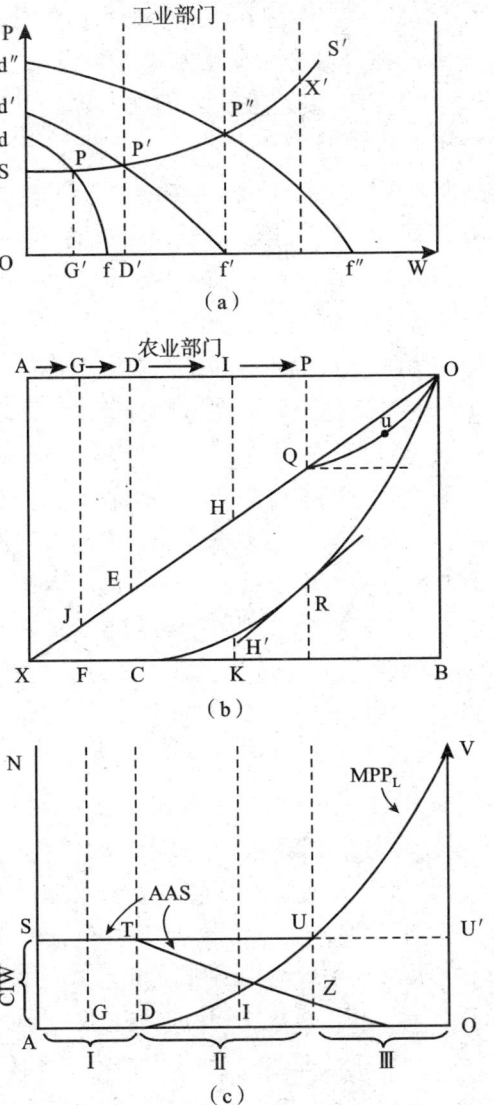

图 1-2 费景汉—拉尼斯模式

图 1-2（b）(c) 分析了农业劳动力的流出对农业部门的影响。图 1-2（b）中，横轴 OA 从右向左表示农业部门的劳动力，纵轴 OB，从上到下表示农业部门的总产出。ORCX 代表农业部门总物质生产率或总产出曲线。它由两部分组成，ORC 部分由原点开始向左下方倾斜，表示随着农业劳动力的增加，边际生产率的递减，但农业总产出在增长；水平的 XC 部分，表示劳动的边际生产率为零，说明在 C 点以后，劳动力投入的增加，并不能带来农业总产出的增长。从图 1-2（b）中可以看到，AD 数量的农业劳动力从农业中转移出来，对农业部门的总产出不会产生任何影响。费景汉与拉尼斯把这部分劳动力称之为"多余劳动力"。费景汉、拉尼斯与刘易斯一样，认为由于农业部门存在着剩余劳动，他们的边际生产率低于平均收入，因此农业中的工资水平不是由劳动边际生产率来决定的，而是由习惯和道德因素所决定的，他们称之为制度工资，它等于维持农业部门劳动者生存水平的人均产品。不变的制度工资由图 1-2（b）中 OX 斜率表示。

与不变制度工资相对应，我们可以在总产品曲线上找到上点 R，在这点上，劳动力的边际生产率与不变制度工资是相等的，即 R 点的切线与 OX 线平行。与 R 点相应的 P 点将劳动力分为两部分，OP 部分劳动力的边际生产率大于不变制度工资，PA 部分劳动的边际生产率低于不变制度工资。费景汉和拉尼斯将这部分的劳动力称为"伪装失业者"。伪装失业者包括两部分，劳动边际生产率小于不变制度工资的 PD 部分和边际生产率为零的所谓多余的劳动力。在这里，费景汉和拉尼斯把劳动力转移过程划分为三个阶段，第一个阶段是劳动边际生产率等于零的部分（AD 部分）；第二阶段是劳动边际生产率大于零，但小于不变制度工资的部分（DP 部分）；第三阶段是劳动边际生产率大于不变制度工资的部分（PO 部分）。

　　费景汉和拉尼斯把农业部门总产出减去农业部门的总消费量的余额称为农业总剩余，这部分剩余是提供给工业部门消费的。在农业劳动生产率不变的条件下，农业总剩余与流出的农业劳动量之间有着密切的关系。例如，如果 AG 数量的农业劳动力被转移到工业部门，农业总产出 GF 减去农业部门总消费量 GJ，JF 数量的总农业剩余就出现了。在农业劳动力转移的第一、第二阶段中，农业总剩余等于 OX 曲线与总产品曲线 ORCX 之间的距离。但是，在第三个阶段，由于按劳动边际生产率决定的工资高于不变制度工资，所以，提供给工业部门的总农业剩余稍微小于这个距离，农业剩余不再是 OQ 的 OR 之间的距离，而变为曲线 OUQ 与 OR 之间的距离。

　　多余劳动力、伪装失业、不变制度工资等概念以及农业劳动力转移的三个阶段对农业部门的影响可以借助于图 1-2 (c) 得到更加清楚地说明。图 1-2 (c) 原点在右下方，横轴 OA 由右向左表示农业劳动力数量；纵轴 OV 从下至上表示农业平均产品，US 曲线表示不变制度工资水平；VUDA 表示边际产品曲线，它也由两部分构成，边际生产率递减的 VUD 部分和边际生产率为零的 DA 部分。VUDA 曲线与图 1-2 (b) 中的 ORCX 曲线的含义是一样的，当农业劳动力逐渐增加时，边际生产率递减，总产出以递减的速度增加，但当农业劳动力增加到 D 点以后，边际生产率为零，总产出不再增加。

　　这张图中另一条重要的曲线是 STZO 线，即平均农业剩余曲线。平均农业剩余被定义为撤出的农业劳动力的人均总农业剩余。因此 STZO 曲线表示在劳动转移的每一数量上可以得到的平均农业剩余。

　　当农业劳动力转移的第一阶段，即当农业劳动力转移在 AD

段中进行，边际劳动生产率为零的多余劳动力从农业部门转移出去时，农业总产品不会减少。因此，这一阶段的平均农业剩余等于制度工资，在图1-2（c）中，农业剩余曲线STZO中ST部分与不变工资线SU相重合。在这一阶段，农业多余的劳动力从农业部门转移出去时，不会产生粮食短缺问题，也不会影响现行工资水平。当农业劳动力转移进入第二阶段，即当农业劳动力在DP段进行，劳动边际生产率低于不变制度工资但大于零的这部分农业劳动力转移出去时，农业部门的总产品就会减少，平均农业剩余就会低于不变制度工资，从而引起平均农业剩余曲线在TZ段会下降。这意味着工业部门消费的粮食不足以按制度工资满足工人的需要，结果会造成粮价上升，工资上涨。费景汉和拉尼斯把第一阶段和第二阶段交界处定义为短缺点，表明当平均农业剩余下降到制度工资以下时，农产品特别是粮食短缺的开始。当农业剩余劳动力即伪装失业者转移到工业部门以后，农业劳动力转移就进入了第三阶段。由于边际生产率高于不变制度工资（如图1-2（c）中上升的劳动边际生产率曲线UV所示）农业劳动者现在消费的农产品高于制度工资。结果，供工业部门工人消费的农产品就更少了，平均农业剩余比第二个阶段下降得更快。同时由于农业劳动的边际生产率上升到制度工资以上，工业部门要吸收更多的农业劳动力参加工业生产，就必须使工资水平提高到至少等于农业边际生产率的水平。这时，农业劳动力已成为竞争性商品，与工业部门一样，农业部门也被商品化了。因此，费景汉和拉尼斯把第三个阶段的起点（图1-2（b）中的P点）叫做商业化点。一旦农业劳动力转移进入这一阶段，农业部门也就完成了从传统部门向现代部门的发展，二元经济结构转换的任务也就得以完成。

费景汉和拉尼斯认为，发展中国家经济发展的最大困难是在第二阶段。进入第二阶段，农业总产出减少了，粮食短缺将引起粮食价格和工业工资的上升。这一阶段劳动力转移越多，粮价越高，工业贸易条件越是下降，工业劳动力供给弹性越小。结果在伪装失业者全部转移到农业部门之前，即在经济发展到达商业化点之前，工业贸易条件下降会使得工业利润减少，从而使工业部门的扩张停止，农业剩余劳动力转移停止，经济发展难以进入第三阶段。因此，发展中国家经济发展的关键，在于如何把农业部门的剩余劳动力全部转移到现代工业部门中去，顺利地实现由第二阶段向第三阶段的过渡。费景汉和拉尼斯认为，引起工业部门扩张停止的原因在于农业部门的停滞，解决这一问题的关键是在农业剩余劳动力转移的过程中不断提高农业生产率，如果生产率的提高足以补偿农业劳动力转移所带来的总产出的损失，工业部门的扩张就不至于因工业贸易条件的恶化而受阻。因此，要实现二元经济结构顺利地向一元经济结构转换，就必须提高农业的劳动生产率，实现工、农两部门的平衡增长。

二、农业生产率的提高与两部门平衡增长

费景汉和拉尼斯认为实现从第二阶段向第三阶段过渡的关键在于发展农业生产，提高劳动生产率，保持工农业两个部门的平衡增长。

在分析中，费景汉和拉尼斯假定：（1）随着农业生产率的提高，农业剩余劳动力数量并不发生变化。（2）农业中的制度工资保持不变。在此假定下农业生产率提高对农业部门的影响可通过图 1-3 (b) 及 (c) 说明。图 1-3 (b) 中，初始的总生产率曲线是 OCX（图 1-2 中 (b) 的 ORCX）。当农业生产率提高时，总产品曲线向外移到 OC_1X_1、OC_2X_2，等等。在图 1-3

(c) 中,劳动边际生产率曲线相应地从最初的 AS_1t_1' 向上移到 AS_1t_2'、AS_1t_3' 等等,这组边际曲线与不变制度工资水平曲线的 SU' 的交点,即商业化点也从初始的 R_1(图1-2(c)中的P)向左移到 R_2、R_3。同时,由于农业总生产率增加了,在制度工资不变的条件下,农业剩余更多了,图(1-3(c))中的平均农业剩余曲线随农业劳动生产率的提高从原始的 Sf_1O(图1-2(c)中的STO)向上移至 Hf_2O、Gf_3O,这组曲线与不变制度工资水平线 SU' 的交点,即短缺点也相应地右移,从 S_1 至 S_2,再至 S_3,并在 S_3 处与 R_3 重合为转折点。

农业劳动生产率的变化对工业部门的影响可用1-3(a)来说明。农业生产率的增加使农业剩余和边际生产率都得到提高,从而使工业部门的劳动供给曲线也相应地发生变化。在商业化点之前,农业剩余的增加降低了粮食价格,从而降低了按工业产品计算的工业部门的工资。所以随着农业劳动生产率的提高,农业总生产率曲线和平均农业生产率曲线的上移,工业部门的劳动力供给曲线向下移动。在图1-3(a)中,从 $L_1P_1L_1$ 至 $L_2P_2L_2$、$L_3P_3L_3$。在商业化点之后,农业劳动者的收入等于农业劳动边际生产率,因此,农业边际生产率曲线的向上移动带动工业劳动需求曲线上升。在图1-3(a)中,L_2 在商业化点 R_2 之后、L_3 在商化业点 R_3 之后,分别从下穿过 L_1、L_2 曲线,其交点 q_1、q_2,表明由于农业边际劳动生产力提高带来的使工业部门实际工资增长的效应最终超过了平均农业剩余增加使得工业部门工资水平下降的效应。

费景汉和拉尼斯认为,农业生产率的提高,从而农业剩余的增加,通过对工业部门工资水平的影响,来制约工业部门的扩张速度和农业劳动力的流出速度,因此,农业生产率是保证工业部门扩张与农业劳动力顺利转移的条件。但是,仅有农业生产率的

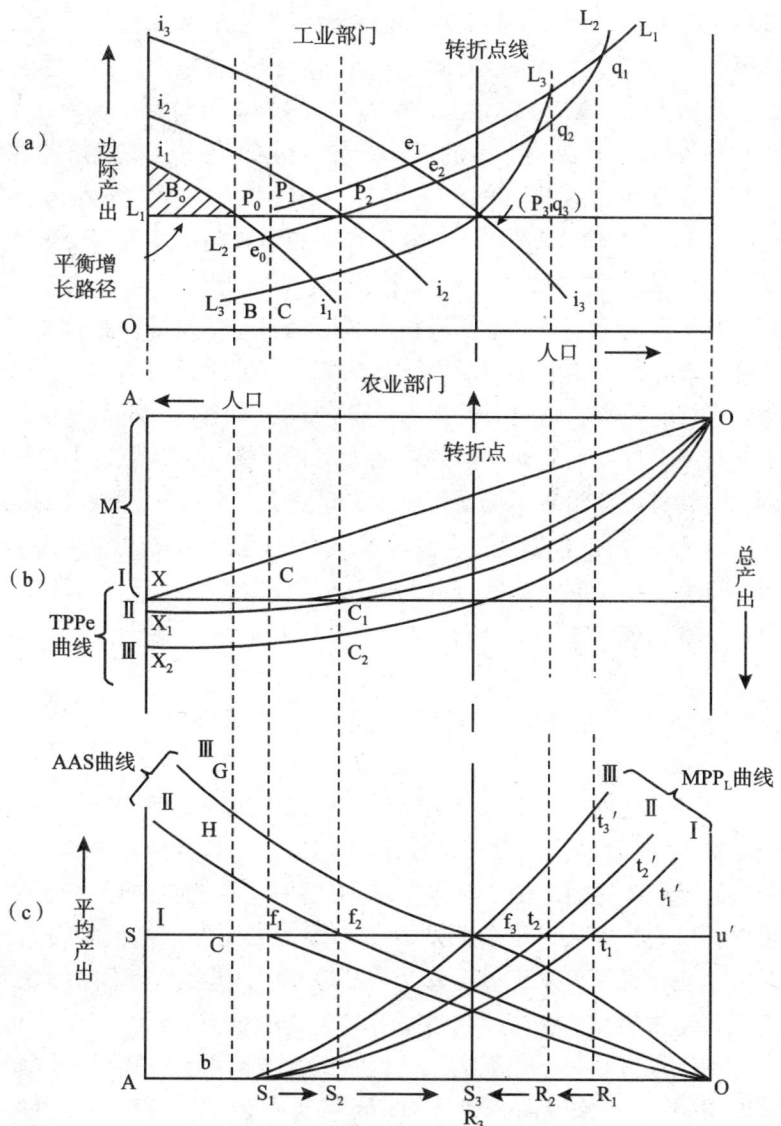

图1-3 农业生产率变化对两部门的影响

提高还是不够的,要顺利实现农业剩余劳动力全部转移到现代工业部门,完成二元经济结构向一元经济结构的转换,还必须保持工农业两大部门的平衡增长。平衡增长路线,用图1-3（a）中的L_1P_3表示。农业生产率的增长,使工业部门的劳动供给曲线向右下方移动（这里只论述转换点之前的情况）,它们在各自的短缺点上通过平衡增长线。工业生产率的增长使工业部门的劳动需求曲线向右上方移动,从i_1移到i_2、i_3。费景汉与拉尼斯强调,要实现两个部门的平衡增长,必须使农业部门提供的农业剩余恰好能够满足工业部门对农产品的需求,使两部门的贸易条件保持不变。只有在这一条件下农业部门对工业部门的劳动力供给才能与工业部门对农业部门的劳动力需求保持平衡,农业剩余劳动力的转移才会沿着平衡增长路线,经过P_1、P_2,成功地实现短缺点与商业化点相重合,达到转折点P_3。这时,农业的剩余劳动力转移完毕,农业部门进入商业化阶段,二元经济结构转换的任务基本完成。

三、临界最小努力与资本积累、技术进步

以上论述的费景汉—拉尼斯模式是以人口不变的假定为前提的。费景汉和拉尼斯认为,在发展中国家,人口必然伴随着经济增长而增长,这就增加了剩余劳动力的数量,从而加重了劳动力转移的负担。在人口增长的情况下,实现二元经济结构的转换,一国工业化必须要求工业劳动力在总劳动力中的比重不断增长,工业劳动力增长的速度要超过总劳动力的增长速度。

关于人口增长条件下的二元经济结构转换中劳动力转移问题可以用图1-4来说明。横轴OT表示时间,以年为单位,纵轴OP表示人口数量,BEP曲线为人口增长曲线,ADI_R为必要工业

化曲线，它表明在 T 年的转折点上，工业部门必须吸收的人口数量。如果一个国家要在 T_2 年达到转折点，T_2H 数量的农业劳动力必须转移到工业部门中去。现实中，一个国家能否在这个时期中完成农业剩余劳动力的转移，完成二元结构的转换，取决于它的努力程度。一个国家在二元结构转换中的实际努力程度可以用实际工业化曲线来描述，如图 1-4 中的 GCI_A 所示。实际工业化曲线表示在 T 年一个国家工业部门实际吸收的劳动人口。如果一个国家想在 T_2 年实现工业化，就必须使 T_2 年的工业劳动力人口达到 T_2H 的数量，使实际工业化曲线与必要工业化曲线相交于 H 点。

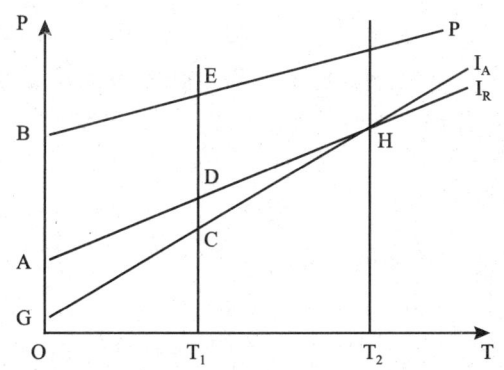

图 1-4　人口增长条件下的二元经济结构转换中劳动力转移

图 1-4 说明如果一个国家要缩短工业化时间，在较短的时间内完成二元结构的转换，一是要加大实际工业化曲线的倾斜度，以使实际工业化曲线尽快与必要工业化曲线相交。这就需要加大资本积累量，更多地采用劳动密集型技术，并保持工、农业生产率的均衡增长。二是减缓人口增长速度，使人口增长曲线趋于平缓，从而使必要工业化曲线也变得比较平缓，这样在实际努

力不变的条件下，达到转折点之前的时间也就缩短了。

费景汉和拉尼斯把实际工业化曲线与必要工业化曲线相交时的实际努力程度定义为临界最小努力。假设工业部门每年以一个不变的比率吸收农业劳动力，于是实际工业化曲线方程为：

$$L_{Ta} = N_0(1-V)e^{cT} \quad (1 > V > 0)$$

式中 L_{Ta} 表示 T 年工业部门的实际劳动人口，N_0 表示一国最初的总人口数量，V 表示最初农业人口占总人口的比例，$1-V$ 为最初工业人口所占的比例，C 表示工业劳动力的增长率，是一国实际努力程度的一个综合指标。再假设人口每年以不变比率增长，这样，人口增长曲线方程为：

$$N_T = N_0 e^{gT}$$

这里，N_T 表示 T 年的总人口，g 表示人口年增长率。因为达到转折点时的必要工业劳动人口与人口增长具有依存关系，所以，T 年的必要工业化曲线方程为：

$$L_{TR} = [1 - V_T(T)] e^{gT} N_0$$

在这个方程中，L_{TR} 表示 T 年达到转折点时的必要工业人口，$V_T(T)$ 则表示 T 年达到转折点时农业人口占 T 年总人口 N_T 的比率，$1-V_T(T)$ 则表示 T 年达到转折点时工业人口的比率。

根据临界最小努力的定义，T 年的必要工业人口必须等于 T 年的实际工业人口，即：

$$N_0(1-V)e^{cT} = N_0[1-V_T(T)]e^{gT}$$

于是，

$$c = g + \frac{\ln[1/(1-V)]}{T} + \frac{\ln[1-V_T(T)]}{T}$$

这就是临界最小努力方程，它给出了工业人口增长率 c、人口增长率 g 和必要工业化程度之间的关系。从临界最小努力方程中可以得到一个十分重要的政策结论，这就是：一个国家的工业部门劳动力增长率必须大于人口增长率，即 $c > g$，这是因为方程右边的第二项、第三项必定大于零。

以上分析说明在费景汉—拉尼斯模式中，人口增长与生产率的提高是实现农业剩余劳动力转移，完成二元经济结构转换的关键。但在人口众多的发展中国家，控制人口只具有长期效果，因此在短期内提高生产率是更主要的发展战略。按照费景汉和拉尼斯的观点，提高生产率主要有两个途径，资本积累与技术进步。他们认为发展中国家在经济发展过程中加快二元经济结构转换，除了扩大资本积累规模外，选择技术偏向也是十分重要的。他们把创新看做技术变化的同义词。创新是随着时间的推移，在要素不发生变化的情况下，产量的增加。他们认为发展中国家一般是资本稀缺，而劳动力充裕，因此应选择那些资本节约型或劳动使用型技术，或对国外先进技术根据本国的特点进行改造，使之能吸收更多的劳动力就业。

费景汉和拉尼斯模式与刘易斯模式相比有了很大的发展：

克服了刘易斯模式忽视农业发展的不足，探讨了在工业部门不断扩张过程中，工农业之间的内在联系。在刘易斯模式中，农业对工业发展的唯一作用就是向工业部门提供剩余劳动力。只要存在着现行收入水平低于工业工资水平的劳动力，这部分劳动力就会转移到工业部门，从而带动工业部门的扩张。而费景汉与拉尼斯认为，农业的发展不仅为工业部门扩张提供所需的劳动力，而且还为工业部门提供农业剩余。在费景汉和拉尼斯看来，农业剩余对工业部门的扩张具有决定性的意义，没有农业剩余，农业部门生产的粮食仅能满足本部门内部消费，那么工业和其他产业就失去了存在的基础。同时农业剩余会通过对工业工资水平的影响，制约工业部门的扩张速度和农业劳动力转移的速度。为了实现农业剩余的不断增长，必须提高农业生产率。

把技术进步的因素引入分析，认为技术进步与资本积累是提高劳动生产率的两个途径，并强调技术进步的要素偏向。刘易斯模式假定资本积累与劳动力吸收是同一比例进行的，即技术进步是中性的。实际上发展中国家引进先进技术时有很高的资本偏向，积累率不低，但就业创造率很低。费景汉和拉尼斯认识到了刘易斯的缺陷，强调发展中国家在二元经济结构转换中充分利用劳动力充裕的比较优势，选择偏向劳动使用型技术，以实现最大产出与最大就业的统一。

在分析中引入了人口增长的因素，明确指出了人口增长对二元经济结构转换的阻碍，并确定了临界最小努力准则，为发展中国家控制人口增长提供了一个理论依据。

第三节　托达罗模式[①]

20世纪60年代末70年代初，美国发展经济学家托达罗发表了一系列论文，阐述了他的二元经济结构模式。

一、迁移决策与预期收入差距

在刘易斯模式、费景汉—拉尼斯模式中，劳动力从农村迁入城市的决定取决于城乡实际收入差异。只要城市工业部门的一般工资水平高于乡村农业部门的一般工资水平一个适当的比例，农民就愿意到城市中去谋求新的职业。由于发展中国家城市失业的存在，托达罗认为劳动力从农村迁入城市不仅取决于城乡的实际

---

① 参见谭崇台：《发展经济学》，上海人民出版社1989年版，第327~342页。

收入差距，更取决于城乡的预期收入差距。

这种预期收入差距是由城乡实际收入差距与城市获得就业机会的可能性这两个变量之间的相互作用所决定的。实际上，托达罗模式假定劳动者是把在城市部门的预期收入与在农村的平均收入进行比较，只要前者大于后者，劳动者就会做出迁移决策。由于城乡预期收入差距是由城乡实际收入差距和农业劳动力在城市获得就业的可能性这两个变量之间的相互作用来决定的。因此，托达罗在二元经济结构模型中引入了就业概率的概念，用以表示城市获得就业机会的大小，从而在城市失业与劳动力转移之间建立起了联系。显然就业概率与城市失业率是一种反方向的关系。虽然城市失业的存在，导致就业概率下降，从而使预期收入下降，但只要预期收入仍大于劳动力在农村就业的工资收入和迁移成本，劳动力由农村到城市的迁移行为就会发生。这样托达罗就解释了为什么在有些发展中国家城市失业水平很高，农业劳动力仍然会从农村转移到城市。

按照托达罗的观点，现代工业部门的预期收入等于未来某年的实际收入与就业概率的乘积。这样，城乡预期收入差距可以表示如下：

$$d = w \cdot \pi - r$$

在这里 w 表示城市实际工资率，r 表示农村平均实际收入，π 表示就业概率。

托达罗进一步认为，在任一时期，迁移者在城市现代部门找到工作的概率取决于两个因素，即现代部门新创造的就业机会和城市失业人数。就业概率与前一个因素成正比，与后一个因素反比，用公式表示为：

$$\pi = \frac{\gamma N}{S - N}$$

在这个公式中，γ 表示现代部门工作创造率，N 表示现代部门总就业人数，S 表示城市总劳动力规模。于是，γ 与 N 的乘积表示现代部门在某一时期创造的就业机会，S 与 N 之差表示城市失业人数。

托达罗进一步指出，现代部门工作创造率等于工业产出增长率减去现代工业部门的劳动生产率增长率，即：

$$\gamma = \lambda - \rho$$

在这里，λ 表示产出增长率，ρ 表示劳动生产率增长率。

根据以上模型，我们可以看到城市失业人口的增加会降低预期收入差距，从而会影响劳动力转移的规模。但由城乡预期收入差距取决于失业概率与城乡实际收入差距，因此，城市工资上升的效应和现代工业部门工作创造率上升效应超过失业人口增加的效应，就会使人口流动规模进一步增大。

以上建立的人口流动行为模式是指一个阶段而言的。事实上，迁移者在城市往往不能立即找到工作，往往会等上好几年才能在现代部门找到工作。因此，当我们考察一个较长时间的二元经济结构转换模式，在其他条件不变的情况下，决定劳动力转移到城市的迁移决策就不是取决于由某一时期的就业概率所决定的城乡预期收入差距，而是取决于由未来某期前就业概率的累加值所决定的净收入贴现值。即：

$$V(0) = \int_{T=0}^{n} [P(t)Y_u(t) - Y_r(t)]e^{-rt}dt - C(0)$$

其中，$V(0)$ 代表迁移者计划期内的预期城乡收入差异的净贴现值，$Y_u(t)$、$Y_r(t)$ 分别代表 t 期城市和乡村的实际工资率，n 表示计划范围内的时期数，r 表示贴现率，反映了迁移者对消费时间的偏好程度，$C(0)$ 表示迁移成本（如迁移费用等），$P(t)$ 是 T 期一个迁移者找到工作的累加概率，它与 π 不同，后者指的是某一时期迁移者被雇用的概率，它们之间的关系可以用以下四个式子表示：

$$p(0) = \pi(0)$$
$$p(1) = \pi(0) + [1-\pi(0)]\pi(1)$$
$$p(t) = \pi(0) + \sum_{i=1}^{t}\pi(i)\prod_{j=0}^{i-1}[1-\pi(j)]$$
$$p(t) = p(t-1) + [1-p(t-1)]\pi(t)$$

在这四个式子中，第一个表示第 0 期 P 与 π 相等。第二个式子表示一个迁移者在第 1 期找到工作的累加概率，它等于第 0 期就业的概率加上第 0 期没就业但在第 1 期找到工作的概率的乘积。依此类推，后两个式子表示迁移者在任一期就业的累加概率。

从以上就业概率的公式可知，当其他因素不变时，一个迁移者在城里待的时间越长，他获得工作的机会就越大，从而预期收入的贴现值就越大，这样就可以说明为什么一些农业劳动力明知道进入城市之后不会很快找到工作，却仍然会进行迁移。基于此，托达罗模型中迁移人数总量 M 也就成了城乡收入差距的贴现值的函数，即：

$$M = f[V(0)]$$

由此，托达罗认为，城乡预期收入差距扩大是发展中国家人口迁移规模猛增的主要原因。

二、城市失业动态均衡模型

发展中国家的二元经济结构决定了较大的城乡差异，这就必然导致农村人口源源不断地流入城市，造成城市劳动力市场的严重失衡，使失业问题愈加严重。但托达罗认为，在其他条件不变的情况下，通过市场机制的调节，城市失业率会趋向一个稳定的水平。

托达罗用数学公式表述了他的城市动态失业均衡模式。

设城市现代部门劳动力需求方程为：

$$N(t) = N_0 e^{\gamma t}$$

在这里，$N(t)$ 表示 t 期城市现代部门总就业量，N_0 表示 0 期的现代部门总就业量，γ 表示现代部门的工作创造率，它等于工业产出增长率与劳动生产率增长之差，即 $\gamma = \lambda - \rho$。对劳动需求方程中的时间 t 求导，然后除以 $N(t)$，便得到第 T 期的城市部门就业增长率公式：

$$\frac{\dot{N}}{N}(t) = \gamma$$

托达罗认为，城市劳动供给决定于城市劳动力自然增长率和乡—城人口流动规模。于是，城市劳动供给增长率方程可以用下式表示：

$$\frac{\dot{S}}{S}(t) = \beta + \pi(t) F\left[\frac{Y_u(t) - Y_R(t)}{Y_R(t)}\right]$$

设：

$$\alpha(t) = \frac{Y_u(t) - Y_R(t)}{Y_R(t)}$$

于是，劳动供给增长率方程为：

$$\frac{\dot{S}}{S}(t) = \beta + \pi(t) F(\alpha(t))$$

在这里，$\frac{\dot{S}}{S}(t)$ 表示第 t 期城市现代部门劳动供给增长率，β 表示城市劳动力自然增长率，$\alpha(t)$ 表示城乡实际收入的相对差异，以百分比计量，$F(\alpha(t))$ 表示城市迁入人口与收入差异之间的函数关系，$\pi(t)$ 即为第 t 期劳动者被招聘的概率，$\pi(t)F(\alpha(t))$ 表示城市净流入人口增长率。在这里，为分析简便，托达罗假定城乡实际收入差异是固定的，即：$\alpha(t) = \alpha$。根据以上对 π 的定义

可知，

$$\pi(t) = \frac{\gamma N(t)}{S(t) - N(t)}$$

于是，劳动供给增长率方程变成如下形式：

$$\frac{\dot{S}}{S}(t) = \beta + \frac{\gamma N(t)}{S(t) - N(t)}(F\alpha(t))$$

设 $E(t)$ 表示 t 期现代部门就业量对城市总劳动力比率，于是有：

$$E(t) = \frac{N(t)}{S(t)}$$

对 t 求导，然后除以 $E(t)$，便得到现代部门第 t 期就业率增长率公式：

$$\frac{\dot{E}}{E}(t) = \frac{\dot{N}}{N}(t) - \frac{\dot{S}}{S}(t)$$

综上可见，在城市劳动市场上，在 α、β、γ 这些参数不变的条件下，就业概率充当了一个调节机制，使得城市失业率趋向一个稳定的水平。托达罗把这个水平的失业率叫做均衡失业率。设 E^* 代表均衡就业率，$1 - E^*$ 代表均衡失业率。E^* 的均衡条件为就业率增长率等于零，于是有：

$$\frac{\dot{E}}{E}(t) = \frac{\dot{N}}{N}(t) - \frac{\dot{S}}{S}(t) = 0$$

把上述劳动需求增长率公式与供给增长率公式代入，均衡方程就变为：

$$\frac{\dot{E}}{E}(t) = \gamma - \beta - \frac{\gamma F(\alpha) N(t)}{S(t) - N(t)} = 0$$

于是：

$$\gamma - \beta = \frac{\gamma F(\alpha) N(t)}{S(t) - N(t)}$$

由于就业率等于就业量与总劳动量之比，即 $E(t) = N(t)/S(t)$，所以，上式变为：

$$\gamma - \beta = \frac{\gamma F(\alpha) E^*}{1 - E^*}$$

解出均衡就业率，得：

$$E^* = \frac{\gamma - \beta}{\gamma F(\alpha) + \gamma - \beta}$$

这就是均衡就业率方程。设 $T^* = 1 - E^*$，于是均衡失业率方程为：

$$T^* = 1 - \frac{\gamma - \beta}{\gamma F(\alpha) + \gamma - \beta}$$

均衡就业率和均衡失业率方程为参数方程，α、β、γ 都是该方程的参数。如果这些参数为常量，均衡就业率和失业率就不会变化。

均衡失业率的形成过程实际上是城市失业、就业在市场机制作用下的一个调整过程。假设一个具有二元经济结构的发展中国家，在工业化初期，现代工业部门所占的比重很小，绝大多数人口都生活在农村。这时由于城市收入水平很高，工业部门迅速扩张使得城市就业创造率大大超过了城市人口增长率，结果，较大的城乡实际收入差异和较高的就业概率，吸引了越来越多的农业劳动力流入城市。但当城市劳动力供给增长率超过了劳动力需求增长率的时候，如果其他条件保持不变，就会使得城市失业人口增加，就业概率下降，从而预期收入差距下降，人口迁移规模也随之下降，这样的过程最终导致了城市劳动供给增长率下降到等于城市劳动需求增长率。这时，城市就业率和失业率就稳定在一个特定的水平上。假定由于某种原因，失业率下降或上升到这个水平以下或以上，就业概率的上升或下降就使得它恢复到这个均衡的失业率的水平上。

在这一过程中，如果方程中的三个参数发生变化，则可能导致 T^* 相应发生变化。如当城乡实际收入差距增加一个比率时，城市劳动力供给就增加一个比率,这时要使城市就业率和失业率保持在均衡水平上,城市就业增长率必须相应地增加一个比率。设城乡实际收入差异 α 增加一个比率,使得城市净流入人口增长率 $F(\alpha)$ 增加一个比率,用 $dF(\alpha)$ 表示;为使城市就业率和失业率保持在均衡水平上,就业创造率 γ 也必须增加一个比率,用 $d\gamma$ 表示,于是便有如下公式:

$$E_1^* = \frac{(\gamma + d\gamma) - \beta}{[F(\alpha) + dF(\alpha)](\gamma + d\gamma) + (\gamma + d\gamma) - \beta}$$

$$= \frac{\gamma + d\gamma - \beta}{\gamma F(\alpha) + d\gamma F(\alpha) + \gamma dF(\alpha) + dF(\alpha)d\gamma + \gamma + d\gamma - \beta}$$

若使均衡就业率保持在原来水平上不变,即 $dE^* = 0$,必须使 $E_1^* = E^*$,于是便有:

$$\frac{\gamma + d\gamma - \beta}{F(\alpha)\gamma + \gamma dF(\alpha) + F(\alpha)d\gamma + dF(\alpha)d\gamma + \gamma + d\gamma - \beta} = \frac{\gamma - \beta}{F(\alpha)\gamma + \gamma - \beta}$$

解出 $d\gamma$,即有:

$$d\gamma = \frac{-\gamma^2 dF(\alpha)}{\gamma \alpha F(\alpha) - \gamma \beta - F(\alpha)\beta - \beta dF(\alpha)}$$

这个方程表示在均衡就业率保持不变的条件下,就业创造率增长率与城乡实际收入差距增长率之间的函数关系。这一函数关系表明,增加城市就业必须与控制城市收入,缩小城乡实际收入差距结合起来,否则无法解决城市失业问题。

三、托达罗模式的政策含义

托达罗模式的分析具有以下一些重要的政策含义:

第一,单纯依靠工业部门的扩张,不能解决当今发展中国家在二元经济结构转换过程中出现的日益严重的失业问题。从托达罗模式中可以知道,决定农业劳动力迁移的主要原因是城乡预期收入差距。由于就业概率与现代部门的就业创造率成正比,现代工业部门创造的就业机会越多,就业概率就越大,在城乡实际收入差异不变的条件下,就业概率越高,城乡预期收入差距越大,从而会吸引越来越多的农业劳动力流入城市工业部门,而且流入的人数会远远超过城市工业部门所提供的就业机会。所以,仅通过城市工业部门的资本积累和扩张来创造就业机会,不仅不能减少城市的失业率,而且由于农业劳动力的大量涌入,使城市失业率进一步提高,并可能影响农业生产的发展。

第二,要顺利实现发展中国家的二元经济结构转换,必须消除人为地扩大城乡实际收入差异的政策措施。在托达罗模式中,决定劳动力转移的主要因素是城乡的预期收入差距,而预期收入差距又取决于城乡实际收入差距和就业概率,在就业概率不变的条件下,城乡预期收入差距与城乡实际收入差距成同方向变化。在发展中国家,由于工会的压力,最低工资法,雇员的各种津贴及跨国公司的高工资政策等等,都倾向于把城市工人的工资推到市场决定的均衡工资以上,城市工人的收入水平一般比农村农民的收入高出 2~3 倍。① 这就不可避免地扩大城乡预期收入差距,促使农村劳动力大量地流入城市,从而加重城市失业问题。要降低城市失业率,就必须消除人为地扩大城乡实际收入差距的各项政策措施。

第三,促进农村经济的发展,是解决发展中国家二元结构转换过程中所出现的严重的城市失业问题的关键。托达罗认为,要解决发展中国家的城市失业问题,最重要的是大力发展农村经济。因为,在发展中国家二元经济结构转换过程中出现的城市失业现象,是由农业人口在预期城乡收入差距的吸引下过量地迁移

---

① 谭崇台:《发展经济学》,上海人民出版社 1989 年版,第 201 页。

到城市所造成的。要解决这一问题，必须在提高城市就业概率的同时，缩小城乡实际收入差距。而缩小城乡实际收入差距不能只着眼于降低城市工资水平，最根本的是要发展农村经济，改善农业生产与生活条件，提高农业劳动者的实际收入水平与生活水平，缩小城乡实际收入差距，从而减轻城市工业部门对农村劳动力的吸引力，缓解在二元经济结构转换过程中的城市就业压力。

第四节 二元经济结构模式的比较分析及启示

一、二元经济结构模式的比较分析

以上我们阐述了三个在发展经济学中具有典型意义的二元经济结构模式，即刘易斯模式、费景汉—拉尼斯模式、托达罗模式。由于费景汉—拉尼斯模式是在刘易斯模式基础上的扩展，而且这两个模式的政策含义也是大致相同的，所以人们常把这两个模式合称为刘易斯—费景汉—拉尼斯模式。因此，我们在进行二元经济结构模式比较中也将刘易斯模式、费景汉—拉尼斯模式合为一体，将其与托达罗模式进行比较分析。两种模式具有以下区别：

1. 这两种模式分析问题的假定前提不同。刘易斯—费景汉—拉尼斯模式假定农村存在着大量的失业人口，而城市不存在着失业。托达罗模式则是建立在发展中国家城市普遍存在着大量失业人口的基础上的；托达罗模式假定城市工业部门的工资水平是由政治因素决定的，因而不是固定的，而是上升的。这种不断上升的工资水平是造成城市失业率上升的重要原因之一。刘易斯—费景汉—拉尼斯模式中假定城市工业部门的工资水平是由农业部门的收入水平决定的,由于农业存在着剩余劳动力,农业收入水平是由制度和习惯决定的,并且是不变的,因此,工业工资水平按照农产品计算也是不变的。在刘易斯—费景汉—拉尼斯模式中,由于不存在城乡收入差距扩大的问题,农业剩余劳动力的转移与城市工业部门创造的就业机会是一致的,因而也就不存在城市失业的问题。

2. 二者分析的侧重点不同。刘易斯—费景汉—拉尼斯模式着重分析如何通过工业部门的发展来吸收农业剩余劳动力,从而促进经济发展,实现二元经济结构转换;而托达罗模式是在刘易斯—费景汉—拉尼斯模式不能解释人口流动与城市失业并存的条件下产生的,其突出的特点是将发展中国家严重的城市失业问题作为研究的重点。

3. 二者的政策含义也不相同。前者的政策含义是加速城市工业部门的发展,加快农业剩余劳动力向城市工业部门的转移,以尽快实现二元经济结构转换,把一个落后的农业国变为一个先进的工业国。可以说,刘易斯—费景汉—拉尼斯模式把经济发展、二元经济结构转换的主要着眼点放在工业化方面,强调现代工业部门的扩张,而不是传统农业部门的改造。这一特征在刘易斯模式中表现得最为突出,刘易斯模式只是强调工业部门的扩张,而忽视了农业的发展。费景汉—拉尼斯模式虽然强调了农业发展的重要性,但这种重要性是由工业部门扩张的必要性而引发的,由于农业部门不发展,农业剩余出现短缺,从而使工业部门的扩张受到制约。在这一模式中农业部门始终处于一种附属地位,没有工业部门的扩张对农业劳动力和农业剩余的需求,似乎很难看到农业发展的重要性。

与刘易斯—费景汉—拉尼斯模式不同,托达罗模式不是把农业作为工业化的一个工具来强调其发展的,而是把农业本身作为一个发展目标。由于托达罗模式把城市失业作为分析的前提和目的,这一模式较好地解释了农业劳动力的转移和城市失业并存的现象。在这一模式中将一国的工业化过程与城市化过程结合起来分析,认为消除发展中国家二元经济结构不是依靠农村人口不断流入城市,而是如何提高农业劳动生产力,增加农民收入,改善农村生活条件。强调在发展中国家二元经济结构转换过程中,通过农村经济的不断发展来缩小工农差别和城乡差别,最终实现由二元经济向一元经济的转化。

虽然不同发展经济学家的二元经济结构理论的侧重点不同,但他们都是从发展中国家的传统农业部门与现代城市工业部门并存的客观实际出发,共同关注二元经济结构中如何提高对剩余劳动力的配置效率;他们也都认为,经济发展的核心,就是实现二元经济结构的转换。他们的分歧只是存在于探索实现这种转换的方法与途径上。从这个意义上说,不同的二元经济结构模式都各有其长处,同时也各有其局限与不足。

刘易斯—费景汉—拉尼斯模式客观地反映了发达国家工业化过程中曾经发生过的,发展中国目前正在进行的劳动力由传统农业部门向现代工业部门转移的过程,是对发展中国家工业化过程的系统的理论描述。认为通过工业部门的扩张,把农业剩余劳动力转移到现代部门是不发达国家经济发展的关键。随着现代工业部门的发展,农业剩余劳动力被吸收殆尽,劳动力成为稀缺的生产要素,现代工业部门和传统农业部门的收入差距随着农业劳动边际生产力的提高而逐渐消失,二元经济结构向一元经济的转换也就随之结束。这一模式揭示了发展中国家通过工业扩张实现二元经济结构转换的道路,抓住了不发达中国家经济发展的关键。

但是由于这一模式是建立在农村存在着剩余劳动力,而城市不存在着失业;劳动力市场是一个完全竞争的市场,在农业剩余劳动力转移完毕之前,城市工人的工资保持不变的假设之上,与中国的现实情况大相径庭,从而大大降低了这一模式对于中国二元经济结构转换的适用性。

同时,由于在这一模式下工业部门被看做国民经济的主导部门,在农业剩余劳动力消失之前,农业只是一个向现代工业提供资本积累和输送劳动力的被动部门,因此这一模式在实际应用过程中也容易拉大工农之间、城乡之间的发展差距,进一步强化中国的二元经济结构。

托达罗模式由于把理论分析的着眼点,放在发展中国家在二元经济结构转换过程中由于劳动力过度转移所造成的城市失业方面,因此能够较好地说明农业剩余劳动力的流动与城市失业并存的现象,并强调了发展农村经济,缩小城乡间的实际收入差距对解决城市失业问题的重要性。但与此同时,这一模式却对现代工业部门增加就业的结果持消极态度。因此这一模式用于中国的二元经济结构转换也存在着十分明显的不足。这突出地表现在这一模式没有揭示农业剩余劳动力向非农产业转移对于改造传统农业的重要意义。

事实上,对于发展中国家来说,在二元经济结构转换的过程中,现代工业部门的扩张与农村经济的发展是同等重要的问题。解决发展中国家二元经济结构矛盾,提高劳动力的配置效率,不仅要强调农村经济的发展,对于一个二元经济结构长期存在的国家而言,推进工业化进程,通过工业部门的扩张来吸收农业剩余劳动力,仍然是一个十分重要的途径。

二、二元经济结构模式的启示

以上分析表明不同的二元经济结构理论间差别的一个基本性质，就在于它们分别从不同的角度对发展中国家的二元经济结构及其转换进行了考察。由于其分析问题的侧重点不同，其政策结论也就不尽相同。由于不是对发展中国家二元经济结构进行全方位的考察与分析，因此，不同的二元经济结构理论都不可避免地存在着某种缺陷与局限性。但从另一个角度来看，恰恰是由于不同的二元经济结构模式只是深入分析了发展中国家二元经济结构转换的不同侧面，才使它们有可能对发展中国家二元经济结构转换的不同方面进行深入探讨与分析，使不同的二元经济结构理论都在不同程度上具有所谓的"片面的深刻性"，从而为后人对发展中国家的二元经济结构转换进行更加全面、正确和系统的认识提供了科学的素材，奠定了良好的理论基础。当我们在对以上三个典型的二元经济结构模式进行分别考察、比较分析的基础上，把它们综合起来进行研究，我们不难发现发展经济学的二元经济结构理论，对于探讨东北地区的二元经济结构转换，促进东北地区的工业化、农业现代化与人口城市化进程，促进东北老工业基地振兴具有重要的理论指导意义。

首先，二元经济结构理论更加符合发展中国家的实际。发展经济学的二元经济结构理论突破了新古典学派的理论模式，从现代和传统两大经济部门的相互联系中寻求促进经济增长的因素，符合发展中国家的经济发展实际，因此，它与新古典理论相比对发展中国家的经济增长与发展更具有现实的指导意义。20世纪40年代中期至50年代末期，当发展经济学兴起之时，占主导地位的是新古典理论。新古典理论的核心是市场—价格机制的运行,这一理论在经济主体理性行为假定的基础上,着重分析了市场价格机制对经济活动的调节过程。他们认为,在市场价格机制的作用下,各类市场主体在市场交易过程中都会通过市场价格信号来调整自己的经济行为,以实现各自利益的最大化——实现消费者均衡和生产者均衡,并通过市场主体的利益均衡达到商品市场和要素市场的供求均衡,实现社会资源的合理配置。因此,经济发展是渐进连续的过程,并在市场价格机制的调节下总是处于均衡状态,社会成员的收入取决于由要素的边际生产率所决定的要素收入,社会成员都会从经济发展中受益,不存在利益冲突。但是,第二次世界大战后获得独立的发展中国家的经济既不同于西方发达国家,也不同于18和19世纪处于发展中阶段的西方国家当时的经济。由于历史与现实的多种原因,发展中国家没有,也不可能经历发达国家已经走过的完整的经济发展阶段,经济结构演变的历史顺序出现了中断和跳跃,长期不能发育成熟。这突出地表现在发展中国家普遍存在的二元经济结构方面,一方面建立在政府的支持和对国际市场高度依赖基础上的现代工业部门畸形发展,另一方面传统的农业部门占有相当大的比重,且发展严重滞后。由于发展中国家经济结构上的特点,使发展中国家不能沿着新古典经济学的基本思路——通过边际调节和市场修补以达到经济均衡。同时,发展中国家经济结构的特殊性也使经济增长的利益不易普及到广大的人群,从而造成有增长无发展的情况。发展经济学的二元经济结构理论与新古典经济学不同,他们不是把发展中国家的经济看作是一个均衡的整体,而是根据发展中国家经济发展的实际情况,将其分为以城市工业为代表的现代部门和以农村经济为代表的传统部门,从经济结构间的相互关系的角度来分析发展中国家特殊的经济发展问题,从经济结构的变动中寻求经济增长与发展的途径,从而为发展中国家促进经济结构转换，摆脱贫穷与落后状况，提供了一个不同于新古典经济学的新视角。

其次，为研究发展中国家的二元经济结构的转换提供了基本思路与理论分析的基本框架。刘易斯—费景汉—拉尼斯模式与托达罗模式分别从不同的角度研究了发展中国家二元经济结构的转换问题，前者强调通过工业部门的扩张，不断地吸收农业剩余劳动力，以实现二元经济结构的转换；后者把一国的工业化过程与城市化过程结合起来分析，更加侧重于农村经济的发展。应该说，发展经济学家对二元经济结构转换分析的不同角度，及不同的政策主张也是同发展中国家经济发展的实际状况及发展经济学的发展变化相一致的。实现由二元经济结构向现代化一元经济结构的转变是发展中国家独立以后面临的主要任务。为了实现这一目标，多数发展中国家选择了工业化的发展道路，试图通过现代工业部门的扩张，改变原有经济结构的脆弱性和依赖性，提高本国的竞争力。此时，西方发展经济学家对这一发展战略持肯定态度，认为工业化是吸收农业剩余劳动力从而提高农业劳动生产率的唯一途径，同时，农业剩余劳动力转移又是工业资本积累和扩张的源泉。应该说通过工业化道路来加速二元经济结构的转换，有利于发展中国家经济结构的正常和健康演化。但是，由于发展中国家在工业化道路的过程中，片面强调工业扩张，而极度忽视农村经济发展，多数发展中国家从来没有达到预期的目标。到了20世纪60年代末70年代初，在许多发展中国家，城市失业问题日益突出，片面工业化道路不仅没有缩小城乡二元经济矛盾，反而日益加剧了城乡经济的不平衡。这一实际情况，使得发展经济学家把研究的重点放在如何通过发展农村经济，缓解城市失业压力，缩小城乡差距上来。

虽然不同的二元经济结构理论具有不同的研究重点和不同的

政策结论,但它们之间不是相互替代的关系,而是相互补充、相互完善的关系。当我们在深入分析不同的二元经济结构理论的基础上,把它们综合起来考察,我们就会发现,发展经济学的二元经济结构理论,为我们研究发展中国家的二元经济结构转换问题提供了基本的思路与理论框架。(1)二元结构的分析方法为我们研究发展中国家经济结构转换问题提供了方便。以上我们介绍的三个二元经济结构模式基本上都是将传统农业等同于农村部门,而将现代工业等同于城市部门,这种理论上的简化虽然与发展中国家的现实状况不尽一致,但也基本上符合发展中国家的经济发展实际,并且从理论研究的角度为深入地研究二元经济结构转换提供了方便。(2)二元经济结构理论揭示了发展中国家二元经济结构转换的核心问题,就是实现传统农业部门的剩余劳动力向现代非农产业的转移。只有完成了这样一个历史任务,发展中国家才会实现二元经济结构的转换,其结构成长才会产生质的飞跃。(3)二元经济结构理论围绕着农业剩余劳动力转移的这一核心问题,探讨了发展中国家在实现二元经济结构转换过程中涉及的主要经济理论与实践方面的问题,它们主要包括:发展中国家在二元经济结构转换过程中的工业化道路选择问题、农业现代化问题以及城市化发展问题等。

最后,分析了发展中国家市场发育的不完善性。二元经济结构理论认为,经济发展中的结构矛盾不可能通过市场自行解决,强调政府在鼓励资本积累、促进农业技术进步、采用劳动偏向型的技术以及控制人口增长方面的作用。发展中国家市场经济的产生与发展,不是一个自然的发展过程,而是在长期的殖民掠夺和封建生产关系束缚下产生和发展起来的,外来性、不成熟性及不平衡性是发展中国家不发达市场经济的主要特征,这突出地表现在市场体系不完善,市场机制不健全,市场秩序不规范等方面。

这种情况决定了发展中国家的经济结构变迁与转换不可能完全依赖于市场机制的调节，与发达国家相比发展中国家更要注重政府在经济结构调整方面的作用。

我国作为一个社会主义的发展中大国，与其他发展中国家一样也是一个二元经济结构十分明显的国家，作为老工业基地的东北地区经济发展的二元特征更为突出。发展经济学的二元经济结构理论及其政策含义对我国及东北地区的二元经济结构转换同样具有重要的借鉴与指导意义。

同时，我们也必须看到，发展经济学的二元经济结构理论是在20世纪50~70年代产生与发展起来的。它虽然反映了发展中国家经济结构的一般特征，并以农业剩余劳动力向现代工业部门转移为核心，从不同的角度探讨了发展中国家实现二元经济结构转换的具体途径，但是它没有、也不可能揭示21世纪在知识经济迅速发展和经济日益全球化的条件下，发展中国家的二元经济结构转换所面临的新问题，及如何在实现二元经济结构转换，完成传统的产业革命同时，发挥发展中国家的后发优势，抓住这次新科技革命的历史机遇，完成结构转换的历史性跳跃，赶上发达的市场经济国家。

发展经济学的二元经济结构理论，虽然分析了发展中国家市场经济的不发达与不完善性，强调发展中国家在二元经济结构转换过程中要加强政府对经济生活的调节和干预，使之更加贴近发展中国家的经济现实。但他们没有认识到，发展中国家经济结构的不平衡性，既是发展中国家市场发育不健全的结构性障碍，同时又是其市场体系不完善、市场机制不健全的结果。发展中国家经济结构不平衡与市场经济不发达这种相互联系、相互制约的关系，使得发展中国家在对待政府在经济结构转换中的作用问题上，处于进退两难的困境。在发达国家，由于其经济结构的均衡性及市场经济的高度发达，其经济结构的发展与演变主要靠市场机制的调节，政府的宏观经济政策主要用于总量关系的调整，目的在于平抑经济波动。而在发展中国家由于经济结构的严重失衡及市场经济的不发达，经济结构的转换不能只依靠市场机制的调节，还必须依靠政府运用经济政策进行必要的干预和调节。但是，政府干预经济生活的结果，又往往会形成行政垄断，造成生产要素价格扭曲，从而会妨碍市场经济的正常发育和导致各种资源不能进行合理的转换和配置。发展中国家在20世纪50～60年代曾不约而同地实行经济发展的计划化，试图通过政府对经济生活的干预和调节，实现经济结构的转换。然而，随着时间的推移，以结构主义发展理论为基础的国家干预措施，受到了实践的严重挑战，这使得发展经济学家又将研究着眼点转向由"政策引致的扭曲"和"非市场失误"，在许多问题的分析中，恢复了新古典理论的观点，重新强调结构调整过程中的市场机制的作用。事实上，实现发展中国家的经济结构转换，不在于要不要政府的干预和调节，而在于如何进行调节，而在这一问题上无论是以二元经济结构理论为代表的结构主义还是新古典经济学派都没有提出一个较为完满的解决办法。

  发展经济学的二元经济结构理论，是从发展中国家二元经济结构的一般性出发，揭示其形成及转换的客观规律，从这个意义上说，它对于中国及东北地区的二元经济结构的转换具有重要的借鉴及指导意义。但是，中国作为处于由计划经济体制向市场经济体制转型的社会主义发展中大国，既不是典型发达国家，也不属于典型的发展中国家，无论是经济结构还是经济体制都不仅与发达的市场经济国家大不相同，也有别于其他发展中国家。而东北地区在中国经济发展与体制转轨进程中又处于十分特殊的地位，从历史上考察，东北地区的二元经济结构的形成及转换过程均有着自己与众不同的独到之处。从现实角度分析，中国及东北地区正处在由计划经济体制向现代市场经济体制转变的特殊历史时期，不仅在其渐进式体制转型过程中的二元经济结构与二元体制结构之间的关系，与其他发展中国家的经济结构二元性与经济体制二元性直接重叠的并存性相比，有着不同的特点，而且，由于经济结构的转换和经济体制的转换同时并存，势必产生出一系列其他发展中国家所不可能遇到的错综复杂的问题和尖锐的矛盾。由于各类矛盾相互交叉，各种因素相互影响，发展经济学的二元经济结构理论，没有、也不可能为中国和东北地区的二元经济结构转换开出符合中国及东北地区实际的具体"药方"。

以上分析表明，研究中国及东北经济发展中的二元经济结构转换，既要借鉴发展经济学的二元经济结构理论，又不能完全照搬，用这一理论套用中国及东北地区经济发展的现实。而必须紧密结合当代世界经济发展的新特点，结合中国及东北经济发展的实际情况，探讨中国及东北地区二元经济结构转换的具体途径。

第二章

二元经济结构转换对东北振兴的作用

"东北老工业基地振兴"这一说法往往使人们误认为,东北老工业基地需要振兴的只是工业,或者说只要通过发展工业就可以实现振兴。东北老工业基地振兴绝不是单纯的工业问题,而是以经济结构转换作为根本的变革。东北作为一个典型的发展中地区,二元经济结构是其本质特征。二元经济结构的特点,突出地表现在传统农业部门的劳动边际生产力远低于现代非农产业的劳动边际生产力。最直接的表现是:在传统农业部门中较大的劳动力份额创造出较小的产出份额,而在以工业为代表的现代部门中,较小劳动力份额创造出较大的产出份额。因此,二元经济结构转换就是通过农业剩余劳动力向非农产业转移,使城乡异质的二元经济结构转换为同质的现代化一元经济结构。在东北老工业基地振兴过程中,通过农业剩余劳动力向非农产业转移从而实现二元经济结构转换对东北老工业基地振兴具有积极的促进作用,其主要表现在:推进二元经济结构转换才能从根本上解决长期制约东北地区社会经济发展的"三农"问题;推进二元经济结构转换有利于促进东北地区产业结构升级,扩大东北地区的有效需求,加快东北地区城市化进程。

第一节 解决东北地区的"三农"问题

在"三农"问题中,增加农民收入是第一位的,是"三农"问题的核心。农业剩余劳动力的非农化转移对东北农村居民收入水平提高具有积极作用。下面根据表2-1,运用eveiws软件对东北农村转移劳动力与农村居民人均纯收入做相关分析。所谓相关分析是指用相关系数来测量两个变量间相互关系的大小和方向的计量方法,其相关系数的计算公式为:

$$r = \frac{\sum_{i=1}^{n}(x_i - \bar{x})(y_i - \bar{y})}{\sqrt{\sum_{i=1}^{n}(x_i - \bar{x})^2 \sum_{i=1}^{n}(y_i - \bar{y})^2}}$$ ①

式中,r表示变量x、y的相关系数;x_i、y_i分别表示第i个样本点时x、y变量的观测值。相关系数r的取值范围是[-1,1],其值越接近1,两个变量的正相关性就越强;其值越接近-1,表示负相关性越强。

表2-1　东北农村转移劳动力与农村居民人均纯收入

年　份	农村居民人均纯收入（元）	农村转移劳动力（万人）*
1985	427.48	412.02
1990	800.21	480.86
1995	1718.75	829.52
2000	2191.95	1165.85
2001	2357.76	1246.37

① 易丹辉:《数据分析与eviews应用》,中国统计出版社2002年版,第29页。

续表

年份	农村居民人均纯收入（元）	农村转移劳动力（万人）*
2002	2506.95	1352.8
2003	2673.3	1365.61
2004	3116.9	1564.41
2005	3402.16	1628.81
2006	3771.93	1666.83

* 农村转移劳动力的数量采用陆学艺的计算方法，即城镇从业人数减去城镇职工人数得到进入城市就业的农村人口数，乡村从业人员数减去农业就业人数得到农村中非农劳动力数量，二者之和就是农村转移劳动力总量。参见陆学艺主编：《当代中国社会流动》，社会科学文献出版社2004年版，第145页。

资料来源：根据相关年份东北三省统计年鉴、《中国统计年鉴》计算得出。

分析结果表明：农村转移劳动力与农村居民人均纯收入的相关系数为0.9875，接近1，说明两者具有很强的正相关关系。

如果以农村居民人均纯收入（y）作为被解释变量，农村转移劳动力（x）作为解释变量，通过回归分析来说明。回归结果如下：

$$Y = -433.5041 + 2.3309X; \quad R^2 = 0.9752; \quad adjR^2 = 0.9721$$

由回归结果可见，各系数符号正常，在0.05的显著水平上，解释变量与被解释变量之间具有明显的正相关关系，这也说明，农村转移劳动力上升会带动农村居民人均纯收入的上升，从而说明农村劳动力转移成为推动农村居民人均纯收入增加的一个重要因素。这种推动作用主要表现在以下几个方面：

一、通过增加非农收入增加农民收入

由于传统农业部门的分工水平和劳动生产率较低，现代非农部门的分工水平和劳动生产率较高，农业剩余劳动力向现代非农产业转移,增加了现代非农产业的就业量,提高了转移到现代部门中从业人员的收入水平。而这部分人员工资收入的一部分又会以家庭收入转移的形式增加农民居民的转移性收入。从表2-2可以看出东北三省农村居民人均纯工资性收入不断提高。

表2-2 1995~2006东北三省农村居民人均纯工资性收入

单位:元

年份	辽宁农村居民人均纯工资性收入	吉林农村居民人均纯工资性收入	黑龙江农村居民人均纯工资性收入
1995	486.17	165.59	130.27
1996	605.17	279.02	171.37
1997	688.37	267.95	219.84
1998	753.05	279.95	235.35
2000	882.96	343.86	337.97
2001	914.60	328.53	333.35
2002	1020.62	388.99	376.55
2003	1056.59	425.51	394.24
2004	1075.86	457.80	413.14
2005	1212.20	510.96	464.31
2006	1499.47	605.11	654.86

资料来源:相关年份东北三省统计年鉴、《中国统计年鉴》。

二、通过提高农业劳动生产率增加农民收入

农业生产基本的要素是生产资料和农业劳动力。农业剩余劳动力转移,一方面有利于增加了农村居民的人均资源拥有量;另一方面有利于增加农业劳动力的人力资本投入。这些都有利于提高农业劳动生产率,进而增加农民收入。

(一)通过增加人均资源拥有量增加农民收入

1. 从静态和绝对角度来看,农业剩余劳动力转移可以使得

农业资源在总量不变的条件下，人均农业资源增加。在农业生产中，土地不能增加，而农业人口众多，并且随着农村人口的不断增加，农业剩余劳动力会愈来愈多的积压在土地上，从而人均资源将呈现不断递减趋势，这样，一方面农业生产力必然会不断下降；另一方面只能靠增加单位土地面积的农业生产资料使用量来保证粮食生产，扩大了对农用生产资料的需求，推动其价格上升，农业生产成本也必然随之增加。这两方面必将加速农村居民的贫困化。而农业剩余劳动力转移必然会为农业生产提供相对更多的资源，特别是人均耕地的占有量，有利于扩大农业生产规模，这无疑会促进农业生产率的提高、降低农业生产成本，进而促进农民增收。

2. 从动态和相对的角度来看，可以使得农业资源在总量增加的条件下，人均农业资源增加得更多。农业生产是以土地为依托，而土地作为一种自然资源，其自身肥沃程度也不尽相同，那么在一定时间内和一定的技术条件下，等量的资本与劳动投入所获得产出也会存在差异。众所周知，即使是原始肥沃的土地在经过长期农耕后也会出现质量下降的状况，因而需要追加改造投入。特别是在土地资源有限的情况下，对土地的改造便成了增加农业产出的一种有效方式。而这种改造无疑是一个长期的过程，并且其绩效发挥作用也需要一个较长的时间。那么现实摆在农业生产面前有两条发展道路，或者追加改造投入以获得长期的利益，或者追求短期利益，采取加大化肥等能在短期内获得高产但会对土地造成损害的生产手段。

在农民收入水平偏低的情况下，由于非农产业投资效益高，农业投资比较效益低，因此，农村集体单位和农民个人的投资向非农产业部门倾斜，对农业的投资相对减少。这样，用于长期投入农业积累资金相对不足，农业生产倾向于追求短期的投入产出最大化。这种"竭泽而渔"的非良性农业生产方式,尽管在短期内获得较大收益,但对于农业的长期持续发展无疑造成了损害,使农业发展缺乏应有的后劲。农民收入水平偏低,所造成的长期农业积累不足,还会影响到农村水利设施、交通设施等基础设施建设。而这些基础设施是农业生产收益得以实现的有利保证。农业基础设施建设的滞后,缺乏抵御自然灾害的能力,加大了农业生产的风险。

农业剩余劳动力转移增加了从事农业生产的农民的人均农业资源,可以相应获得规模经济收益,农业比较收益随之增加,而与此同时随着我国对农村改革的不断深化,农业比较收益会进一步增加,农民对农业的投入也会增加,农业资源总量也会随之相应增加,人均农业资源也必然进一步增长,从事农业的农民的农业比较收益会较之前有所提高,农业投入会再次增加,农业资源也会再进一步增加,农业的比较利益也再进一步增加,由此形成一个良性循环。

(二)通过增加人力资本投入增加农民收入

我们知道农业发展的早期,人们关注的是不断开发自然以扩大土地面积,而且由于生产工具的落后,对劳动力量的需求往往是第一位的,劳动力在质上的要求也仅仅是体力。而在农业发展的今天,更多的体力劳动可以被机械代替,因此对劳动力量的需求相对减弱,人们更注重的是具有科学文化知识的高素质劳动力。而高素质农业劳动力的形成需要大量的人力资本投资。但是,农业人力资本的投入存在着总量上和结构上双重阻碍。一方面由于农民收入水平低下,除了生活消费外,主要生产消费都投入到生产工具、种子、化肥等必备的生产资料上,而剩余资金用于人力资本投入严重不足;另一方面,由于城乡收入差距扩大,使大量青壮年劳动力以及具有一技之长和文化技术水平较高的劳动力从农业生产部门转入非农生产部门，现存的在农村从事农业生产的劳动力整体素质偏低。这样，人力资本所投资对象的基本学习能力偏低，为达到一定技术水平需要，必然花费相对较多的成本，因此农民不愿做这样的高机会成本的人力资本投资。而这样容易形成低素质劳动力的聚集。由于这些低素质劳动力缺乏与高技术含量的生产资料相结合的能力，所以无法提高劳动生产率，会进一步抑制农业产出的提高，并因此阻碍农业收入水平的提高。由此，人力资本的投入更难以增加，高素质的农业劳动力也将愈加缺乏。

伴随着二元经济结构转换过程中由于资源配置效率改进所带来的居民收入水平提高，人们会更多的进行人力资本投资，这对于增加农民收入，打破贫穷恶性循环具有非常重要的作用：劳动者本人的人力资本投资，会进一步提高劳动者的收入能力；劳动者对子女的人力资本投资则有助于摆脱贫穷的代际传承。

三、通过提高农产品的商品化率增加农民收入

在商品经济不断发展的今天，人们从事一种生产劳动主要的目的是获得货币收入，以换取他人的商品。农业生产也是这样。但是，70%以上的农民在农业部门的大量沉积与耕地资源的稀缺，使农业呈现"口粮农业"的突出特征。粮食生产的自给性、半自给性，导致农业部门为非农部门提供商品粮受到严重制约，因此，农产品的商品化率很低，也对农民通过扩大用于销售的农产品量来增加收入产生严重制约。有位经济史学家曾经指出：中国早在一千年以前农地产出的商品率就达到15%。近年来中国基本实现了工业化，但粮食总产量中商品粮仅仅提高到约为

30%；国家占有的粮食一般年景仅占总产量的15%左右。有关农户统计研究表明：仍有50%小农其土地产出的商品率为0，还有30%小农的商品率低于30%。可见，80%小农所从事农业剩余太少的问题，不仅并未随工业化而根本改观，反而随人口增加而恶化。[①] 尽管东北是我国最早进行工业化的地区，但是由于长期以来实行城乡分割的制度，农产品商品化率很低。

农业剩余劳动力进入农村以外非农产业，可以减少农产品的自给型消费，从而相应的增加了可以用于销售的农产品数量，农产品的商品化率也会随之提高。农民收入也会因此而提高。而且转移到农村以外的农业剩余劳动力，其生活方式必然与在农村不同，这样除了增加直接农产品消费外，还会增加对农产品的间接消费，从而扩大对农产品的需求，进一步促进农产品的商品化率提高，农民收入也会进一步提高。

四、通过促进充分就业增加农民收入

务农与从事非农产业相比，人们普遍认为农业的比较收益明显低于任何非农产业，但一些学者（陈吉元，1993）通过对农户的调查认为，如果按每个劳动力平均每小时的收入计算，务农的收入要高于务工；只是由于农业劳动力在一年之中有相当多的时间闲置，而工业劳动力则有更长的劳动时间，或者说就业充分，才使得每个劳动力按年平均收入计算，务工的收益高于务农。也就是说，农业劳动力平均年收入低的主要原因是就业不充分，而非单位时间收益低。

众所周知，农业生产本身具有很强的季节性，那么在一年的

[①] 温铁军：《"三农"问题与世纪反思》，生活·读书·新知三联书店2005年版。

大部分时间里，农民处于闲置状态。但在农村存在大量剩余劳动力的情况下，即使在本来就有限的农业生产时间里，仍然存在大量的农业剩余劳动力无事可做的现象，也就是在农忙时节仍然出现大量农业劳动力的非充分就业。因此，我们面临着农村居民季节性失业与农忙时节的隐性失业双重失业问题。针对这两种不同性质的失业问题，通常采取两种类型的农业剩余劳动力向非农产业转移方式的：一种是农业劳动力异地向城市集中，并完全脱离农业生产转入非农产业的分业型，集中转移模式；另一种是农业剩余劳动力就地分散转移到非农产业，并与农业生产和土地保持一定弹性联系的兼业型，分散转移模式。这两种转移方式无疑有效、合理的利用了劳动时间，从而使农民在农闲时节可以从事一些非农产业，增加了就业时间。而一部分脱离土地的农业剩余劳动力的流出，则可以相应的使部分原先在农业生产中处于隐性失业状态的劳动者显性就业。因此，农业剩余劳动力的非农化转移增加了农民充分就业时间，从而增加农民的收入。

第二节 促进区域产业结构的优化与升级

关于产业结构演进的规律，英国经济学家克拉克最早对其进行研究。克拉克认为，随着经济的发展，劳动力的布局会由第一、二、三产业向三、二、一产业转移。这就是著名的"配第—克拉克"定理。后来，库兹涅茨、钱纳里等人在克拉克研究的基础上，从劳动力和国民收入两方面对产业结构变化进行分析，得出比克拉克更为精确的关于产业结构变动的一般描述。农业剩余劳动力转移有利于优化产业结构。著名经济学家库兹涅茨经过大量的实证分析后认为：随着人均收入水平的提高，第一产业的比较劳动生产率会趋于稳定,在进入较高收入水平后则明显上升,第二、三产业的比较劳动生产率则明显降低。而且当第一产业的比较劳动生产率接近第二、三产业的比较劳动生产率时,产业结构的总体效益水平较高。

一、促进整体产业结构升级

二元经济结构的核心是农业剩余劳动力向非农产业转移。农业剩余劳动力转移对产业结构的直接影响表现在农业产值和就业呈现下降趋势。这里根据表2-3,运用eveiws软件对东北农村转移劳动力与第一产业产值结构和就业结构做相关分析。

分析结果表明:农村转移劳动力占总劳动力比重与第一产业产值结构的相关系数为-0.9442,接近-1,说明两者具有很强的负相关关系。

如果以第一产业产值结构(y)作为被解释变量,农村转移劳动力占总劳动力比重(x)作为解释变量,通过回归分析来说明。回归结果如下:

$Y = 0.2308 - 0.3275X$; $R^2 = 0.8916$; $adjR^2 = 0.8781$

由回归结果可见,各系数符号正常,在0.05的显著水平上,解释变量与被解释变量之间具有明显的负相关关系,这也说明,农村转移劳动力占总劳动力比重上升会带动第一产业产值结构的下降,从而说明农村劳动力转移成为推动东北产业结构升级的一个重要因素。

由于东北地区在20世纪90年代后期出现较大规模的第二、三产业劳动力回流到第一产业的现象,2000年以后这一现象开始转变。因此,对于农村转移劳动力占总劳动力比重与第一产业就业结构的相关性分析选用2000年以后的数据。分析结果表明:

两者的相关系数为 -0.8022，接近 -1，说明两者具有较强的负相关关系。

如果以第一产业就业结构（y）作为被解释变量，农村转移劳动力占总劳动力比重（x）作为解释变量，通过回归分析来说明。回归结果如下：

$$Y = 0.5520 - 0.3701X;\ R^2 = 0.6435;\ adjR^2 = 0.5723$$

由回归结果可见，各系数符号正常，在 0.05 的显著水平上，解释变量与被解释变量之间具有较为显著的负相关关系，这也说明，农村转移劳动力占总劳动力比重上升会带动第一产业就业结构的下降，从而说明农村劳动力转移成为推动东北产业结构升级的一个重要因素。

表 2-3　　第一产业产值结构、就业结构与农村转移劳动力占总劳动力比重

年份	第一产业产值结构	第一产业就业结构	农村转移劳动力占总劳动力比重
1985	0.1934	0.3980	0.1033
1990	0.2060	0.3952	0.1068
1995	0.1826	0.3648	0.1714
2000	0.1292	0.4493	0.2576
2001	0.1282	0.4480	0.2756
2002	0.1280	0.4444	0.2964
2003	0.1238	0.4523	0.3016
2004	0.1348	0.4337	0.3335
2005	0.1279	0.4317	0.3463
2006	0.1211	0.4043	0.3522

资料来源：根据相关年份东北三省统计年鉴、《中国统计年鉴》计算得出。

二、促进了农村产业结构的优化与升级

第一,促进了农村产业结构升级。按就业构成衡量,1985年东北农村产业结构,第一产业比重为83%,第二、三产业比重为17%,到2006年,第一产业比重下降到67.5%,第二、三产业比重上升为32.5%。[①]

第二,促进农业产业结构升级。随着二元经济结构转换,收入水平的提高,社会消费结构中的食品消费发生了变化,人们逐步向营养化多样化和优质化转变,对肉蛋奶蔬菜水果的需求明显增加,也促使农业劳动力由单一的种植业向林牧渔业转移。从农林牧渔产值构成看,1978年农业产值占82%,林牧渔业产值比重占18%,到2006年,农业产值比重下降到47%,林牧渔业产值比重上升到53%。[②]

第三,加快农业产业化进程。农业剩余劳动力转移会引起了非农人员增加,农产品市场需求量增大,为产业化发展提供了市场原动力,增大了的市场需求量又向农业生产提出了"农业产业化"的要求。

第三节 扩大东北地区的有效需求

20世纪90年代末期以来,有效需求不足成为制约经济发展的关键。从世界经济发展的实践可知,一个农业人口占多数的国家或地区,难以形成稳定而强劲的国内需求市场。只有通过农业

[①][②] 根据相关年份东北三省统计年鉴、《中国统计年鉴》计算得出。

剩余劳动力转移才能有效地扩大内需。

一、二元经济结构转换有利于扩大消费需求

目前,东北地区大致上可划分为两大消费群体:一个是农村消费群体,另一个是城镇消费群体。二元经济结构转换有利于扩大这两个群体的消费需求。这里根据表2-4,运用eveiws软件对东北农村转移劳动力与居民消费做相关分析。

分析结果表明:农村转移劳动力与居民消费的相关系数为0.9973,接近1,说明两者具有很强的正相关关系。

如果以居民消费(y)作为被解释变量,农村转移劳动力(x)作为解释变量,通过回归分析来说明。回归结果如下:

$Y = -1123.137 + 4.469X$; $R^2 = 0.9946$; $adjR^2 = 0.9939$

由回归结果可见,各系数符号正常,在0.05的显著水平上,解释变量与被解释变量之间具有明显的正相关关系,这也说明,农村转移劳动力上升会带动居民消费的上升,从而说明农村劳动力转移成为推动居民消费增长的一个重要因素。这种推动作用主要表现在以下几个方面。

表2-4　　　　　　　居民消费与农村转移劳动力

年　份	居民消费(元)	农村转移劳动力(万人)
1985	536.46	412.02
1990	1049.65	480.86
1995	2740.38	829.52
2000	4160.88	1165.85
2001	4507.83	1246.37
2002	4837.36	1352.8
2003	5174.89	1365.61

续表

年份	居民消费（元）	农村转移劳动力（万人）
2004	5693.21	1564.41
2005	5954.64	1628.81
2006	6459.79	1666.83

资料来源：根据相关年份东北三省统计年鉴、《中国统计年鉴》计算得出。

第一，有利于扩大农村居民的消费需求。2006年，东北地区1亿多人口，农业人口达到4811万，占44%。尽管农村人口比重不足一半，但是从消费需求结构变动趋势来看的，需求潜力很大。农村居民在温饱型消费结构向小康型消费结构转变的过程中，对现有大多数消费品的需求处于增长阶段。从城乡居民消费结构的比较看，据统计，2006年，东北农村居民每百户拥有彩电102.46台、电冰箱23.09台、洗衣机67.07台、移动电话73.02部、家用电脑1.69台、空调机0.37台、排油烟机4.87台，而城镇居民每百户拥有彩电121.54台、电冰箱84.89台、洗衣机92.42台、移动电话129.36部、家用电脑32.58台、空调机10.00台、排油烟机78.95台。[①] 我们可进一步作一简单计算，每百户城乡居民拥有彩电的差额为19.08台，电冰箱的差额为61.80台，洗衣机的差额为23.35台，移动电话的差额为56.34部、家用电脑的差额为30.89台、空调机的差额为9.63台、排油烟机的差额为74.08台。按照2006年城镇居民的消费标准，农业户达到相同的水平，其需求将是一个巨大的数字。由此可见，东北农村无疑是一个潜在的广阔的消费市场。伴随着二元经济结构转换，农民收入将得到显著提高，必然会增强农民的支付能力，加快其消费结构的升级速度，扩大农村消费市场，从

[①] 《中国统计年鉴》(2007)，中国统计出版社2007年版，第352、376页。

根本上推动工业生产。

　　第二，有利于扩大迁入到城市的农村居民的消费需求。一是农民从乡村迁入城市，经济来源渠道更多，收入增长更快，消费需求数量会随之增加，需求层次也会随之提升。二是农民从乡村迁入城市，随着消费环境的改善，会改变传统的消费观念和生活方式，加上城市的电力、自来水、通讯交通等基础条件的支持，农民购买彩电、冰箱、洗衣机等家电产品和服装及文化娱乐用品、医疗保健品就会大量增加。三是农民从乡村迁入城市，其对农产品的消费一般也会来源于市场，这样增加了农产品消费，从而扩大对农产品的需求。四是农民从乡村迁入城市，就必须建房买房，这将会增加对房地产业及建筑、建材业的需求。

　　第三，有利于扩大城市居民的消费需求。农村居民的消费结构的转变速度在短期内可以迅速完成，那么工业品生产企业将会很快从相对供给过剩中解脱出来，以有效扩张生产以获取更大的利润。而工业品生产企业的职工也会从中获得更大的工资收益。这样，一方面企业职工在一定程度上也将扩大对农产品的直接与间接需求，进而也将提高农民的收入水平，进一步扩大农民对工业品的需求，由此可以同时扩大城乡的消费需求，促进两者协调提高；另一方面企业职工还可以扩大自身对工业品和劳务的消费需求。

二、二元经济结构转换有利于扩大投资需求

　　这里根据表2-5，运用eveiws软件对东北农村转移劳动力与资本形成总额做相关分析。分析结果表明：农村转移劳动力与资本形成的相关系数为0.9059，接近1，说明两者具有很强的正

相关关系。

如果以资本形成总额（y）作为被解释变量，农村转移劳动力（x）作为解释变量，通过回归分析来说明。回归结果如下：

$Y = -2835.630 + 6.114X$；$R^2 = 0.8206$；$adjR^2 = 0.7981$

由回归结果可见，各系数符号正常，在0.05的显著水平上，解释变量与被解释变量之间具有较为显著的正相关关系，这也说明，农村转移劳动力上升会带动资本形成总额的上升，从而说明农村劳动力转移成为推动居民投资增长的一个重要因素。这种推动作用主要表现在以下几个方面：

第一，增加城市消费人口。农业剩余劳动力转移到城市，城市消费人口必然增多，对衣、食、住、行、娱乐等需求也会随之扩张，从而刺激和带动相关行业投资需求的增长。

第二，扩大原始资金积累。农村人口进入城市，在经历了一段时期的"打工"过程后，积累了一定的原始资金后，其中一部分人会逐渐成为城市第二、三产业的投资者，壮大了投资力量，而投资的增长又会进一步吸纳更多的农业剩余劳动力转移，从而加快农业人口的非农化进程。投资需求的增长与农业剩余劳动力转移是相辅相成、互为条件的。

第三，增加农村领域投资。转移的农村剩余劳动力把打工收入的一部分通过家庭内部重新分配的方式寄回或直接带回乡村，在资本相对稀缺的农村领域形成了极大的投资效应，从而弥补了国家财政对农业的投资不足，进而有针对性的改善农业投资。[①]

[①] 管永彬：《农村劳动力外出收入转移对家庭的微观效应：一个三重改善》，http://www.cenet.org.cn/download/23123-1.doc。

表2-5　　　　资本形成总额与农村转移劳动力

年份	资本形成总额（亿元）	农村转移劳动力（万人）
1985	391.59	412.02
1990	848.25	480.86
1995	2245.38	829.52
2000	3151.73	1165.85
2001	3547.03	1246.37
2002	4056.36	1352.8
2003	4744.4	1365.61
2004	6286.29	1564.41
2005	7778.71	1628.81
2006	10212.43	1666.83

资料来源：根据相关年份东北三省统计年鉴、《中国统计年鉴》计算得出。

第四节　加快东北地区的城市化进程

城市化，就其本质来说，是农村人口不断地向城市的转移，转变为城市人口的过程，我们称之为"农村人口城市化"。城市化进程在很大程度上取决于农村劳动力转移的速度与规模。东北城市化加快的原因正是由于大规模的农村人口进入城市，并参与城市建设，推动了城市化水平的提高。

一、农业剩余劳动力转移直接提高城市化水平

城市化率一个基本计算公式就是城市人口占总人口的比率，而随着农业人口向非农业人口转化，并在城市集中，城市化率也必然会提高。这是农业剩余劳动力转移所带来直接的数字上的变化。下面根据表2-6，运用eveiws软件对东北农村人口进入城市就业与城市化水平做相关分析。

分析结果表明:进入到城市就业的农村人口数与城镇总人口数的相关系数为 0.960151,接近 1,说明两者具有很强的正相关关系;进入到城市就业的农村人口数占城镇就业人口的比率与城市化率的相关系数为 0.941791,接近 1,说明两者也具有显著的正相关关系。

如果以城镇总人口数或城市化率(y)作为被解释变量,进入到城市就业的农村人口数或进入到城市就业的农村人口数占城镇就业人口的比率(x)作为解释变量,通过回归分析来说明。回归结果如下:

第一个方程:$y = 4184.5 + 2.334x$; $R^2 = 0.921891$;
$adjR^2 = 0.912127$

第二个方程:$y = 45.216 + 0.250X$; $R^2 = 0.886970$;
$adjR^2 = 0.872841$

由回归结果可见,各系数符号正常,在 0.05 的显著水平上,解释变量与被解释变量之间具有明显的正相关关系,这也说明,农村人口进入城市就业人数上升会带来城市化水平的上升,从而说明农业劳动力转移成为推动城市化的一个重要因素。

表 2-6   东北农业人口城市化

年份	进城就业的农村人口数(万人)	城镇总人口数(万人)	进城就业的农村人口数占城镇就业人口的比率(%)	城市化率(%)
1985	117.78	4108.7	5.22	44
1990	150.57	4757.9	5.94	47.8
1995	383.92	5244.2	13.91	50.7
2000	557.71	5606.2	27.8	52.5
2001	615.8	5643.6	31.02	52.8
2002	688.3	5711	34.67	53.3
2003	648.77	5764	34.02	53.7

续表

年份	进城就业的农村人口数（万人）	城镇总人口数（万人）	进城就业的农村人口数占城镇就业人口的比率（%）	城市化率（%）
2004	754.95	5793	37.89	53.9
2005	766.3	5932.57	39.17	55.2
2006	768.03	6007.13	39.12	55.5

资料来源：根据相关年份东北三省统计年鉴、《中国统计年鉴》计算得出。

二、农业剩余劳动力转移加快城市化建设

农业剩余劳动力转移不仅带来城市化率直接的数字上的变化，而且其积极参与城市建设，促进了城市化水平在本质上得以提高。

第一，加快工业化进程。工业化要求为其发展提供集聚场所，并提供相应的交通通讯等基础设施，这促使了具有集聚效应的城市发展。而城市发展又靠工业企业的扩大再生产所吸引的人口与资本的集聚，其表现为城市规模膨胀和数量增加，城市的外延扩大。农业劳动力转移加快了东北工业化进程，其必然也会推动东北城市化的进程。

一是农业剩余劳动力转移有利于为工业发展提供劳动力。工业化的发展需要成千上万，源源不断的劳动力补充进来，这些人力资源大多来自农村。从东北工业化进程来看，农业劳动力这个庞大的群体为东北工业的起飞提供了最为廉价的劳动力。

二是农村剩余劳动力转移有利于扩大工业的资本积累。一般来说，生产要素从边际生产率低的部门流向边际生产率高的部门可以提高要素产出效率，同时也可以促进经济增长。长期以来，农业部门劳动的边际生产率低于非农部门的边际生产率，农业剩余劳动力从农业部门进入非农产业部门可以实现生产要素合理配

置与优化组合，提高资源利用率，进而扩大产出。而与此同时，进入城市的农业剩余劳动力的工业工资维持在一个较低的水平上。由此，高产出与低成本可以增加利润，进而增加工业的资本积累，有利于加快工业化进程。

三是加快第三产业发展。农村人口转移不仅推动了第三产业市场的发展，而且也为第三产业的发展提供了劳动者和经营者。

第二，加快城市市政建设，改善城市环境。人们通常认为，农业剩余劳动力转移到城市会带来城市基础设施普遍性的严重短缺，交通拥挤、住宅紧张、城市污染严重等一系列问题。事实上，农民工对城市建设起到了举足轻重的作用，其已成为城市市政建设的重要劳动力队伍。城市环境的改变，城市生活的重大变化，城市公共设施的改善，都离不开农民工的贡献。由此可见，农民工并不是城市环境恶化的根源，所存在的问题恰恰是城市需要对自身反思的。

第三章

东北二元经济结构的历史演变

根据经济发展理论,二元经济是存在于发展中国家或地区初级发展阶段的一种典型的国民经济结构。任何发展中国家或地区的工业化过程都不同程度地导致了国民经济二元结构的存在。但是对于不同的发展中国家或地区而言,由于其具体的国情和域情不同,二元经济结构形成及演变的具体原因及特点也各不相同。

第一节 东北二元经济结构的形成及深化

一、赶超型发展战略的选择

与发达国家工业化进程不同,发展中国家或地区的工业化是通过从国外引进、移植现代工业起步的,其工业化进程具有明显的外生性特点。虽然现代工业部门具有较高的生产力,但由于其在国民经济中所占的比重过小,在一定时期内还难以通过其扩散效应形成遍及整个社会的生产方式,因此发展中国家或地区在工业化过程中普遍存在着传统经济与现代经济并存的现象,从而使国民经济呈现出明显的二元结构特征。

东北工业化最早可以追溯到19世纪60年代。1861年营口开港后，随着外国势力进入东北地区，"封禁"政策的渐次废除，东北地区农、林、牧、煤炭、铁矿、石油等资源的开发，铁路及沿海港口的出现，促进了东北近代工业结构的形成。① 其后又经历了20世纪初的实业救国，20世纪20年代奉系军阀发展时期，20世纪30年代日伪统治时期"殖民化"的发展，以及解放战争爆发后国共双方对东北工业争夺时期，到1949年中华人民共和国成立时，东北工业总产值已占到工农业总产值的35%。② 尽管建国初期东北已开始呈现出二元结构特征，但是东北经济显著的二元分化是在建国之后才开始的。而建国后东北经济显著的二元分化，又是和我国的赶超型发展战略密切相关的。

新中国成立初期面临的主要困难，一是经济发展的起点低。中华人民共和国成立之初，全国工农业总产值只有466亿元，工业基础十分薄弱，现代工业占社会总产值的比重不足10%，农业和手工业占90%以上，90%的人口生活在农村，80%以上的劳动力从事农业生产。③ 据专家估计，1952~1953年中国人均GNP水平至多为60~65美元，为世界上最低收入国家或最贫穷的国家之一。④ 二是不利的国际环境。第二次世界大战后的世界是一个冷战的世界，也是一个充满外来干预的世界。新中国的诞生改变了世界政治经济格局，以美国为代表的西方国家不满于中国大陆的政权更替，对新中国实行了一系列政治上孤立、经济上

---

① 陈亮等：《近代东北区城市化与工业化相互作用的过程分析》，载《城市发展研究》2004年第6期，第28页。
② 转引自《三年来东北工业建设获得伟大成就》，载《东北日报》，1952年9月20日。
③ 林毅夫、蔡昉、李周：《中国的奇迹：发展战略与经济改革》，上海三联书店、上海人民出版社1994年版，第20~21页。
④ 牛若峰：《中国农业的变革与发展》，中国统计出版社1997年版，第22页。

封锁的措施；大陆与台湾的军事对峙，朝鲜半岛的紧张局势，使得战争的压力不断加大。

在这种国际环境与历史条件下，选择一个什么样的发展战略加速工业化进程，以尽快摆脱贫穷与落后面貌，自立于世界民族之林，是摆在中国领导人面前的一个十分重要的问题。首先，从国际竞争的角度来看，工业化的发展程度是与重工业在工业结构中的比重上升相关的。当时世界发达国家的经济结构表明，重工业意味着现代化大工业，重工业比重的大小是一个国家经济发展水平高低和经济实力大小的标志。迅速改变落后面貌，增强国际竞争力的强烈愿望是当时的中国领导人选择以重工业优先发展为特征的赶超型发展战略的重要原因之一。其次，受当时的国际政治、经济环境制约，面对朝鲜战争的威胁和以美国为首的西方资本主义国家的政治孤立与经济封锁，新生的中华人民共和国必须迅速建立起比较完备、自成体系的工业结构，而重工业则是其中的关键。

此外，在当时我们所能借鉴的社会主义经济增长理论与实践也是影响我国经济发展战略选择的重要因素。[①] 在一个经济落后的国家如何解决国家工业化与资金积累不足、市场狭小的矛盾，通过自身的积累迅速实现经济起飞，是一个摆在前苏联及其他社会主义国家领导人面前的共性问题。在对待工业化所需资金积累的问题上，苏联是通过工农业产品不等价交换、对非社会主义经济成分征收高额赋税等政策措施进行强制性的工业化积累；在解决工业化发展所需市场问题上，则是利用重工业具有自我服务、自我循环的产业特点，通过优先发展重工业来克服在小农经济占极大比重条件下，无法为工业发展提供有效需求的矛盾；与上述

---

① 参见蔡昉：《中国的二元经济与劳动力转移——理论分析与政策建议》，中国人民大学出版社1990年版，第53~56页。

两个问题相对应,在经济调节机制上自然是排斥市场机制的作用,实行高度集中的计划经济体制。

受新中国成立初期国际环境和历史条件的制约,在苏联经济发展模式的影响下,我国选择了以重工业优先发展为特征的赶超型发展战略。这一发展战略的基本特征表现为:(1)以重工业优先发展为战略重点。从1953年大规模经济建设开始就提出了逐步实现工业化的任务,并把重工业作为实现工业化的重点,极力谋求生产资料工业的高速发展。1952~1978年,我国重工业产值增长了28倍,重加工业产值增长了40倍,而轻工业只增长16倍,说明在改革前的26年中,我国产业结构变动,既超越了以轻工业为重心的发展阶段,也超越了以基础工业为重心的发展阶段,直接跳跃到了以重加工业为重心的发展阶段。[①](2)国民经济以高速度为主要目标。为了在最短的时间内建成社会主义的物质技术基础,速度问题就成为我国社会主义建设的根本问题,从新中国成立初期直至1978年底党的十一届三中全会召开,除了20世纪60年代初期几年的经济调整外,我们一直把高速度作为经济发展的主要目标。

新中国成立初期,东北地区由于其在工业基础上的优势,无疑成为我国实施以重工业优先发展为特征的赶超型发展战略的首选。一是工业规模巨大,行业齐全,近代化程度非常高,构成较为完整的国民经济体系。东北地区不仅有钢铁、冶炼、电力、煤矿、化工、森工、机械、桥梁与造船等重工业和基础产业,还有造纸、纺织、橡胶、陶瓷、制烟、火柴与制糖、粮食加工、制油业等各种轻工业。除了东北人民政府工业部所属工矿企业外,还有农林部所属的森林工业,贸易部的土产工业,财政部的食品工

---

① 国家计委经济研究所课题组:《二元结构矛盾与90年代经济发展》,载《经济研究》1993年第7期,第3页。

业，东北铁路系统的铁路工业，东北军区军工部、军需部的军事工业，以及大连中苏合营的工业企业。这些工业行业大多采用比较近代化的大机器工业装备。二是国营工业中轻重工业两大部类，以重工业为主。1949年，重工业生产总值为261146亿元，占工业总产值的71.59%，轻工业生产总值为103639亿元，占工业总产值28.41%。三是工业非常集中，拥有庞大的产业工人队伍和较高的技术力量。据1949年5月的一个典型调查的统计，在126个东北国营工业厂矿中，100人以上至500人以下者为50家，占39.7%，500人以上至50000人以下者为40家，占31.7%，而100人以下者为36家，占28.6%。这说明，东北国营工业大工厂是非常多的。从地区分布上看，东北国营工业大工厂分布在以沈阳为中心的抚顺、鞍山、本溪、大连、安东、辽阳、营口、吉林、通化、长春、锦州、牡丹江、哈尔滨和齐齐哈尔等15座工业城市。据1948年12月统计，东北公私工业各部门共有产业工人近百万，连同其他产业工人和手工业工人在内，共约300万人左右。其中国营产业工人为50万人，约占东北全体工人总数的1/6，占产业工人队伍的1/2。[①]

为了扶持东北工业的发展，国家在资金、人力等方面做了大量的投入。一是国家加大对东北的投资力度。在东北经济恢复时期，1950年国家对东北的投资占基本建设总投资的51.66%，1951年基本建设工作总量中东北占40.3%，1952年全国基本建设投资中东北占32.48%。虽然三年中投资比重逐年递减，但与全国各大区比较，国家对东北区的基本建设投资还是占首位。"一五"期间苏联帮助中国改造和新建的重点工程项目绝大部分在东北。此外，国家和东北地区的地方政府也上马了一批与苏联

---

① 参见石建国：《东北工业化研究》，中共中央党校博士论文，2006年，第60~61页。

援建重点工程项目相互配套的工业建设项目。二是各方面干部和技术人员迅速汇集到东北地区。东北工业部在进驻沈阳后，迅速派遣有经验的同志到各个工厂和矿山担任厂矿的领导干部。中央人民政府从 1950 年 4 月起派大批矿山地质勘察人员到东北，进行地质勘察，从而为工业建设提供第一手的资料。除了中央派遣到东北的干部外，东北政府还积极到全国各地招聘和动员急需的失业技术人员和管理人员投入到东北工业的恢复和建设中去。再者就是国家有计划地分配给东北大批应届毕业生。1949 年毕业的大学生基本上都到了东北。[1]

在国家的大力扶持下，东北地区的工业得到迅速和恢复和发展。1949 年东北工业的比重仅占 35%（农业比重为 65%）。1950 年增加到 43%，1951 年增加到 52.6%，1952 年增加到 55.9%，从而使东北工农业的比重达到 1943 年的水平。[2] "一五"时期的建设使得东北地区的工业体系更加完善，中华人民共和国的东北工业基地也就形成了。一是东北工业发展速度处于全国领先的位置。从表 3-1 可以看出，全国范围内 1956 年的工业生产总值是 703.6 亿元，是 1955 年的 548.7 亿元的 128.23%，东北地区的 1956 年的工业生产总值是 159.0 亿元，是 1955 年的 116.0 亿元的 137.06%，比之全国平均水平高出将近 9 个百分点。其中的辽宁省更是以 142.54% 高出全国 14 个百分点。二是东北拥有先进的工业生产技术水平和管理水平。"一五"时期在国家的统一部署下，东北地区成套引进苏联和东欧等国家的生产技术，建立了一批大型骨干企业和重点企业。同时通过消化吸收引进的苏联的设备、设计图纸和工艺技术，较快地掌握了一大批

---

[1] 参见石建国：《东北工业化研究》，中共中央党校博士论文，2006 年，第 65~66 页。
[2] 转引自《三年来东北工业建设获得伟大成就》，载《东北日报》，1952 年 9 月 20 日。

先进技术装备和重大产品的设计制造技术。除了上述的技术引进之外,东北还派遣大批的留学生去苏联学习先进的科学技术,这些人回国以后都发挥了重要的作用。从总体来看,"一五"计划时期苏联在东北援建的56项重点工程当中,绝大部分改扩建、新建工矿企业的技术水平是较为先进的,东北地区的整体工业化水平也由此提升了一大步。①

表3-1　　　　　东北与全国工业总产值的比较　　　　　单位:亿元

	1952年	第一个五年计划（按1952年不变价格计算）					1957年（按1957年不变价格计算）
		合计	1953年	1954年	1955年	1956年	1957年	
全国总计	343.3	3002.9	447.0	519.7	548.7	703.6	783.9	704.0
东北	74.3	666.2	97.8	109.6	116.0	159.0	183.8	162.5
辽宁	44.7	422.1	58.5	66.3	73.1	104.2	120.0	103.8
吉林	10.7	88.5	13.9	15.6	15.4	19.5	24.1	21.8
黑龙江	18.9	155.6	25.4	27.7	27.5	35.3	39.7	36.9

资料来源:石建国:《东北工业化研究》,中共中央党校博士论文2006年,第108页。

"一五"计划的实施与胜利完成,使东北地区本身的国民经济结构也发生了很大的变化,既表现在工业与其他国民经济部门的关系上,也表现在工业内部结构当中,这可以从当时颇具代表性的辽宁1949~1956年的经济发展状况进行有力地证明。由表3-2、表3-3可见,东北地区已基本形成以重工业优先发展为特征的赶超型发展模式。从"一五"奠定东北的工业基础后,东北工业始终维持着原有的规模和格局。②

---

① 石建国:《东北工业化研究》,中共中央党校博士论文2006年,第109~110页。
② 孔金平:《东北振兴与政府转型互动研究》,中国人民大学博士学位论文,2006年,第5页。

表3-2　　1949~1956年辽宁省工农业总产值构成　　单位：亿元、%

年份	1949		1952		1956	
工农业总产值	22.4	100	62.2	100	121.5	100
工业总产值	11.9	53	45.3	73	101.3	83.4
农业总产值	10.5	47	16.9	27	20.2	16.6

资料来源：石建国：《东北工业化研究》，中共中央党校博士论文2006年，第86页。

表3-3　　1949~1956年辽宁省工业总产值构成　　单位：%

年份	1949	1952	1956
轻重工业产值构成	100	100	100
轻工业总产值	60.5	42.2	27.6
重工业总产值	39.5	57.8	72.4

资料来源：石建国：《东北工业化研究》，中共中央党校博士论文2006年，第86页。

二、传统计划经济体制的形成

赶超型发展战略的核心是试图通过重工业的优先发展，超高速实现国家的工业化。在当时的历史条件下，实行这种赶超型的经济发展战略也面临着诸多困难与矛盾。其中最主要的是重工业优先发展战略面临着资本积累不足的制约。资本积累是一个国家实现工业化的物质基础，是发展中国家经济"起飞"的先决条件和实现经济增长的前提。但是在一定的条件下，资本积累规模的大小又取决于经济发展水平的高低。由于经济发展水平低下所导致的工业化所需的资本积累不足，是发展中国家工业化过程中所面临的共性问题。许多发展经济学家对此都作过深入的分析和论证，比较具有代表性的理论有：纳克斯的"贫困的恶性循环"

理论、纳尔逊的"低水平均衡陷阱"理论和缪尔达的"循环积累因果关系"理论。这些理论的核心是认为,发展中国家普遍存在的一个特征是经济发展停滞不前,人均收入水平低,生活贫困。这就造成发展中国家的储蓄能力低下,由此会导致资本形成不足;而资本形成不足,则会使生产规模难以扩大,生产率难以提高,从而又会导致新一轮的经济发展水平和收入水平低下。这样在发展中国家的经济不发达与资本形成不足之间形成了互相联系、互相依存的"循环累积因果关系",导致了发展中国家的经济发展长期处于"低水平陷阱"而不能自拔。

由于经济发展水平低下所导致的资本形成不足对经济发展的制约在当时的中国表现得更为突出。中国作为一个发展中的社会主义大国,在当时的国际环境和历史条件下,既不能像发达的资本主义国家当初那样通过对外掠夺来实现资本原始积累,也不可能通过引进外资的办法来补充国内资本积累的不足。而且由于重工业资本高度密集性的特点,使得以重工业优先发展为特征的赶超型发展战略与我国的资源禀赋特点及资本形成能力相矛盾。从我国的资源禀赋特点来看,无论是建国初期还是今天,都不同程度地表现为资本稀缺和劳动力资源丰富。从当时我国的资本形成能力来分析,由于我国是在经济发展水平十分低下的基础上推进工业化的,一是人均国民收入水平十分低下,储蓄率低,资本积累能力不足,资金严重匮乏。1952年我国人均国民收入仅有104元人民币,39.74美元(1952年12月美元对人民币汇率为1∶2.617),当时全社会能提供的积累额仅为130亿元,其中生产性积累只达66亿元。① 二是传统农业在国民经济中占有较大的比重,技术落后,劳动生产率不高,产出水平低下,支持工

---

① 《中国统计年鉴》(1990),中国统计出版社1990年版,第34、42、47页。

业化的能力有限。

在上述条件下，如果由市场来决定产品和要素的价格，并依靠市场上的价格信号引导整个经济的资源配置，中国的工业化进程就会按照工业化的一般规律，有序地经过轻工业—基础工业—重加工工业发展阶段，而不可能在工业化的初期阶段就以重工业发展为重心。这是因为，在资本稀缺，而劳动力丰裕的条件下，由市场所形成的资本价格——利率水平必然相对较高，发展资本密集型的重工业成本高昂，这样在市场价格信号的引导下，资源不可能流向重工业部门。为了保证以重工业的优先发展，必须依靠一种新的制度安排——由政府统一调配资源，以降低发展重工业的成本，并减轻工业化过程中由于劳动力的转移而形成的城市化的压力。上述制度安排，从资源配置的角度看，完全排斥市场机制的作用，从城乡关系的角度看，则属于高度封闭的城乡隔离体制。

这种城乡隔离的计划经济体制的主要内容是：

1. 国家统一定价的计划价格体制。这一计划价格体制下，无论是产品价格还是各种生产要素价格均由政府统一制定。通过这种计划价格体制，割断了价格与市场供求间的联系，形成了扭曲的生产要素和产品价格体系。这种由计划价格体制所形成的扭曲的价格体系主要有两个方面的作用：一是降低重工业资本形成的门槛，在经济发展水平十分低下的情况下，迅速推进工业化。即通过人为的制定低利率政策，使重工业能以较低的建设成本迅速发展；通过低汇率政策，保证能以较低的成本进口重工业发展所需的关键设备；通过低工资和低能源、原料价格压低发展重工业的劳动投入成本和能源、原材料成本。二是有效地将农业剩余转化为重工业扩张所需的资本积累。即通过工农业产品剪刀差使重工业长期从农业部门吸收农业剩余，使之成为重工业发展过程中资本积累的主渠道。

2. 居民收入的计划分配体制。这种计划分配体制,保证了平均主义的低收入及低消费和高积累政策的有效实施,从而保证了最大限度地动员国内资源加速重工业的发展。

3. 资源的计划配置体制。在计划价格体制下所形成的扭曲的产品与要素价格体系,不可避免地造成了市场供求关系的长期失衡,致使短缺成为经济生活的常态。为了保证紧缺的资源能够用于重工业的优先发展,就需要由政府通过指令性计划来分配资源。资金与物资的直接调拨则是资源计划配置体制的主要特征。

4. 对劳动力城乡间流动实行严格限制的就业体制与户籍管理体制。实行对劳动力城乡流动的严格限制,一方面可以使工业化进程与城市化进程相脱节,尽可能减少对城市建设的投资,以使更多的资源用于工业生产;另一方面,又可以缓和劳动力供给远远大于由于重工业扩张对劳动力需求的矛盾。

东北在全国最早实现了集中统一领导和计划经济。东北全境解放前,国营工业的领导系统和组织机构基本上按地域管理。东北全境解放后,则按产业性质建立起了专业管理系统。东北人民政府工业部所属有煤矿、机械、电业、纺织、化学、军工、电气制造、建筑材料、有色金属与轻工业等10个管理局以及抚顺矿务局、鞍山钢铁公司、本溪煤铁公司、大连建新公司等4个公司与东北科学院研究所,共15个单位。1948年起,开始执行第一个工业建设计划,1949年更进一步执行了包括生产、修建、修理三个方面的国营工业计划。

新中国成立后,东北地区也逐渐建立日臻完备的传统计划经济体制,其中最为典型的是严格的计划工业管理体制。由于东北地区的大中型工矿企业较多,所以工业管理体制在这里体现的尤为明显。政府和各级工业管理部门对于国有企业都实行直接计划，政府向企业下达指令性的指标，财政上统收统支，物资供应和产品销售实行计划调拨和计划收购。1954年6月，大区撤销后，东北各个工矿企业陆续划归各个部委和地方政府，但指令性的体制没变。在社会主义改造完成以后，东北地区国家对于企业的生产经营活动下达的指标有12个之多。① 从上述内容不难看出，东北工业的计划体制，不仅时间最早、范围较广、数量也较大，这是东北地区计划经济下工业管理体制的一个重要特点。

三、传统发展战略与经济体制对东北二元经济结构的影响

上述城乡隔离的计划经济体制与以重工业优先发展为特征的赶超型经济发展战略，相互依存，互相影响，是东北二元经济结构形成与深化的根本原因。

首先，重工业的优先发展是以牺牲农业长远发展为代价的。按照工业成长的内在规律，工业发展是以轻工业为重心向以重工业为重心的有序推进，这不仅反映着居民消费结构的变化，也反映着资金积累主源产业积累能力的依次递增。由于特殊的国际环境和历史条件，东北选择了重工业优先发展的工业化道路，使得东北的工业化进程跨越了以轻工业为重心的发展阶段，积累主源就没有发生从以农业为主向以轻工业为主的转变，而且始终把重工业发展的积累主源放在了技术落后、基础薄弱的农业上。

农业向重工业提供积累的基本方式有三种：（1）通过征税从农业中提取一部分剩余。（2）通过工农产品的剪刀差，以较为隐蔽的形式获取农业剩余。一方面通过对农产品的低价垄断收

---

① 石建国：《东北工业化研究》，中共中央党校博士论文2006年，第107页。

购，来降低工业原材料成本和工资成本，另一方面又通过抬高工业制成品的价格，使工业部门形成超额利润，从而相应地扩大了工业部门的积累和扩大再生产的能力。(3) 通过农民的储蓄为工业化提供资本积累。在上述三种形式中，剪刀差的形式是主要形式。而集体化的农业制度（农业生产合作社和其后的人民公社）、农产品统购制度和计划价格体制则为国家从农业中提取剩余产品提供了制度保证。无论是积累总量还是从其占国民收入积累额的比重看，东北农业为工业化所提供的资金积累的规模都是十分巨大的。

应当承认，以重工业为优先发展为特点的赶超型发展战略，通过从农业中提取工业化所需的资本积累，以及重工业的自身循环所创造的社会需求，克服了发展中国家或地区工业化初期的资本积累不足与有效需求不足这两大难题，使东北经济在发展初期卓有成效地摆脱了低收入国家或地区所共同面临的"贫穷的恶性循环"和"低水平增长陷阱"，在较低的国民收入水平上实现了较高的工业化水平，建立起了独立完整的工业体系，增强了东北地区的综合实力。

但是，我们也必须看到，这种以重工业优先发展为特征的赶超型发展战略由于长期从农业部门过多地抽取资金，导致了农业积累能力不足，极大地限制了农业部门的发展，使农业部门在传统体制下趋于萎缩。1978 年以前的 26 年里，东北农业产值增长了 193.4%，平均每年仅增长 4.2%，而同期工业产值增长 910.6%，是农业的 4.7 倍，年均增长率 9.3%，是农业的 2.2 倍。农业的低速增长，意味着较少的农产品供给量和较小的工业品需求市场，这必将对工业化长期发展形成制约，而农业基础不稳，则将影响整个国民经济的发展。

其次，重工业优先发展为特征的赶超型发展战略造成了农业内部剩余劳动力不断积累，农村隐蔽性失业严重。"一五"之后，由于国家对东北地区投入的减少，东北的工业化只能在严重缺乏资金积累和消费需求拉力的基础上进行，因此，依靠长期从农业部门提取农业剩余和重工业自身循环不断创造对生产资料的需求谋求发展是必然的选择。在这一过程中，脱离市场消费需求的重工业越是发展，越需要农业提供更多积累，农业部门的投入不足，又会直接影响工业化发展的市场扩大，为了使已形成的重工业生产能力得到充分的利用，则又需要继续向重工业投入，而大量对重工业的投资在形成对生产资料需求的同时，又形成了重工业新的生产能力，从而需要新一轮更大规模的投资来刺激工业生产的发展。这就在工业化过程中形成了在脱离农业和轻工业发展条件下的重工业部门的不断膨胀。由于重工业资本密集程度大大高于轻工业，使工业化过程中农业剩余劳动力的转移受到了极大的限制，导致农村隐性失业问题严重。结果是随着农村人口和劳动力的增长，农业劳动生产率增长长期停滞，剩余产品率趋于下降。实际情况是东北农业生产的发展经历了20世纪60年代初期的挫折后，进入70年代以来的长期停滞。

任何发展中国家或地区在其最初的发展过程中都存在着的二元经济结构的特征，东北由于实行以重工业优先发展为特征的赶超型的发展战略，工业化的进步是以超强制地保持农业落后为前提的，并通过城乡隔离的计划经济体制人为地割断了农业和工业、轻工业和重工业之间的关系，扭曲工业化与城市化的互动联系来实现的，所以二元经济结构特征就更为强烈。

第二节 东北二元经济结构转换

以上分析表明,在传统的经济发展战略和经济体制的作用下,东北工农业两大部门之间实际上一直没能建立起一种良性循环、互相促进的关系,以重工业优先发展为特征的工业化进程,非但没有促进二元经济结构的转换,反而使二元经济结构特征更加突出。到20世纪70年代末,工农业之间的矛盾已相当突出,农业劳动力生产率的长期停滞,使传统的工业化发展战略无法继续进行。

从1978年开始,中国调整了经济发展战略,并开始了以建立社会主义市场经济体制为核心的经济体制改革。由于发展战略的调整和体制改革的推动,1978年以来,东北二元经济结构的转换有了较大的进展。

一、体制改革与经济运行机制的变化

改革开放以来,中国经济结构发生重大变化的最重要的原因之一,就是随着改革开放的不断深入,市场机制对资源配置的调节作用不断增强。我国的经济体制改革从经济运行机制的角度来分析,实际上有两条主线,一是以所有制结构调整与企业制度改革为中心,以促进市场竞争主体形成,为市场机制的有效运行奠定良好的微观基础。二是以价格改革和市场体系的培育为重点,以建立市场经济有效运行的组织载体和公平竞争、规范、有序的市场秩序。

1978年以来中国经济体制改革的进程大体上经历了三个发

展阶段。①

第一阶段为体制外市场化阶段（1978年12月至1984年10月）。这一阶段的市场化进程基本上是在计划经济体制总体格局基本未变的前提下，在计划体制外围进行试验和探索性改革。这一阶段经济体制改革的主要内容：一是推进农村生产关系的变革。据统计，1984年全国569万个生产队中，99.9%实行了包产到户。二是扩大企业自主权。1980年全国有6600个工业企业进行扩大自主权试点，其产值占全国预算内工业企业产值的6%。同时，乡镇企业等非国有经济"异军突起"。三是调整和放开部分产品的价格。除大幅度提高粮食、棉花、油料等主要农副产品价格外，对三类农副产品和完成收购任务之外的一、二类农产品价格有所松动；工业品价格也有所放开。据统计，到1983年末，经国务院批准实行价格放开的小商品达500种。四是创办经济特区，建设对外开放的"窗口"。

第二阶段为体制内局部市场化阶段（1984年10月至1991年底）。这一阶段市场化特点是由计划体制外围部分逐步进入体制的核心部分，改革的重点是以建立和发展产品市场为主，产品与要素价格的"双轨制"是这一阶段改革的具体形式。改革的主要内容是继续发展非国有经济；对国有企业推行承包制和进行股份制试点，实行所有权与经营权分离；在放开大部分一般商品价格的同时，对重要商品和生产要素价格实行"双轨制"。

第三阶段是初步建立社会主义市场经济体制阶段（1992年初至今）。1992年初，邓小平同志视察南方并发表谈话，深刻回答了长期困扰人们思想的许多重大理论和实践问题，推动了全党

---

① 常修泽、高明华：《中国国民经济市场化的推进程度及发展思路》，载《经济研究》1998年第11期，第48～49页。

和全国的思想解放。1992年10月,中共十四大明确指出,中国经济体制改革的目标是建立社会主义市场经济体制。随后,中国按照建立社会主义市场经济体制的目标,在大力发展民营经济的同时,对国有经济进行了战略布局调整,深化了国有资产管理体制改革,国有企业改革由放权让利推进到制度创新;以资本与劳动力市场化改革为主要内容的要素市场化改革不断深入;大幅度地改革了财政体制、金融体制、外汇管理体制等宏观经济体制,推动政府机构改革和政府职能转变的工作在全国广泛开展,宏观调控方式开始由直接型向间接型转变。经过30年的不懈探索,"中国经济体制改革取得了重大进展。传统的计划经济体制逐步被社会主义市场经济体制所代替;公有制为主体、多种所有制经济共同发展的基本经济制度已经确立;全方位、宽领域、多层次的对外开放格局基本形成。"[1] 这一阶段市场化改革的特点:一是改革的总体目标明确,即建立社会主义市场经济体制;二是从局部的单项改革转向全面配套改革;三是改革深入到传统体制核心与要害部分。上述特点表明,改革进程中制度变革由帕累托效率向非帕累托效率转变,利益关系调整的难度加大,完善社会主义市场经济体制的任务更加艰巨。

随着改革开放在全国范围内的广泛推开,东北地区也着手进行改革:一是农村改革。到1983年末基本完成农村家庭联产承包责任制改革,建立乡(镇)政府作为基层政权,同时成立村民委员会作为群众性自治组织。1984年,贯彻实施乡镇办、村办、联办、户办企业的乡镇企业发展方针政策。1985年,取消粮食统购,实行合同定购和市场收购的"双轨制"。进入20世纪90年代后,完全实现粮食的市场收购。二是所有制和国有企业

---

[1] 李铁映:《中国经济改革的双重探索》,载《经济研究》2004年第2期,第5页。

改革。东北从1986年开始全面实施国有企业改革，先后进行放权让利、承包制和股份制等方面的试验。这期间尤为重要的是1986年沈阳市防爆器材厂宣告破产，这是中国第一例公有制企业破产案。在国有企业改革的同时，东北也逐渐开放各个领域，引导和促进非公有制企业的发展。到20世纪90年代中后期，开始进行国有经济战略布局调整及建立现代企业制度。三是要素市场改革。东北是中国要素市场改革较早的地区，如1986年8月成立的中国第一个证券市场——沈阳证券交易市场。20世纪90年代以来，东北地区逐渐建立了省市各级劳动力市场，现在已成为劳动力就业和企业招聘的主要渠道之一。从20世纪90年代初开始，为了适应国有企业股份制改革，东北先后建立了近10家省级产权交易机构。2005年，以沈阳联合产权交易所成立为标志，东北地区产权交易市场开始进入规范化发展阶段，交易企业数量和规模不断壮大。目前，东北正在酝酿成立以黑龙江产权交易中心、长春产权交易中心、沈阳联合产权交易中心、大连产权交易所为核心的跨区域的产权大市场。

尽管东北地区经济体制改革取得了一定的成效，但是作为受计划经济影响最深重的地区，东北地区对传统计划经济体制的路径依赖性强，仍然存在着改革滞后、市场化程度低、制度变迁缓慢，缺乏有效的市场化制度创新等问题，尤其是全国最晚退出计划经济体制的地区。其主要表现：一是从所有制结构的转变来看，东北地区所有制结构转变相对较慢，非国有经济的规模较小，国有经济比重过大；二是从对外开放以及完善投资环境的制度安排上来看，东北地区受计划经济观念的影响仍很深，没有建立起公平竞争发展的市场环境，阻碍了投资环境的改善；三是在政府行政管理体制改革上，东北地区各级政府的职能同市场经济的要求仍相差甚远，一些部门习惯于依赖行政手段解决经济问题，不善于运用市场经济的办法加以调节，资源配置仍然是政府导向为主的约束型机制，政府职责界定不清，包揽社会事业的状况尚未根本改变，严重阻碍了市场机制作用的发挥；四是在投融资体制创新方面，东北地区各种投融资金融机构发展非常缓慢，金融创新程度低，资金来源渠道仍然非常狭窄，建设资金主渠道还主要是政府财政支出和国有银行贷款，政府仍是投资主体；五是在企业制度创新方面，东北地区绝大多数企业远远没能建立起真正意义上的现代企业制度，特别是国有企业，仍然是对市场导向敏感性差的依赖型机制，没有建立起适应市场选择、优胜劣汰的微观经济运行机制，没有进行规范的公司制改革，一些企业虽然名义上改成了公司制，但却长期不按照现代企业的要求来运作，政资不分、政企不分的情形在许多企业中还不同程度地存在。[①]

二、战略调整、体制改革过程中的东北二元经济结构转换

由于东北发展战略的调整和经济体制改革，使东北的经济运行机制发生了根本的变化，市场机制对资源配置的调节作用不断增强，结构变动由政府行政力量推动，转为市场导向。正是这种由发展战略的调整和经济体制改革所带来的经济运行机制的变化，推动了东北二元经济结构的转换。具体表现在以下几个方面：

第一，在市场机制的诱导下，农业生产不断引入现代生产要素，加快了传统农业改造的步伐。体制变革中的结构调整，在一

---

① 徐传谌、庄慧彬：《加快市场化制度创新、振兴东北老工业基地》，载《经济与管理研究》2004年第2期，第26~30页。

定的程度下改变了以牺牲农业长远发展为代价的工业倾斜政策,把农业发展纳入国民经济工业化与现代化的发展轨道,促进了农业生产的专业化、社会化和一体化的发展,加快了传统农业的改造步伐。一是农业投入中现代工业提供的生产资料的比重明显上升,农业与现代工业部门的产业关联趋于强化;二是农业部门用于工业部门作为原料加工的比重有明显的上升;三是国民经济其他各部门(包括工业、建筑业、邮电业、商饮业以及其他服务部门)对农业的服务贡献率明显提高。这意味着国民经济其他各部门越来越多地进入农业的产前、产中及产后的生产经营活动之中,在农业经济发展和农民生活提高中发挥越来越大的作用。[①]

第二,工业化与城市化相互作用,城市化严重落后于工业化的状况有所改观。在我国战略调整和经济体制改革的过程中,市场机制的作用不仅推动了产业结构的调整,而且还促进了工业化与城市化的融合,城市化进程伴随着经济增长而迅速发展。城市化是指在经济发展中人口不断由农村地域向城市地域集中的过程,其基本特征是城市人口比重不断上升。纵观世界各国发展的全过程,工业化与城市化发展呈现出明显的"同步性"。但是改革开放之前,由于赶超型发展战略人为地割裂了城市化与工业化的天然联系,城乡隔离的计划经济体制又构筑了农村人口向城市流动的种种屏障,使东北城市化进程十分缓慢。改革开放以来东北城市化进程进入到一个新的发展阶段,与改革前相比,呈现出新的发展势头。

从表3-4中可以明显地看出,改革开放以前,1952~1978年的26年间东北城市化水平从27.6%上升到36.2%,仅提高了

[①] 严瑞珍:《农业产业化是我国农村经济现代化的必由之路》,载《经济研究》1997年第10期,第76页。

8.6个百分点,年均上升约1.05个百分点。而改革开放以后,1978~2006年的28年间东北城市化水平上升了19.3个百分点,平均每年上升约1.54个百分点,是改革前城市化水平年均上升幅度的1.5倍。与此同时,城市化明显滞后工业化的状况有所改变(见表3-5及图3-1)。

表3-4　　　　　东北城市化发展情况　　　　　单位:万人、%

年份	年底总人口	城镇总人口	城市化水平	年份	年底总人口	城镇总人口	城市化水平
1952	4107.4	1134.2	27.6	1996	10427.0	5412.6	51.9
1957	5121.6	1878.9	36.7	1997	10516.8	5455.7	51.9
1962	5918.9	2424.6	41.0	1998	10573.8	5510.1	52.1
1965	6582.0	2516.3	38.2	1999	10620.6	5589.8	52.6
1970	7466.7	2611.2	35.0	2000	10672.7	5606.2	52.5
1975	8304.0	2980.1	35.9	2001	10696.2	5643.6	52.8
1978	8672.9	3139.3	36.2	2002	10715.4	5711.0	53.3
1980	8901.4	3506.0	39.4	2003	10728.7	5764.0	53.7
1985	9344.0	4108.7	44.0	2004	10742.3	5793.6	53.9
1990	9954.9	4757.9	47.8	2005	10754.0	5932.57	55.2
1995	10343.9	5244.2	50.7	2006	10817.0	6007.13	55.5

资料来源:根据相关年份东北三省统计年鉴(2001~2007)、中国统计年鉴(2007)和中国人口统计年鉴(1991)计算得出。其中1985年和1995年数据根据非农人口数据估算得出。

表3-5　　　　东北城市化率与工业化率的比较　　　　单位:%

年份	工业化率	城市化率	年份	工业化率	城市化率
1952	34.9	27.6	1996	43.8	51.9
1957	43.6	36.7	1997	43.7	51.9
1962	45.4	41.0	1998	42.5	52.1

续表

年份	工业化率	城市化率	年份	工业化率	城市化率
1965	51.2	38.2	1999	42.9	52.6
1970	54.4	35.0	2000	45.3	52.5
1975	55.7	35.9	2001	44.1	52.8
1978	56.8	36.2	2002	43.6	53.3
1980	60.9	39.4	2003	44.3	53.7
1985	58.7	44.0	2004	44.9	53.9
1990	44.1	47.8	2005	44.0	55.2
1995	43.9	50.7	2006	45.1	55.5

资料来源：根据相关年份东北三省统计年鉴和《中国统计年鉴》计算得出。

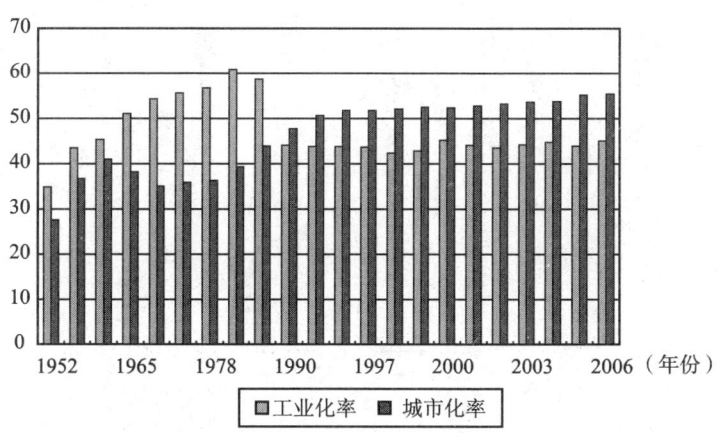

图 3-1　1952~2006 年东北城市化率与工业化率比较

资料来源：根据表 3-5 得出。

第三，就业结构发生了较大的变化，农业劳动力向非农产业转移的速度明显加快。由于体制改革的推动和国民经济的持续高速发展，东北地区农业劳动力向非农产业转移的速度明显加快。

与此相适应,改革开放以来东北地区就业结构发生了较大的变化(如图3-2所示),总的趋势是第一产业的就业比重逐渐下降,从1978年的49.7%,下降到2006年的40.3%,28年间共下降了9.4个百分点。第二产业的就业比重先上升后下降,从1978年的32.1%上升到1990年的41.4%,12年间共上升了9.3个百分点,后来随着第三产业的发展比重又逐渐下降,2006年为23.3%。第三产业的就业比重持续快速上升,从1978年的18.2%上升到2006年的36.3%,28年间共上升18.1个百分点。①

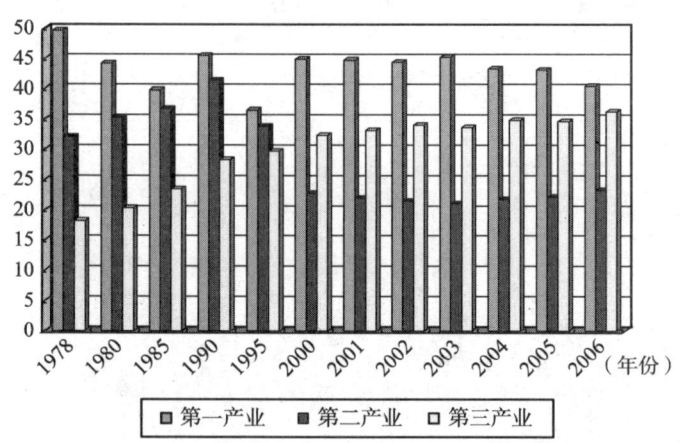

图3-2 1978~2006年东北三次产业就业结构变化情况
资料来源:根据相关年份东北三省统计年鉴和《中国统计年鉴》数据绘制。

---

① 根据历年《中国统计年鉴》相关数据计算得出。

第三节 东北二元经济结构演变的总体度量

二元经济结构的转换过程,既是一国或地区的工业化和农业现代化的发展过程,以及一国或地区的城市化水平的提高过程,同时也是城市居民与农村居民收入差距不断缩小的过程。因此考察二元经济结构演变可用多种指标来做定量分析,比如可以用三次产业的产值变化指标,通过分析一国或地区工业化的发展程度,来说明二元经济结构演变过程中产业结构的变动情况;可以用三次产业的就业变化指标,通过分析劳动力在三次产业的分布情况,来说明二元经济结构转换中农业劳动力的转移情况;通过城乡人均国民收入绝对量与相对量的对比,来说明二元经济结构转换过程中城乡居民收入差距的变化情况。这些指标对分析一个国家二元经济结构的转换无疑都是非常必要的,它们对于分析一国或地区二元经济结构转换的不同侧面,对于考察一国或地区二元结构转换的不同特点,以及对一国或地区二元经济结构转换中存在问题及原因的分析都是十分重要的。但对考察二元经济结构转换总体度量,以及根据这种总体度量,从历史的角度来分析一国或地区二元经济结构转变的基本情况,就显得不够全面和准确。

根据我们在第一章对刘易斯模式、费景汉—拉尼斯模式及托达罗模式的比较分析,一国或地区的二元经济结构转换的核心问题是实现传统农业部门的剩余劳动力向现代非农产业转移。在发展中国家或地区的工业化与城市化的过程,实质上也是传统农业部门的剩余劳动力向现代非农产业转移的过程,随着一国或地区农业剩余劳动力转移完毕,农业劳动的边际生产力也就与非农产业劳动的边际生产力趋于相等。由于伴随着农业剩余劳动力的转移,农业劳动的边际生产力与非农产业劳动的边际生产力趋于相等,农业部门与非农部门的发展水平、城乡居民的收入水平也趋于均衡。发展中国家或地区二元经济结构非均衡性正是表现在各部门要素的边际生产力存在着较大差异上。其二元经济结构的特点则突出地表现在传统农业部门劳动的边际生产力远远低于以现代工业为代表的非农产业的劳动边际生产力。最直接的表现是:在传统的农业部门中较大的劳动力份额创造出较小的产出份额,而在以工业为代表的现代部门中,较小的劳动力份额却创造出较大的产出份额。根据这种特征,我们选用比较劳动生产率与二元对比系数两个指标来衡量二元经济结构的强度,① 运用这些指标来计算1952年以来各年度的二元经济结构的强度,并以此为依据对东北二元经济结构的演变进行总体度量。

比较劳动生产率是一个部门的产值(或收入)比重同劳动力比重的比率。其计算公式为:

$$\beta_i = \frac{y_i}{L_i}$$

式中,β_i 为第 i 部门的比较劳动生产率,y_i、L_i 分别为第 i 部门的产值(或收入)比重和劳动力比重。

它反映1%的劳动力在该部门创造的收入比重。显然,一个部门的相对产值(或收入)比重越高,劳动力相对比重越低,比较劳动生产率就越高;国民经济中农业与非农业两部门的比较劳动生产率的差别越大,经济结构的二元性就越强。比较劳动生产率的国际比较表明,农业的比较劳动生产率低于1,非农产业的比较劳动生产率高于1。从时间序列考察,在二元经济结构加剧阶段,农业的比较劳动生产率逐渐降低,非农产业的比较劳动

---

① 参见陈宗胜:《经济发展中的收入分配》,上海三联书店、上海人民出版社1994年版,第326页。

生产率逐渐升高；在两部门比较劳动生产率差别达到最高点后，农业的比较劳动生产率转而逐步升高，从低于1的方向向1接近，非农产业的比较劳动生产率则趋于下降，从高于1的方向向1趋近。

二元对比系数是二元经济结构中农业和非农业比较劳动生产率的比率。其公式为：

$$R_I = \frac{\beta_A}{\beta_N} = \frac{y_A L_N}{y_N L_A}$$

式中 R_I 为二元对比系数，下标 A、N 分别代表农业与非农业部门，其他符号的含义同上式。

二元对比系数与二元经济结构的强度成反方向变动，二元对比系数越大，两部门的差别越小；反之，二元对比系数越小，两个部门的差别越大。二元对比系数在理论上的最大值为1，通常总是低于1。

表3-6是我们根据历年的统计年鉴数据计算的1952~2006年东北的农业、非农业的比较劳动生产率与二元对比系数。从中可以明显地看出东北的二元经济结构演变的基本情况：（1）二元经济结构的演变从总的变动趋势来看是符合经济发展的一般规律的。这一点在非农业比较劳动生产率的变动中表现得较为明显。东北非农业比较劳动生产率高于1，从1952年的2.31下降到2006年的1.48左右，从总的趋势来看则是呈下降态势。（2）经济结构的二元特征还很明显。反映在比较劳动生产率上，农业部门与非农产业的比较劳动生产率还有较大的差距，2000~2006年农业比较劳动生产率年平均为0.31，非农业比较劳动生产率年平均为1.54，这反映在二元对比系数上则表现为二元对比系数依然较低，二元对比系数平均为0.20。这说明，东北经济发展水平还比较低，经济结构还很落后，二元经济结构转换的

任务还相当严重。(3) 二元经济结构的演变是在波动中进行的,说明二元经济结构的转换还不稳定。特别值得注意的有两点,一是东北农业比较劳动生产率的变化与一般趋势有较大的背离,表现在东北农业比较劳动生产率从总的趋势来看来还呈现出一种下降的态势,虽然 1980~1996 年与 20 世纪 60、70 年代(1952~1978 年)相比经历了一个由降低到逐渐升高的过程,但是进入 20 世纪 90 年代中期以后农业比较劳动生产率反而出现了下降的情况。这说明这一时期由于某些特殊的原因使东北农业产值结构转换与就业结构转换的差距进一步加大;二是从二元对比系数来分析,东北经济的二元性在 20 世纪 50 中后期和 60 年代较强,其中 1957~1965 年和二元对比系数较低,为 0.20。在这之后二元对比系数逐渐上升,到 1996 上升到 0.41,而 20 世纪 90 年代末期以来,二元对比系数又呈下降态势,2001~2003 年的二元对比系数低于 0.20,甚至比 20 世纪 50 中后期和 60 年代初还小。2004~2006 年二元对比系数又逐渐上升,但与 20 世纪 50 中后期和 60 年代初基本持平。从这两个指标的变化情况来看,东北二元经济结构的演变经历了一个由形成和加强,到缓解和再加强的过程(见表 3-6、图 3-3、图 3-4、图 3-5)。

表 3-6 1952~2006 年东北农业、非农业比较劳动生产率与二元对比数

年份	农业比较劳动生产率	非农业比较劳动生产率	二元对比系数
1952	0.53	2.31	0.23
1957	0.43	2.10	0.20
1962	0.40	2.03	0.20
1965	0.39	1.97	0.20
1971	0.39	1.79	0.22
1972	0.38	1.75	0.22

续表

年份	农业比较劳动生产率	非农业比较劳动生产率	二元对比系数
1973	0.42	1.70	0.25
1974	0.43	1.66	0.26
1975	0.42	1.64	0.26
1976	0.41	1.60	0.26
1977	0.42	1.61	0.26
1978	0.40	1.59	0.25
1979	0.45	1.48	0.30
1980	0.48	1.41	0.34
1981	0.52	1.37	0.38
1982	0.52	1.37	0.38
1983	0.60	1.31	0.46
1984	0.58	1.30	0.45
1985	0.49	1.34	0.37
1986	0.52	1.31	0.40
1987	0.49	1.32	0.37
1988	0.48	1.33	0.36
1989	0.40	1.39	0.29
1990	0.52	1.31	0.40
1991	0.46	1.34	0.34
1992	0.43	1.35	0.32
1993	0.42	1.35	0.31
1994	0.48	1.30	0.37
1995	0.50	1.29	0.39
1996	0.52	1.27	0.41
1997	0.47	1.31	0.36
1998	0.39	1.47	0.27
1999	0.34	1.53	0.22
2000	0.29	1.58	0.18
2001	0.29	1.58	0.18
2002	0.29	1.57	0.18

续表

年份	农业比较劳动生产率	非农业比较劳动生产率	二元对比系数
2003	0.27	1.60	0.17
2004	0.31	1.53	0.20
2005	0.30	1.53	0.20
2006	0.30	1.48	0.20

资料来源：根据相关年份东北三省统计年鉴和《中国统计年鉴》计算得出。

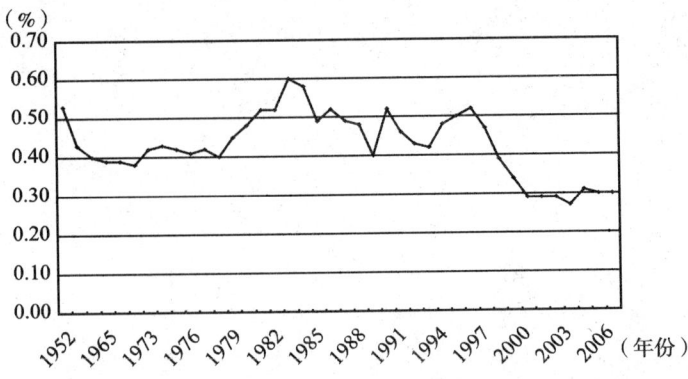

图 3-3　1952~2006 年东北农业比较劳动生产率变动曲线

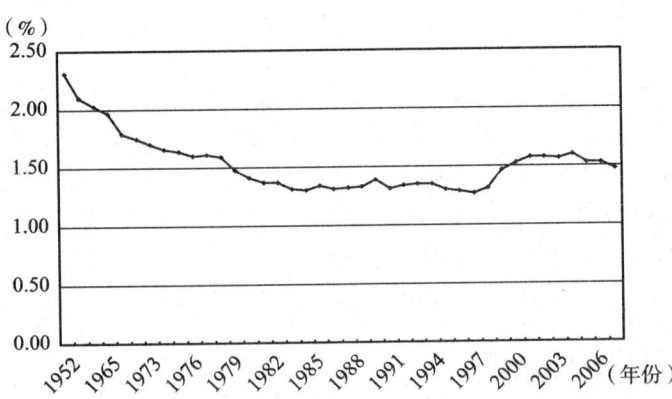

图 3-4　1952~2006 年东北非农业比较劳动生产率变动曲线

第三章 东北二元经济结构的历史演变 ·97·

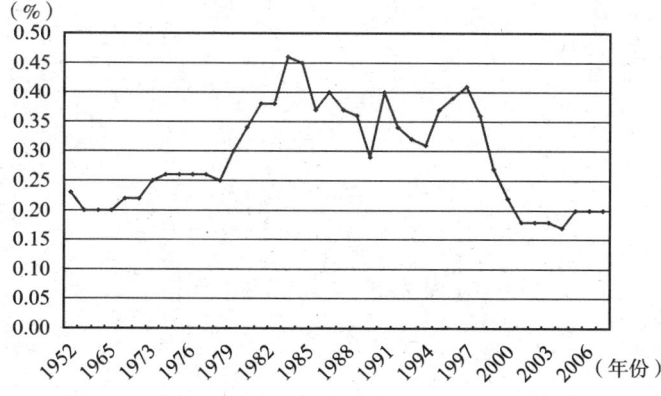

图 3-5　1952~2006 年东北二元对比系数变动曲线

第四章

东北二元经济结构转换的特征分析

一个国家或地区的经济发展过程,不仅体现为该国或地区经济的增长,还必然伴随着经济结构的演变。虽然经济结构演变的一般规律概括了不同国家经济结构转换的总的趋势,但由于不同国家或地区经济结构转换的具体情况不同,所实行的经济发展战略不同,其经济结构转换的具体特征也不尽相同。这一点在东北地区的二元经济结构转换的过程中表现得尤为突出。

第一节 经济结构演进的一般规律

早在17世纪,英国的经济学家威廉·配第(William Petty, 1623~1687)就发现世界各国的国民收入水平差异和其形成的不同经济发展阶段,关键在于经济结构的不同。他在名著《政治算术》中指出,制造业比农业,进而商业比制造业能够得到更多的收入。这种产业间相对收入的差异,会推动劳动力从低收入的产业向高收入的产业转移。

20世纪40年代,柯林·克拉克根据英国经济学家费尔希提出的三次产业的主张，对产业结构的演进规律进行了考察。他在著名的经济著作《经济进步的条件》一书中，运用三次产业分类法，通过对40多个国家不同时期的三次产业劳动投入和总产出资料的整理与比较，进一步论证了配第关于经济发展中各产业间相对收入差异造成劳动力从农业向工业、进而向商业转移的观点，进一步揭示了经济结构演变的一般趋势：随着国民收入的提高，劳动力首先由第一次产业向第二次产业转移；当人均国民收入进一步提高时，劳动力便向第三次产业转移。因此，在经济发展过程中，第一产业的就业人口将不断减少，第二和第三产业的就业人口将不断增加。这就是著名的"配第—克拉克定律"。

第二次世界大战以后，美国经济学家库茨涅兹在继承克拉克研究成果的基础上，对国民收入和劳动力在农业、工业和服务业间的分布结构，进行时间系列分析和横断面分析，揭示出随着人均收入水平的提高而产生的产业重心的转移过程，以及三次产业产值变动与就业构成的相关变化。库茨涅兹根据对57个国家的原始资料处理结果，揭示出三次产业的产值结构变化趋势（见表4-1）。

表4-1　　　三次产业产值在不同人均国民生产
总值下所占的份额　　　　　单位：%

	1958年国内生产总值基准水平（美元）				
	70	150	300	500	1000
主要部门	(1)	(2)	(3)	(4)	(5)
第一次产业	48.4	36.8	26.4	18.7	11.7
第二次产业	20.6	26.3	33	40.9	48.4
第三次产业	31	36.9	40.6	40.4	39.9

资料来源：库兹涅茨：《各国的经济增长》，商务印书馆1985年版，第118页。表中对细分部分未全部引用。

从表 4-1 中可以看到，随着人均国内生产总值的增加，第一产业所占的产值份额显著下降，从人均 70 美元的 48.4% 下降到人均 1000 美元的 11.7%，第二和第三产业的产值份额则不断上升，第二产业从人均国内生产总值 70 美元的 20.6% 上升到人均国内生产总值 1000 美元的 48.4%，第三产业则从 31% 上升到 39.9%。库茨涅兹还根据 1958 年国内生产总值进一步考察了 57 个国家 1960 年劳动力在三次产业中所占份额，进一步揭示了就业结构在三次产业间的变化趋势（见表 4-2）。

表 4-2　　三次产业劳动力在不同人均国内生产总值下所占的比重　　单位：%

主要部门	1958 年国内生产总值基准水平（美元）				
	70	150	300	500	1000
	(1)	(2)	(3)	(4)	(5)
第一次产业	80.5	63.3	46.1	31.4	17
第二次产业	9.6	17	26.8	36	45.6
第三次产业	9.9	19.7	27.1	32.6	37.4

资料来源：库兹涅茨：《各国的经济增长》，商务印书馆 1985 年版，第 210~211 页。表中对细分部分未全部引用。

从表 4-2 中可以看出随着人均国内生产总值的增加，第一产业的劳动力份额大幅度下降，而第二、第三产业的劳动力份额则大幅度上升。第一产业的劳动力份额由人均 70 美元的 80.5% 下降到人均 1000 美元时的 17%，第二、第三产业的劳动力份额则分别由 9.6% 和 9.9% 上升到 45.6% 和 37.5%。从总体上来说，在三次产业中劳动力部门结构的变动与产值部门结构的变动方向大体上是趋于一致的。

钱纳里等人借助多国模型，根据不同生产部门对经济增长的贡献不同，把结构转变分为三个阶段，即初级生产阶段，工业化阶段和发达经济阶段。在初级产品生产阶段占统治地位的是初级产品的生产活动，这主要是指农业；结构转变的第二阶段是以经济重心由初级产品生产向制造业生产转移为特征，这一转移的主要指标是制造业对经济增长的相对重要性发生了变化，一旦收入水平高于400美元，制造业对增长的贡献就将高于初级产品生产的贡献；结构转变的第三阶段，制造业在经济增长中的相对贡献下降，相对第二阶段而言，全要素生产率的增长同制造业的联系要小得多。[①]

以上研究成果表明，经济发展过程中的结构转换大致可以划分为三个阶段：第一阶段是经济活动以农业为主的初级阶段，在这一阶段中第一产业无论是在产值结构还是劳动力结构中都占有绝对优势；第二阶段，经济活动以工业为主，这一阶段第二产业发展迅速，无论是产值结构还是劳动力结构中都占较大的比重；第三阶段，经济活动以第三产业为主，在这一阶段中制造业在国民经济中的地位下降，而第三产业的地位则不断上升。

现代经济增长过程中，三次产业结构的变动，总是同一国工业化和工业现代化过程相联系。与整个国民经济的三次产业结构变动一样，在各国工业化和工业现代化过程中，工业部门之间的结构变动也具有明显的阶段和规律性。

在迄今为止的工业化发展过程中，工业结构的内部演变主要经济经历了四个发展阶段：第一阶段是轻纺工业主导阶段，工业化过程一般是从轻纺工业开始起步的，在工业化初期，产业结构中居于主导地位的是纺织工业为主的传统轻工业部门。第二个阶段是重化工业主导阶段，在此阶段，产业结构从以轻纺工业为主

---

① 钱纳里等：《工业化和经济增长比较研究》，上海三联书店1995年版，第92~99页。

导发展到以原料为重心的重化工业为主导，这一阶段是一国工业化的关键环节，主要提供基础产品的重化工业的迅速发展是实现产业结构高度化的前提。第三阶段是高加工度化阶段，在基础工业发展的基础上，工业结构重心又向加工工业转移。这意味着工业加工程度不断深化，产品附加值不断提高。从工业部门内部结构转换来说，即从以原料为重心的重化工业化阶段进入高加工度化阶段。第四阶段是高新技术产业主导阶段，在这一阶段，产业结构从以机械等加工工业为主导发展到以高新技术产业为主导，微电子工业、信息产业、航空航天工业、新材料和新能源工业等高新技术产业越来越占据重要地位。这一阶段是在第三次科技革命后出现的，虽然有不少国家制定了促进高新技术产业发展的规划，但到目前为止仅有少数几个国家（如美国、日本、德国等）的产业结构演进到了这一阶段。

与上述工业部门结构转换同步进行的是工业生产要素结构的变化。在工业化初期，以纺织工业为核心的轻工业在工业结构中处于主导地位，由于这一部门的工艺和技术相对简单，资本的技术构成较低，因此，在这一阶段，有一定技能的劳动力在工业生产要素中占有突出地位；随着工业化的进展，原料和燃料动力工业迅速发展，要求投入大量的资本，所以在以原料为重心的重工业化阶段，资本在生产要素结构中占据主导地位；随着工业结构的高加工度化，加工组装业逐步取代原材料工业成为增长最快的部门，各种机械工业占据重心地位，这需要先进技术的支持，特别是进入高新技术产业主导阶段，技术已成为工业发展中的最为重要的因素。因此当工业部门结构转向高加工度化阶段以后，技术又取代了资本的地位，在工业生产要素结构中占据主要地位。因此，从生产要素的角度来考察，工业结构的变动过程又表现为劳动密集型工业—资本密集型工业—技术密集型工业的三个有序的发展阶段。

以上分析表明,产业结构的演进作为一个有规律性的动态过程,基本上是沿着农业—轻工业—重基础工业—重加工工业—现代服务业的顺序发展演变的。这一趋势主要包括三方面的内容:(1)三次产业结构的演变趋势,表现为由第一产业占优势逐步向第二次产业、第三次产业占优势转变。(2)与三次产业结构变动相联系的是工业内部结构的转变,其演进过程又分为以轻工业、基础产业为中心的重化工业、高加工度化和高新技术产业为主导的四个发展阶段。(3)从资源配置结构的角度来考察,经济结构演变又表现为由劳动密集型产业占优势逐步向资本密集型、技术(知识)密集型产业占优势演进。

第二节 发展中国家经济结构转换的特点

一、政府主导型的经济结构转换

与大多数发达国家不同,发展中国家经济结构转换的一个十分重要的特点,是政府在经济结构转换过程中的作用要远远大于发达国家,从这个意义上也可以说发展中国家的经济结构转换是属于政府主导型的结构转换。

发展中国家的政府在经济结构转换中的作用要远远大于发达国家的原因主要有以下两个方面:

第一,经济发展的起点低,市场经济不成熟。发展中国家单纯依靠市场机制的调节,难以摆脱经济结构的畸形化和国际分工体系中的不平等地位,不可能在较短的时期内实现产业结构的优化与升级。发展中国家独立以后,所接收的是被殖民主义长期掠夺而导致的不发达的经济。20世纪50～60年代开始起步时,民族经济十分薄弱,资金短缺,就业压力严重,科学技术落后越来越成为发展中国家经济发展的重要制约因素。从经济结构方面考察,由于长期的殖民主义统治,大多数发展中国家形成了专门生产一种或几种供出口的农矿产品的单一结构,传统农业在整个经济结构中占有绝大部分比重,现代工业十分弱小,作为经济发展必要条件的社会基础设施十分落后。

与这种不发达的经济相一致的是发展中国家的市场经济不成熟,它突出地表现在市场化程度较低,市场体系极不完善,市场机制极不健全。发展中国家在取得政治独立之前,商品经济只在沿海城市有所发展,而在内陆广大农村地区,除了少数的为满足宗主国的世界市场外部需求所建立的农场或种植园外,基本是上自给自足的自然经济。在这种条件下,不仅不可能形成城乡结合、生产要素和商品可以自由流动的全国的统一市场,而且,由于商品经济极不发达,即使是在少数城市地区,也不可能形成商品市场和各类要素市场有机结合的市场体系,特别是作为现代商品经济"神经中枢"的金融市场几乎是空白。由于商品经济的不发达,市场体系的不完善,作为市场经济条件下资源配置主要手段的市场机制,也处于极不健全的状态,表现为市场参数的僵硬、扭曲和市场竞争秩序的混乱。

经济发展水平低下,结构畸形,说明发展中国家促进经济发展,加速结构调整的任务十分艰巨;市场经济不成熟,说明在发展中国家单纯依靠市场机制的调节难以完成加速结构调整促进经济发展的目的。在上述条件下,为了克服经济落后在总量和结构方面造成的制约局面,同时也为了有效地抵御国际垄断势力的控制,尽快地摆脱贫穷与落后的状态,大多数发展中国家都大大加强了政府在经济发展中的作用。与发达国家政府在经济发展中的作用不同，广大发展中国家政府不仅作为市场失灵的调节者介入社会再生产过程，而且作为市场的培育者，在一定程度上起到了替代市场配置资源，在经济结构转换中发挥了主导作用。

第二，发达国家经济结构的演进历程为发展中国家政府促进结构转换指出的明确的方向。200多年来，发达国家的科学技术一直处于世界领先地位，其经济结构演进的阶段性与科学技术创新密切相关。每一次大的技术革命都使他们的产业结构发生一次革命性的变革。发展中国家作为现代经济发展的迟到者，与发达国家之间存在着巨大的经济技术差距，一方面使发展中国家在经济和技术两方面受到发达国家的巨大影响，必须依靠发达国家的资金和技术乃至市场来实现本国的工业化，促进产业结构的转换与升级；另一方面发达国家率先进行的经济结构演进，也为发展中国家政府促进产业结构转换提供了导向。发展中国家可以根据发达国家的工业化道路和产业结构转换的过程，判断未来产业技术发展方向，正确估价各种技术体系对产业结构变迁的影响，以此为依据并结合发展中国家的社会经济的实际，来确定产业结构转换的最佳途径，以尽可能小的成本和代价，实现产业结构转换与升级，以缩小同发达国家的经济技术差距，增强本国的综合国力。

如果说，经济发展水平低下，市场经济不成熟的要求发展中国家必须加强政府在产业结构转换中的作用的话，那么发达国家与发展中国家在技术经济以及其产业结构转换方面的巨大差距，则为发展中国家制定正确的经济政策，促进产业结构的转换与升级提供了必要前提。

发展中国家政府主导型经济结构转换的重要内容是制定和推行产业政策，把建立合理的产业结构，促进产业升级作为经济发展的重要目标。在经济结构转换的过程中一般采取赶超型的发展战略，无论是采取进口替代策略，还采取出口导向策略，政府在经济结构调整中的作用，都远远大于发达国家。

二、发展中国家经济结构演变的跨越性

大多数发达国家的产业结构演变都是在市场需求的引导下，由技术创新所推动的，因而其经济结构的演变顺序是与人们消费需求的变化和技术革命的进程相一致的。其经济结构的转换是沿着农业—轻工业—重基础工业—重加工工业—现代服务业的顺序发展的，这一结构演变过程是伴随着社会需求结构的变化和社会生产的发展而自然形成的历史过程。

发展中国家工业化开始时间较晚，由于其后发优势的存在，使这些国家能够跨越技术发展的某些阶段，直接采用新技术，加速产业结构的演变，从而使其结构转换与发达国家相比具有明显的跨越性。

发展中国家的后发优势主要表现在两个方面：

第一，发展中国家可能从发达国家引进较先进的生产技术，以较低的成本和较短的时间建立起与发达国家相近的产业。发展中国家由于发展的后起性，在科技创新方面远远落后于发达国家。据统计20世纪80年代中期，发达国家所拥有的发明件数几乎占世界发明总数的99％，所拥有的专利数占世界专利总数的94％。相比之下，发展中国家则分别只占1％和6％。[①] 在这种条件下，发展中国家必须提高科技水平，缩短与发达国家的技术差距，而利用国际技术转让，从发达国家引进技术，则是实现这一

---

① 斋·滕优：《南北问题与技术合作》，载《世界经济译丛》1998年第5期。

目的的重要手段。日本、韩国的经验表明，引进技术加以消化与提高，其费用只是自主开发的1/5。引进技术是发展中国家实现产业结构升级的最经济和切实可行的道路。发展中国家可以通过引进技术，降低研究与开发成本，并充分吸收发达国家在技术发展过程中的经验教训，绕过某些不必要的发展阶段，缩短与发达国家在技术水平与产业结构层次方面的差距。

第二，由于发展中国家采用最新技术发展新兴产业的"沉淀成本"较低，使发展中国家有可能直接采用当代最新的科技成果，发展新兴产业。迄今为止，世界上的技术发明90%以上来自于发达国家，毫无疑问，在运用最新科技成果发展新兴产业方面，发达国家比起发展中国家有很多优势条件。但与发展中国家相比也有不利之处，这就是发展新兴产业的"沉淀成本"较高。发达国家如果将资源转向新兴产业，原来投入传统产业的大量资源中，有相当大的一部分将被废弃，这些资源由于无法得到补偿，而成为"沉淀成本"。大量"沉淀成本"的存在，不可避免地会在一定程度上影响发达国家应用最新技术发展新兴产业。比如在过去几年中，中国基本上普及了光导纤维通讯网络，而很多中等发达国家，迄今还以同轴电缆为主。这是因为用光纤代替同轴电缆比直接采用光纤电缆的成本要高得多。

在新的技术革命所带来的新兴产业大量涌现的条件下，发展中国家有可能抓住机遇，把技术引进与技术创新相结合，直接采用世界上最新的科学技术发展新兴产业，利用沉淀成本相对低廉的优势，促进经济结构的转换与升级。

由于后发优势的存在，许多发展中国家都通过技术引进结合技术创新，来推进产业结构的演变，使其结构的演进与发达国家相比表现出明显的跨越性。

第一，在三次产业的演进顺序上，表现在第三次产业超前发展。除了日本之外的大多数发达国家,在三次产业结构转换的顺序上,都表现为第一、二、三产业依次渐进的结构演变模式。具体地说,就是产值构成或劳动力构成的重心先由第一产业转向第二产业,再由第二产业转向第三产业。越是工业化开始早的国家,这一特点越突出。

从表4-3中可以明显地看到,英国的农业劳动力首先主要向第二产业转移。在1901年第二产业吸收农业劳动力达到顶点,至此农业劳动力大规模转移基本结束,尽管以后仍有一部分农业劳动力向外转移,但已不发生重大影响。从那以后,开始了第二产业劳动力向第三产业转移的历史进程,从1901~1971年,第二产业劳动力比重下降了13.3个百分点,从而使劳动力构成的重心转向了第三产业,到1971年第三产业劳动力比重占59.2%。

表4-3　　　　　英国劳动力就业构成的历史变动　　　　单位:%

年　份	第一产业	第二产业	第三产业
1801	35.0		
1851	22.0	48.5	29.7
1871	15.3	47.1	37.6
1901	9.1	51.2	39.8
1921	7.1	47.5	45.4
1951	5.1	49.2	45.7
1971	2.9	37.9	59.2

资料来源:周振华:《现代经济增长中的结构效应》,上海三联出版社1995年版,第415页。

而广大发展中国家在三次产业结构的转换上,与发达国家相比,表现为第三产业的超前发展,其特点是农业剩余劳动力一开始就以大致相同的规模分别向第二产业和第三产业转移;在农业劳动力转移的过程中，第三产业的劳动力就业比重往往始终大于第二产业。钱纳里等人通过多国模型来考察发展中国家结构变动的特点，多国模型对附加值、就业和资本存量的模拟表明，在发展中国家的结构转换过程中，"工业就业的增加，远远低于农业就业的减少，因此，劳动力的转移主要发生在农业和服务业之间"（见图4-1）。

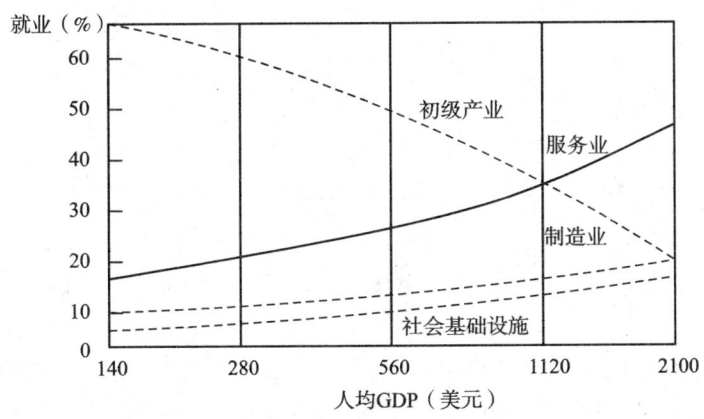

图4-1 多国模型对就业的模拟

资料来源：钱纳里等：《工业化和经济增长的比较研究》，上海三联书店、上海人民出版社1995年版，第90～91页。

发展中国家经济经济结构转换这一特点，一方面是发展中国家利用后发优势促进结构转换的结果；另一方面也是发展中国家推进经济结构转换过程中所面临的特定历史条件的产物。从第一方面考察，由于发展中国家在结构转换的初期，就通过引进发达国家的先进技术，发展资本密集型和技术密集型的产业，使第二产业吸收农业剩余劳动力的能力相对下降，从而产生了农业劳动力向第三产业转移的强大压力。同时，资本密集型与技术密集型产业的发展，对劳动力的素质要求更高，对高素质劳动力的需求一是带动了科技、文化教育事业的发展，二是提高了技术工人的收入水平，从而刺激了第三产业的发展。从经济结构转换的历史条件方面来分析，发展中国家与大多数发达国家不同，发达国家率先进入现代经济进程，使他们在当时的世界经济活动中具有绝对优势，广阔的世界市场使这些国家制造业的发展可能突破国内需求的制约，保证了第二产业的充分发展。但当发展中国家进入现代经济增长进程时，世界市场已为发达国家所垄断，发展中国家由于制造业产品竞争能力差，第二产业的发展依赖于世界市场的余地较小。

第二，在第二产业内部，重化工业和重加工工业超前发展。从发达国家的经济发展的历史轨迹来看，随着科学技术和经济发展水平变化，第二产业内部结构自然演变的顺序是，轻纺工业—重基础工业—重加工工业—高新技术产业。由于发展中国家与发达国家相比在技术和经济方面存在着较大的差距，因此，发展中国家往往利用发达国家现成的技术和设备，优先发展基础工业和重加工工业，然后再实现农业改良，并完善和提高消费品工业体系。

第二次世界大战以后，发展中国家普遍认为，实现工业化的关键是发展重工业。基于以上思想认识，发展中国家在经济结构转换过程中，普遍将重工业的发展放在优先和主导地位。据统计，1963～1973年间，发展中国家轻工业的年均增长率为5%，重工业达9%，1973～1980年间，轻工业的年均增长率为3.8%，重工业为5.8%，这使重工业在产业结构中所占的比重越来越大，于80年代初超过了轻工业所占比重。[①]

---

① 谈世中主编：《发展中国家经济发展的理论和实践》，中国人事出版社1992年版，第163页。

三、发展中国家经济结构转换的非均衡性

由于大多数发达国家的经济结构的转换，是由经济发展水平所决定的需求结构变动和由科技进步所决定的供给结构变动的共同作用下而自然演进的，因此其经济结构转换呈现出均衡发展的状态。这种均衡状态的主要标志是，在经济结构的转换中，各部门之间的生产率与收益率趋于均等化，投入到不同生产部门的各种生产要素都能根据它们的边际生产力，获得相应的要素收入。因此，经济结构调整对经济增长的促进作用要远远小于发展中国家。[①]

而大多数发展中国家的经济结构转换是利用后发优势，由政府力量推动的，其结构转换带有明显的跨越性，因此这种产业结构的转换与人们的消费结构的变动和经济发展水平的要求不尽一致，往往要求采取各种非市场手段来节制消费，加强积累。其结构转换与发达国家相比，必然会表现出明显的非均衡性特点。

1. 产值结构的变动幅度大于人均产值的增长。在一个国家经济发展过程中，经济增长与结构转换是紧密联系，相互作用的。在经济增长与结构转换相互作用下，一国的经济发展表现为经济结构的演变往往随着人均国民收入的增加而变动。在这方面发展中国家与发达国家相比，其产值结构的变动要快于人均产值的增长。这表现在两个方面：一是发展国家的经济结构变动曲线普遍前移，即在较低的人均产值水平上达到更高发展阶段上的产值结构。如美国在人均 GNP1600 美元时（1980 年不变价）时，工业产值的份额才超过农业，比国际平均水平滞后约 200～700

[①] 钱纳里等：《工业化和经济增长的比较研究》，上海三联书店、上海人民出版 1995 年版，第 47 页。

美元。工业化顶点（1953～1955年）发生在人均净产值7400～7700美元之间。① 相比之下南非在人均国民生产总值914美元时（1970年的美元），制造业在国内生产总值的比重达24%，远远超过农业在国内生产总值中所占的份额（农业在国内生产总值的份额为8%）。韩国在人均457美元时，制造业在国内生产总值中所占的份额就与农业持平，两者均占25%。② 二是产值结构的变动与人均产值变动呈现出不同的关系。发达国家产值结构变动通常随着人均产值的增加而变动，如农业部门产值份额的下降，是与人均产值同等、普遍上升同时发生的。然而，在一些发展中国家，尽管按人口平均的GNP并没有显著上升，可是农业部门在GNP中的份额却下降得相当显著。例如，洪都拉斯、菲律宾、埃及在将近40～60年期间，人均GNP几乎没有多大变动，农业部门GNP在洪都拉斯下降了1/3，在菲律宾、埃及下降了2/5或更多。③ 人均产值没有上升，产值结构发生明显变化，虽然并不适用于所有的发展中国家，但产值结构的变动远远超过人均产值增长的情况，在发展中国家却是十分普遍的现象。

2. 产值结构的变动快于就业结构的变动。在发达国家经济结构转换过程中，不同的生产要素由农业向非农业部门的流动大致是均衡的，因而其产值结构的变动与就业结构的转换基本上是同步的，随着农业产值份额的下降，农业劳动力也相应地向非农部门转移。

第二次世界大战以后，发展中国家的人口以前所未有的速度增长，这同发达国家工业化早期的情况有着明显的不同。西欧、北美、日本19世纪劳动力年平均增长率只有0.8%，比20世纪

---

① 李京文：《21世纪中国经济大趋势》，辽宁人民出版社1998年版，第109页。
② 钱纳里等：《工业化和经济增长的比较研究》，上海三联书店、上海人民出版社1995年版，第120～121页。
③ 李京文：《21世纪中国经济大趋势》，辽宁人民出版社1998年版，第110页。

50年代以来的发展中国家的劳动力年平均增长速度约低一倍，所以发展中国家经济结构转换所面临的就业压力要远远大于发达国家。加之发展中国家在经济结构转换中普遍存在着重工业优先发展的倾向，经济结构转换过程中的资本向工业部门的转移速度要远远大于劳动力的转移速度，所以与发达国家相比，其经济结构转换过程中明显地存在着产值结构的变动快于就业结构变动的特征（见表4-4）。

表4-4　　　35个低收入国家和59个中等收入国家就业变动情况　　　单位：%

指标	国别 年份 产业	低收入国家						中等收入国家					
		1960			1982			1960			1982		
		I	II	III	I	II	III	I	II	III	I	II	III
产值结构		49	26	25	37	32	31	24	30	46	15	38	47
就业结构		77	9	14	72	13	15	62	15	23	44	22	34

资料来源：何诚颖著：《中国产业结构理论和政策研究》，中国财政经济出版社1997年版，第128页。

发展中国家经济结构转换过程中产值份额的变动大于劳动力份额的变动，说明在发展中国家二元经济结构向一元经济结构转换过程中，农业剩余劳动力向非农产业转移，实现劳动力就业结构的转换与实现产值结构的变动相比，是一项更为艰巨的任务。

第三节　东北二元经济结构转换的特征

迄今为止，发展中国家经济结构转换过程同时也就是其二元经济结构转换过程。我国东北地区二元经济结构的转换，除具有与发展中国家的共同之处外,由于其结构转换所处环境和资源条件不同,还具有自己的突出特点。

一、东北地区经济结构转换的非均衡性更加严重

发展中国家的经济结构转换与发达国家相比,具有明显的非均衡性,我国东北地区与其他发展中国家相比,其结构转换的非均衡性更加严重。这突出地表现在东北地区二元经济结构转换过程中,就业结构的转换远远滞后于产值结构的转换。从产值结构来分析,东北地区1952年第二产业在国内生产总值中的份额就与第一产业所占份额接近,第一产业在国内生产总值中的份额为39.5%,第二产业占38.6%,第三产业占21.9%。在以后的年份中,第二产业在国内生产总值中所占份额均超过第一产业,至2006年第一产业在国内生产总值的比重为12.1%,第二产业为50.8%,第三产业为37.1%。从就业结构来看,1952年东北地区第一产业占总劳动力的比重为73.8%,第二产业为14.3%,第三产业为12%,到2006年,东北地区第一产业的劳动力比重为40.4%,第二产业的就业比重为23.3%,第三产业为36.3%(见图4-2)。

从上面分析中,我们看到东北地区三大产业的产值结构与就业结构的变动的方向基本上是一致的,但三大产业的产值结构与就业结构存在着较大的差异。以2006年来看,第一产业在国内生产总值中的比重为12.1%,而占社会总劳动力的比重为40.4%,两者相差28.3个百分点;第二产业占国内生产总值的比重为50.8%,劳动力的比重为23.3%,两者相差27.5个百分点;第三产业占国内生产总值的比重为37.1%,劳动力的比重为36.3%,两者相差0.8个百分点。显然这种差异,第一产业最大,第二产业次之,第三产业最小。

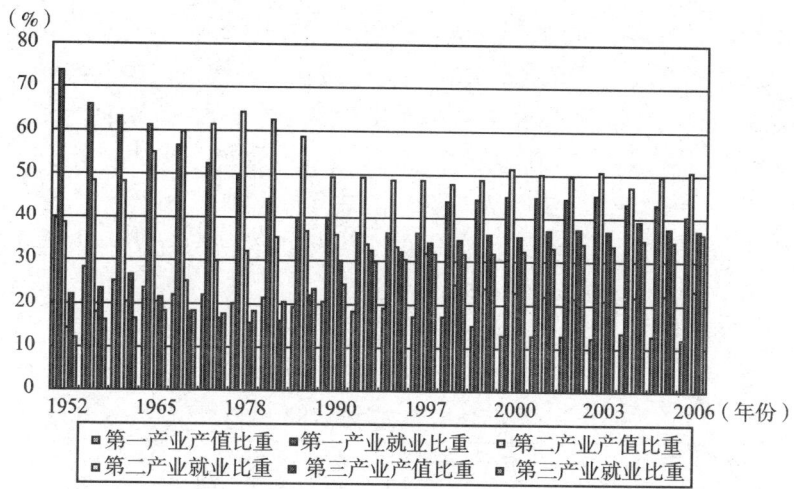

图4-2 1952~2006年东北三次产业产值比重与就业比重比较

由于各产业技术进步的速度不完全一致,在经济发展过程中,产值结构与就业结构的绝对对称是不可能的。由于发展中国家人口增长过快,劳动力的供给远远超过了非农产业对劳动力的需求,加之在其经济结构转换的过程中,第二产业的技术进步速度远远大于第一产业,一般说来,发展中国家就业结构的转换要慢于产值结构的转换。但东北地区与其他发展中国家相比,其就业结构滞后性更为突出。世界银行在《1979年世界发展报告》中揭示出这样一个规律,发展中国家工业与农业的产值份额占国内生产总值的比重在人均接近700美元时(1979年价格)达到相等,当人均国内生产总值再增长一倍,两部门的劳动力份额也达到相等。[①]

---

① 蔡昉著:《中国二元经济与劳动力转移》,中国人民大学出版社1990年版,第59页。

东北地区二元经济结构转换过程中的产值结构与就业结构转换的严重失衡，造成东北地区二元经济结构转换过程中的结构性扭曲。从工农业产值构成看，到20世纪80年代末，东北地区的工业已占国民生产总值的47.6%，已基本实现了由农业社会向工业社会的转变，然而从就业结构来分析，到2006年，东北地区的第一产业仍占劳动力份额的40.4%，农业劳动力仍占较大比重（见表4-5、图4-3）。

表4-5　　　东北地区农业就业结构转换滞后于
产值结构转换的程度　　　　　单位：%

年　份	农业就业结构	农业产值结构	滞后程度
1952	73.8	39.45	86.96
1957	65.8	28.30	132.44
1962	63.1	25.14	151.08
1965	61.2	23.56	159.65
1971	56.5	22.08	156.11
1975	52.4	21.97	138.28
1978	49.7	20.04	147.80
1980	44.2	21.41	106.56
1985	39.8	19.34	105.84
1990	39.5	20.60	91.82
1995	36.6	18.03	103.03
1996	36.4	18.82	93.60
1997	36.5	16.89	116.29
1998	42.4	16.87	151.13
1999	42.2	15.14	178.52
2000	43.0	12.87	234.59
2001	43.0	12.82	235.38
2002	43.5	12.80	239.45

续表

年 份	农业就业结构	农业产值结构	滞后程度
2003	43.9	12.38	254.34
2004	41.9	12.68	230.73
2005	43.2	12.79	237.46
2006	40.4	12.11	233.6

资料来源：根据《中国统计年鉴》2004~2007年各年；《新中国55年统计汇编 1949~2004》有关数据计算。计算公式为：农业就业结构滞后于产值结构转换程度 =（农业就业结构 - 农业产值结构）/农业产值结构。

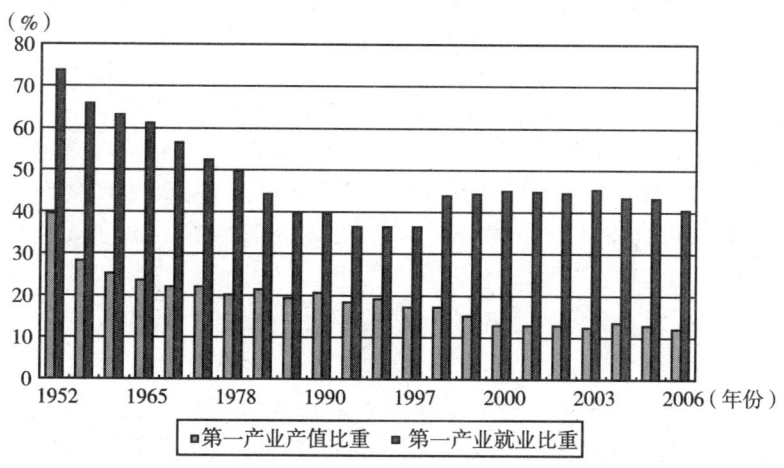

图4-3 1952~2006年东北农业产值结构与就业结构比较

就业结构与产值结构严重偏离，说明劳动力在社会各个产业之间的转移还存在着较大的阻碍；同时也表明不同产业间的劳动生产率水平存在着较大的差距。从这个意义上说，就业结构的转换严重滞后于产值结构的转换，是东北地区二元经济结构存在的直接原因。

二、第三产业发展严重滞后于经济发展

我们在前面曾讨论过发展中国家的经济结构转换具有明显的跨越性，其表现之一是第三产业的发展具有超前性。与此相反，我国东北地区二元经济结构转换过程中存在着第三产业发展严重滞后的特点。无论是就产值结构还是从就业结构考察，东北地区第三产业的发展都严重滞后于其他发达国家和相同经济发展水平的发展中国家，甚至滞后于一些低收入水平的发展中国家。

第三次产业的迅速发展是20世纪经济发展的重要特征之一。第三产业在发达国家已占据国民经济的主体地位，在发达国家的经济活动总量中，第三产业早已超过第一和第二次产业之和，到20世纪80年代末，22个高收入国家第三产业占国内生产总值的比重绝大多数在60%以上。在发展中国家第三产业发展也很快，到20世纪80年代末，34个低收入国家第三产业占国内生产总值的比重平均为31%，48个中等收入国家平均为50%。[①] 到20世纪90年代初期，低收入国家的比重上升到35%左右，[②] 而我国东北地区三产比重仅为33%左右。2004年世界平均第三产为比重为68.4%，低收入国家为49.8%，中等收入国家为52.7%，中低收入国家为52.3%，高收入国家为72.4%。[③] 2006年东北地区第三产业的增加值占国内生产总值的比重为45.1%，不仅远远低于高收入国家和世界平均水平，也远低于低收入、中等收入和中低收入国家（见表4-6）。

---

① 方甲：《产业结构问题研究》，中国人民大学出版社1997年版，第319页。
② 方甲：《产业结构问题研究》，中国人民大学出版社1997年版，第47页。
③ 刘晓越：《我国第三产业弱在何处》，载《中国统计》2007第8期，第16页。

表4-6　　　　　劳动力就业结构的国际比较　　　　　单位：%

国家/地区	年份	第一产业	第二产业	第三产业
中国东北地区	2006	42.2	26.4	45.1
美国	1991	2.9	25.6	71.5
日本	1991	6.7	34.4	65.6
联邦德国	1990	3.6	40	56.4
英国	1991	2.1	27.6	70.3
法国	1991	5.7	29.1	65.2
意大利	1990	8.8	31.9	59.3
加拿大	1991	4.5	22.8	72.7
澳大利亚	1991	5.5	24.2	70.3
苏联	1990	8.2	38.3	53.5
印度	1989	5.5	36.3	58.2
新加坡	1991	0.3	35.2	64.5
韩国	1991	16.7	35.6	47.1
巴西	1988	24.2	23.3	52.5

资料来源：何诚颖著：《中国产业结构理论和政策研究》，中国财政经济出版社1997年版，第57页；《中国统计年鉴》(2007)，第115页。

从就业结构来分析，东北地区三大产业就业结构中第三产业所占的比重不仅远低于发达国家水平，甚至也低于印度、巴西等发展中国家20世纪80年代末90年代初的水平。

我国东北地区第三产业落后，不仅表现在其产值与就业结构的比重低，而且还突出地表现在第三产业的内部结构不合理上。当代第三产业发展的一个十分重要特点是，以商业、饮食业和邮电运输业为代表的传统行业发展速度下降，在第三产业中所占比重降低，而以金融保险、旅游服务、信息咨询等行业为代表的新兴产业发展十分迅速。一些发达国家的第三产业主要以信息咨询、科技、金融等新兴行业为主。我国东北地区第三产业内部结构，占主要比重的仍然是传统的商业及饮食服务业，不仅代表现代产业高级化方向的科研、综合服务、信息产业、咨询服务和金融保险业等部门发展程度还很低，而且工业化进程中应超前发展的交通运输、邮电通讯业也明显地滞后于经济发展，多年来一直是制约地区经济发展的"瓶颈"产业。

三、城市化进程表现出与发展模式的不同特征

城市化是指居住在城市地区人口占总人口比例增长的过程，更准确地说，是农业人口向非农业人口转化，并在城市集中的过程。其基本特征是城市人口的比重不断上升。通常以城市人口占总人口的比率来表示城市化率，即城市人口数/全国总人口数。

从历史上看，城市化与工业化是一个相互影响、相互推动的发展过程。在一国的工业化发展过程中，劳动力、资本和技术等生产要素不断向第二、三产业转移，与此同时，在空间结构上则不断向区位条件相对优越的地点聚集，这种伴随着工业化而产生的人口聚集效应是城市化发展的根本动力。

在以手工劳动为基础的简单协作和工场手工业阶段，由于工业的分散性，工业化发展超前于城市化的发展，工业劳动力在总劳动力中的比重高于城市人口在总劳动力中的比重。[1] 而以机器广泛使用为标志的近代工业化的发展，由于分散的小规模的个体生产转化为集中的、大规模的社会生产，促进了人口在向城市的集中，带动了城市化的迅速发展。而且在近、现代工业化发展的过程中，通常在工业化初期，城市化就已经超过工业化，随着工业化的不断发展，城市化水平越加明显地高于工业化水平。这是因为近代工业化过程中，第二产业的迅速发展会带动第三产业的

---

[1] 辜胜阻：《非农化与城镇化的研究》，载《中国人文社会科学博士硕士文库》，浙江教育出版社1998年版，第1138页。

发展，在工业化后期，由于经济服务化和信息化，第三产业取代第二产业成为推进城市化发展的主要动力。

如美国是在英美战争（1812～1814年）后开始工业革命的，当时工业化率只有6%，城市化率也非常低，两者基本同步增长。到了1870年，美国的工业化率达到16%，城市化率达到26%，后者超过前者10个百点。到1940年，两者已分别达到30.3%、56%，后者超过前者25.7个百分点。到1970年工业化率已降到26%，而城市化率已高达74%，两者相差近50个百分点。①

根据钱纳里发展模式，发展中国家的工业化和城市化进程也大致反映出相同的规律。钱纳里发展模式表明，在低收入区内，城市化率超过工业化率，但差异不大，在人均GNP大于300美元时，城市化率明显高于工业化率（见图4-4、表4-7）。

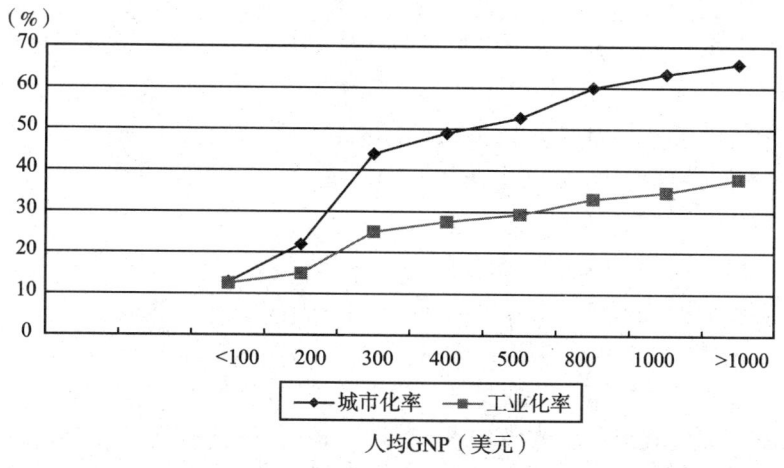

图4-4 发展模型的城市化和工业化率

---

① 何诚颖：《中国产业结构理论和政策研究》，中国财政经济出版社1997年版，第106页。

表4-7　　　　　发展模型的城市化率和工业化率　　　　　单位：%

人均 GNP（美元）	城市人口占总人口的比例（城市化率）	制造业占 GDP 比率（工业化率）
<100	12.8	12.5
200	22.0	14.9
300	43.9	25.1
400	49.0	27.6
500	52.7	29.4
800	60.1	33.1
1000	63.4	34.7
>1000	65.8	37.9

资料来源：钱纳里等：《发展的模式：1950~1970》，牛津大学出版社1975年版，第38页。

在东北地区经济发展与结构转换过程中，工业化与城市化相互关系表现出与上述城市化发展规律不同的特征：在20世纪90年代以前东北地区的城市化进程明显滞后于工业化水平；直到20世纪90年代以后城市化率才开始超过工业化率，到2006年东北地区工业化率为45.1%，城市化率为55.5%，城市化超过工业化10.4个百分点。根据钱纳里发展模式，在低收入区内，城市化率超过工业化率，但差异不大，在人均GNP大于300美元时，城市化率明显高于工业化率，随着工业化进程的不断发展，城市化率越加高于工业化率。当人均GDP达到1000美元时，发展中国家城市化率的平均水平为63.4%，超过工业化率28.7个百分点。而2006年东北人均国内生产总值为18226元人民币，约合2286美元，远超过了人均1000美元的指标，但城市化率却远低于钱纳里发展模式中人均总产值达到1000美元时的平均水平（见表4-8）。

表4-8　　　1952~2006东北地区城市化率与
工业化率的绝对差　　　　单位：%

年份	工业化率	城市化率	城市化率与工业化率绝对差距
1952	34.9	27.6	7.3
1957	43.6	36.7	6.9
1962	45.4	41	4.4
1965	51.2	38.2	13
1970	54.4	35	19.4
1975	55.7	35.9	19.8
1978	56.8	36.2	20.6
1980	60.9	39.4	21.5
1985	58.7	44	14.7
1990	44.1	47.8	-3.7
1995	43.9	50.7	-6.8
1996	43.8	51.9	-8.1
1997	43.7	51.9	-8.2
1998	42.5	52.1	-9.6
1999	42.9	52.6	-9.7
2000	45.3	52.5	-7.2
2001	44.1	52.8	-8.7
2002	43.6	53.3	-9.7
2003	44.3	53.7	-9.4
2004	44.9	53.9	-9
2005	44	55.2	-11.2
2006	45.1	55.5	-10.4

资料来源：根据表3-5计算得出。

把东北地区城市化水平与1980年和1998年国际城市化率进行比较，我们更会吃惊地发现，2006年东北地区的城市化率甚至低于1998年中低收入国家的平均水平。

表4-9　　　　　　　　城市化水平国际比较

国家或地区	城市人口占总人口的比率（%）	
	1980年	1998年
世界平均	40	46
低收入国家平均	22	30
中等收入国家平均	56	65
中低收入国家平均	51	58
中高收入国家平均	63	77
高收入国家平均	75	78
中国东北地区	55.5（2006年）	55.5（2006年）

资料来源：国际数据转引自李善同：《对中国城市化若干问题的再认识》，载《中国软科学》2001年第5期，第5页；东北地区数据根据《2007年中国统计年鉴》数据计算。

第五章

东北二元经济结构转换的制约因素

东北地区在体制转轨与结构转换进程中与其他地区一样面临着许多共性问题,如经济增长与资源及生态环境的矛盾,资本形成及有效需求不足等等。但一向被称为共和国长子及老工业基地的东北地区,受计划经济体制的影响根深蒂固,因此,在体制转轨与结构过程中的所遇到的这些问题,与其他地区相比,显得更加复杂和突出。

第一节 资源枯竭和生态环境恶化

东北地区是依托丰富的自然资源基础上发展起来的,经过新中国50多年的开发建设,面临的资源环境问题已相当严重。有些专家断言,东北地区近50年的开发强度相当于中原地区近3000年开发强度的历史积累。这种短期高度的粗放开发方式的直接后果是资源枯竭、环境恶化及生态退化,使得原来得天独厚的资源环境陷入难以为继的困境。

首先,依据资源基础所形成的传统产业优势与本地资源保障间的矛盾日益突出,从而影响对农业剩余劳动力的吸收。东北地区在上百年的开发历史中,自然资源的开发以及相关产业的发展,始终主导着东北地区的发展和工业化进程。从就业与社会发展等方面看,资源型产业在历史发展中吸纳了大量的劳动力就业,在促进东北地区二元经济结构转换方面发挥了重要作用。资源枯竭对东北资源型产业的影响,必然会加大城市就业压力,从而影响对农业剩余劳动力的吸收。近年来由于重化工业的发展,在各地对能源及原材料需求不断攀升,东北地区以钢铁、石油加工为主体的高消耗、高污染的部门也得到了强化,这些部门大都资源和能源消耗较高,环境污染较为严重。2002 年,东北 3 省万元产值消耗能源 1.81 吨标准煤,比全国平均水平高 28.4%,比东部 9 省市高 66.1%,比中部 6 省高 13.1%。2003 年,东北 3 省工业增加值排放废气 5.52 万标准立方米,比全国平均水平高 16.5%,比东部 10 省市(不包括辽宁和广西)高 66.3%。[①] 国内学者王洛林,魏后凯将 1999~2003 年的东北三省单位产值能耗较高的产业占工业总产值比重进行了汇总和排序,[②] 发现黑色金属冶炼及压延加工业、石油加工及炼焦业、石油和天然气开采业等占比上升,是东北未来重要的支柱产业。在全国各产业中,他们的能耗分别排在 2、9 和 12 位。而且在东北的支柱产业中,除去电力工业、石油和天然气开采业以及通用设备制造业等个别产业外,其他支柱产业的利润率都较低。由此可见,高耗能产业发展在可持续性方面存在着的隐忧。

其次,资源约束严重会加大工业生产成本,从而制约工业部门的自身积累,降低其对劳动就业的吸收能力。从全国范围来

[①] 王洛林、魏后凯:《东北地区经济振兴战略与政策》,社会科学文献出版社 2005 年版,第 11~12 页。

[②] 王洛林、魏后凯:《东北地区经济振兴战略与政策》,社会科学文献出版社 2005 年版,第 65 页。

看，东北无论是土地林业资源还是能源矿产资源都列于全国平均水平之上。但由于长期粗放式发展，东北地区的土地资源流失，林业过度开垦问题严重。其中，松嫩平原水土流失面积约28平方公里，占土地总面积的22.6%，其中黑土区的水土流失面积占黑土地总面积的34%。① 在17个森工城市中，大兴安岭森林蓄积和可采成过熟林蓄积大幅度减少，除次生林外基本无林可采。东北地区主要能源矿产资源已进入减产期，原本是国家重要原材料基地东北地区，现在变成了原油、铁矿石的输入区。例如，黑龙江省大庆油田可采储量只剩下30%，仅为7.45亿吨，到2020年年产量只能维持在2000万吨左右，开采成本也将在目前已经很高的基础上大大提高，吉林、辽宁油田的增长量难以补充大庆油田下降的数量，甚至需要大量从国外进口。东北地区铁矿石后备储量也已不足，铁矿石主要矿山如鞍山、大孤山、歪头山等处于矿山开采后期，生产能力逐年下降。鞍钢、本钢等东北钢铁企业，正在大量从国外进口铁矿石。此外，黑龙江省鹤岗、鸡西、双鸭山、七台河等4大煤炭生产基地现已面临煤炭资源枯竭或大量关井的局面。② 辽宁省在未来10年内现有的35个国有重点煤矿将报废11处，7个主要产煤区中除铁法区外都是萎缩矿区，煤炭产量逐年下降。③

最后，生态环境的恶化也会制约二元经济结构的转换。一是如果生态环境恶化发生在城市，城市生活质量恶化会加重工业部门就业的补偿成本；二是如果生态环境恶化发生在农村导致农业

---

① 景体华等：《2006～2007年：中国区域经济发展报告》，社会科学文献出版社2007年版，第403页。

② 王洛林、魏后凯：《东北地区经济振兴战略与政策》，社会科学文献出版社2005年版，第10、187页。

③ 金凤君等：《东北地区振兴与可持续发展战略研究》，商务印书馆2006年版，第35页。

减产，会使农产品的相对价格上升，这也会加重工业部门就业的补偿成本；三是生态环境的恶化最终会产生治理成本和健康维持的成本。这三个方面的后果都会导致剩余劳动力无法以不变价格转移殆尽。东北地区传统工业型城市多，工业污染排放量远超国家环境标准。东北地区的两河流域水污染问题严重。松花江流域河流水质严重超标率：枯水期为87.5%，丰水期为75.0%。辽河流域70%以上断面为劣V类，基本丧失环境功能。水污染不仅威胁饮用水安全，还会进一步造成土壤质量下降，农业减产，食品安全达标困难，大幅增加治理成本。多数城市严重缺水，尤其是中南部的长春、沈阳、鞍山等特大城市处于水资源严重短缺状态。此外，东北耕地的占用和破坏，矿山塌陷和生态恢复问题也十分严重。东部地区水土流失，西部地区草原沙化，煤炭开采不仅产生大量矸石山和垃圾，还会形成大面积的采空区和塌陷区。辽宁省采煤沉陷区总面积已达133平方公里，鸡西156平方公里，吉林采煤沉陷区有4个，面积为113平方公里，涉及矿区居民5.7万户。另外，根据黑龙江省社会科学研究所对资源型城市居民身体状况的一项最新调查发现，居民认为自己健康的比例只有34%。以伊春为例，职业病的发病率高达24%。在四个煤炭城市：七台河、鹤岗、双鸭山和鸡西，职业病的发病率为16%、17%、10%和13%。上述的这些环境和生态问题都导致了东北地区城市发展的环境支撑能力下降，使以环境恶化为代表的城市病问题日益突出，人们的环境生活质量下降，治理成本和健康维持成本增加，从而严重限制了城市的发展步伐，制约了二元经济结构的转换。

第二节 资本形成不足

资本作为一种稀缺资源，是人们从事生产活动的一种基本生产要素。所以无论是马克思主义经济理论还是西方经济理论都十分强调积累与资本形成对经济发展的促进作用。

储蓄是资本形成的先决条件，从再生产的角度分析，储蓄也可称为资本积累。根据国民收入均衡公式 $S=I$，假定现有的储蓄全部转化为投资，那么资本形成和资本积累的概念又是可以通用的。但从严格意义上来说，储蓄或资本积累又不能等同于资本形成。资本形成必须经过三个环节，一是实际增加储蓄量，以便增加实际投资量；二是通过银行系统或资本市场等中介环节，将储蓄转移到投资者手里；三是投资环节，将资源用于增加资本存量。

随着体制转轨的不断深入，受我国整体经济走势看好影响，东北三省的经济增长也连续10年迅速攀升，居民手中存款不断增加，由1995年的3477亿元，上升为2006年的15182.5亿元，增长了近4.5倍。但与此同时，社会的固定资产投资始终与储蓄存款余额之间始终存在着一个不断拉大的缺口，储蓄无法顺利地向资本转化（见表5-1）。

表5-1　1995~2006年东北地区的经济增长、储蓄及投资

单位：亿元

年份	区域生产总值	社会固定资产投资	城乡居民储蓄存款
1995	5937.1	1703.38	3477
1996	6897.43	1813.3	4648.6
1997	7737.83	2017.65	5488.4
1998	8238.4	2259.53	6384.9

续表

年　份	区域生产总值	社会固定资产投资	城乡居民储蓄存款
1999	8738.66	2371.15	7100.6
2000	9743.25	2703.83	7588.6
2001	10636.56	3086.47	8386.06
2002	11393.94	3485.95	9459.14
2003	12955.16	4211.57	10938.56
2004	15133.86	5575.7	12039.6
2005	17140.78	7678.8	13826.9
2006	19715.17	10519.9	15182.5

资料来源：《中国统计年鉴》1996~2007年。

首先，从资本形成的来源来看，东北三省企业的资本形成主要来自于企业的利润。企业利润是资本形成的重要源泉。因此，面临的一个突出的问题是企业缺乏活力和效益。虽然改革开放以来，非国有经济，包括集体、私营企业及三资企业不断发展，但东北地区的国有企业在整个经济中仍占相当大比重。体制转轨以来，国有企业不仅逐渐丧失了过去的绝对优势，而且面临着活力不足和效益低下的问题。与国有企业的产值比重和增加值比重占有较大份额相比，国有及国有控股工业企业在规模以上工业企业总利润中所占的比重相对较低。国有企业的效益不高，亏损严重，已成为制约地区经济发展的一个十分严重的问题。由于国有企业亏损严重，企业不仅储蓄不足，因此普遍面临着自有资金不足，资产负债率过高的问题。

其次，从资本形成的中介环节来看，存在的主要问题是资本市场不完善，企业融资形式单一。目前虽有一批企业上市，从资本市场上获得资本，但对大多数企业，特别是对中小企业来说，企业融资还主要是依靠银行贷款，直接融资所占比重极低。2007

年我国企业直接融资比重不足20%，相比之下目前国际上日、美、德等发达国家企业直接融资的比重分别达50%、57%、70%。东北地区，股本融资的比重更小。

直接融资与间接融资相比，一是可以通过利益诱导机制，引导社会资金在全社会范围内合理流动，将资金运用于高效项目，更有利于实现社会资源的合理配置。二是筹集长期资金的稳定性高，有利于融资者长期使用。三是直接融资有利于分散投资风险。由于股市风险不同于银行风险，其承险者是整个社会，而不单纯是国家（在我国，各主要银行均为国有独资银行），这样可以分散投资风险，防范和化解金融危机。由于直接融资的成本低，风险小，效益好，可以促进资本市场的发育与完善，拓宽融资渠道，改善企业的资本构成，因此，对于促进我国的资本形成具有重要意义。目前以间接融资形式为主的情况，对于企业来说，其资本的来源绝大多数属于长期或短期负债，在现有的银行企业关系下，既无法保证资金的合理运用，又使企业背上了沉重的还本付息的负担。对于金融体系来说，由于企业的几乎所有资产都由银行的负债组成，银行将缺乏有效的监管机制来回避贷款风险，加之在经济体制转轨过程中，占银行绝大部分贷款的国有企业经济状况不佳，不可避免地造成了大量的银行不良资产，实际上减少了经济建设的可用资金。

投资需求是一种引致性需求，从投资环节来分析，储蓄能否顺利地转化为投资除了受到上述金融组织的制约外还会受到由最终需求所决定的有利的投资机会的制约。在市场经济条件下，投资主要是由分散的企业进行的，企业投资的目的在于扩大生产规模，获取更多利润。只有当市场上存在着较多的获利机会时，企业才会进行投资。发展中国家在经济发展初期，人均收入水平低，社会购买力和消费水平也低，由于最终需求不足,市场容量有限,企业缺乏投资引诱,不愿进行大量投资。这样即使有了储蓄也难以顺利地转化为投资。纳克斯在分析发展中国家贫困的恶性循环时,曾分析了这种因需求不足所导致的资本形成的障碍。

在传统的计划经济体制下,政府是唯一的储蓄和投资主体。政府投资目的与市场经济中的企业不同,它不是追求最大限度的利润,其直接目的是扩大生产规模。在整个经济体系中,从中央政府到各级地方政府乃至到基层企业,普遍存在着强烈扩张冲动和投资欲望,因此,在资本形成上,主要是受到储蓄能力不足的制约,而不会受到投资需求不足的制约。这种情况在20世纪90年代末期以来发生了根本性的变化,我国的资本形成,不仅受到储蓄能力不足和资本市场不完善的影响,更受到投资需求不足所导致的储蓄不能顺利地转化为投资的制约。1998年以来我国金融机构人民币存贷差持续扩大。2005年以来我国金融机构的人民币存贷差占存款的比重已高达32%以上,到2008年7月末人民币存贷差达15364.53亿元,占存款的比重高达34.63%(见表5-2)。

表5-2 1998~2008年金融机构人民币存贷差变动情况

单位:亿元

年　份	存款	贷款	存贷差	存贷差占存款比重(%)
1998年10月末	—	—	9598.6	10.00
1999年12月末	108778.9	93734.3	15044.6	13.83
2000年12月末	123804.35	99371.07	24433.28	19.73
2001年12月末	143617.17	112314.7	31302.47	21.75
2002年12月末	170917.4	131293.93	39623.47	23.18
2003年12月末	208055.59	158996.23	49059.36	23.58
2004年12月末	240525.07	177363.49	63161.58	26.26

续表

年　份	存款	贷款	存贷差	存贷差占存款比重（%）
2005年12月末	287169.52	194690.39	92479.13	32.20
2006年12月末	335434.10	225285.28	110148.82	32.84
2007年12月末	389371.15	261690.88	127680.27	32.79
2008年7月末	443671.51	290016.98	153654.53	34.63

资料来源：根据中国人民银行网站历年《金融机构人民币信贷收支表》整理、计算所得。1998年数据引自张桂文：《中国二元经济结构转换研究》，吉林人民出版社2001年版，第130页。

发生这种转变的原因主要有两个方面：一是我国的市场供求格局发生了根本性的变化，由原来供不应求的卖方市场转变为需求制约的买方市场。二是我国的市场经济体制基本框架初步形成，企业经营机制发生了较大的变化，企业由原来政府行政机构的附属物，变为追求利润最大化的市场主体。在买方市场条件下，由于消费需求不足，企业缺乏有利的投资机会，企业投资需求不足，使我国大量的储蓄不能转化为投资，从而影响了国内资本的形成。

以上分析表明，资本形成无论是从储蓄还是从金融中介，或是从实际投资上，都在不同程度上存在着一些问题。储蓄是资本形成的源泉，没有储蓄，资本形成就失去了基础。但若缺乏良好的金融市场和与储蓄相适应的实际投资，也将使资本形成失去保障。从上述综合的角度来考察我国的资本形成，我国二元经济结构转换过程中的资本供给并不像有些经济学者所分析的那样乐观。虽然现阶段，东北地区城乡居民的储蓄率不低，但由于金融体制改革相对滞后，资本市场不完善，在经济运行中尚缺乏一个完善的金融机制去有效地汇集、分配可供利用的储蓄，加之投资需求受到消费需求不足的影响，使有限的储蓄不能顺利地转化为投资，使东北地区在经济发展过程中资本形成不足的问题更加严重。

一般说来，资本短缺可以通过利用国外资金来解决。改革开放以来，东北地区确实在利用外资方面取得了很大的进展。但总体来说要滞后于全国的平均水平。2006年东北地区利用外资比率（实际利用外资相当于全社会固定资产投资比重）仅为7%，既低于京津冀鲁地区的9%，也低于全国各地区9%的平均水平，更低于长三角地区（苏浙沪）的15%和珠三角地区（粤）的24%的水平。因此，东北地区的区域增长利用外资的贡献率不高。

此外，通过利用外资只能缓解建设资金的不足，并不能从根本上解决资本短缺的制约。这是因为利用外资的规模必须与地区经济发展状况相适应，利用外债必须考虑偿债能力。这就需要控制外债规模，提高外资的利用效率。如果这方面的工作做得好，在协议规定的偿还期前，能够利用外资创造出超过还本付息的盈余，利用外资对一国经济发展是有利的。但如果借债规模过大，或借款使用不当，不能及时创造还本付息的能力，就极有可能陷入债务陷阱无力自拔，这不仅违背了利用外资的初衷，还会严重影响本国经济的发展。同时，利用外资还需要国内资金和设备的配套。如果国内配套措施跟不上，利用外资也不会取得较好的效果。引进外商直接投资对投资环境的要求很高，不仅要有良好的能源、交通通讯等基础设施，而且要有按国际惯例建立起来的管理体制和健全的市场交易与法律法规制度。而目前在东北地区，这样的投资环境还不是很多，并且，投资环境的建设也绝不是短期就能具备的，这也正是东北地区利用外资进展不快的一个重要原因。

资本形成不足是制约二元经济结构转换的一个重要因素。

首先，资本形成不足会影响对农业剩余劳动力的吸收。二元经济结构转换的关键在于实现农业剩余劳动力向城市工业部门的转移。但农业剩余劳动力向城市工业部门转移的一个前提条件是城市工业部门的扩张和对劳动力需求的扩大。资本存量及其变化对工业劳动力吸收能力的影响可用图5-1说明。

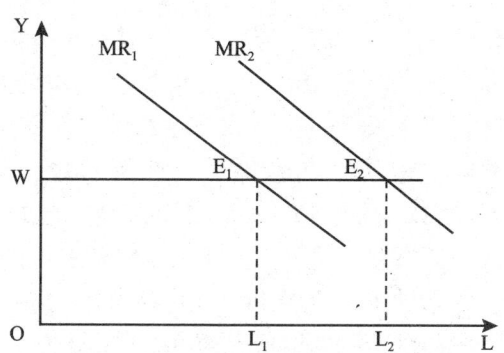

图5-1 资本存量及其变化对工业劳动力吸收能力的影响

假设其他条件不变,资本存量为 K_1 时,劳动力的边际收益曲线为 MR_1,则劳动力吸收能力为 MR_1 与工资水平线 W 的交点 E_1 对应的 L_1。如果其他条件保持不变,资本存量从 K_1 增加到 K_2 将使劳动力边际收益曲线相应上移,假设移至 MR_2,此时,劳动力吸收能为 MR_2 与工资水平线 W 的交点 E_2 对应的 L_2。因此,资本形成不足,在其他条件不变的情况下,势必会影响到对农业剩余劳动力的吸收。据测算,国家安排一个劳动力就业约需3万元人民币,[①] 按此推算,若解决目前两亿多农业剩余劳动力的转移问题,则需要6万亿元的资本形成能力,这显然是我国目

---

① 陈吉元、韩俊等:《人口大国的农业增长》,上海远东出版社1996年版,第187页。

前的资本形成能力所难以承担的。

其次,资本形成不足将制约对传统农业的改造。二元经济结构转换的过程不仅是通过工业部门的发展来实现农业剩余劳动力的转移过程,同时也是由传统农业向现代农业转变的过程。在发展中国家,现代农业还只是占农业部门的一个极小部分,落后的自给自足的传统农业仍然占主导地位。与现代农业相比,传统农业经营规模较小,生产结构单一,生产要素主要是土地和劳动,生产工具简陋,资本投入极少,农业生产主要依赖于自然条件,具有很大的风险性和不确定性。农产品产量与农业劳动生产率很低,农民生产经营的目的是为了满足个人和家庭的基本生活需要。由于传统农业所能提供的农业剩余、特别农村市场是非常有限的,在传统农业的基础上实现二元经济结构的转换是不可能的,要推进二元经济结构的转换必须改造传统农业,使之向现代农业转变。

美国著名经济学家舒尔茨认为,技术停滞是传统农业落后和贫困的主要原因,改造传统农业的关键,是在农业中引入现代技术。传统农业的特点是劳动力充裕,资本稀缺,生产规模狭小,农民的文化水平和技术水平低下。通过在传统农业中引入现代技术来改造传统农业,一方面受到农民文化水平低下,技术信息传播不畅的制约,另一方面受到农民收入水平低下,缺乏足够的资金购买新技术要素的制约。对传统农业的现代化改造,需要彻底改变工业倾斜政策,加大政府对农业的投入。但是,由于东北地区资本形成能力不足,政府财力有限,在现阶段还不可能对农业进行大规模的投入,以支持对传统农业的现代化改造。20 世纪 80 年代农业的高速增长,在相当的程度上是因为前几十年积蓄的能量在有利的体制和政策环境下发挥了巨大的作用。但农业基础脆弱,抗灾能力差,发展后劲不足。这其中的一个重要原因就是农业投入不足。这表现在：一是农业占用固定资产极其微小。二是国家财政支农资金和基本建设投资不足。这一点突出表现在农业基本建设投资不足，占整个区域经济基本建设投资比重低下。三是农业科学研究的技术推广工作相当薄弱。农业科学研究中最突出的问题是经费紧缺和人才断层严重，基础研究不足，科技储备开始匮乏，现有的适用科技成果推广率低。上述问题的存在严重影响了东北地区在二元经济结构转换过程中的农业的进步与发展。

最后，资本形成不足将影响城市化进程。二元经济结构转换的实质是通过工业化与城市化的相互作用来实现农业剩余劳动力向城市非农产业转移。在这一过程中，城市化进展状况将直接制约着二元经济结构转换。东北地区和全国情况相似，即二元经济结构转换过程中的突出问题就是城市化滞后于工业化，产生这一问题的一个十分重要的原因就是经济发展过程中资金不足。建国初期由于建设资金的严重匮乏，为了保证能够在较短的时间内就建立起较为完备的工业体系，东北地区不得不走上了一条工业化与城市化相隔离的发展道路。改革开放以来东北地区城市化严重滞后于工业化的状况虽有所改善，但城市化发展滞后仍然是制约东北地区经济发展的一个突出问题。城市化发展滞后这一问题没有得到根本性的改变，其直接原因仍然是受到资金不足的制约。目前，东北城市化进程中的一个突出的问题是城市基础设施的落后，这在沈阳，哈尔滨等大城市主要表现为各种设施超负荷运行以及基础设施结构与人口及城市规模不相适应；中小城市则主要表现为基础设施水平低下和严重不足。

城市建设需要大量的投资，联合国推荐的发展中国家城市基础设施建设投资比例应占固定资产投资的9%～15%，占国内生产总值的3%～5%。而东北地区的城市基础设施的投资远远低于这一水平。城市基础设施是城市发展的基本条件，城市基础设施的落后与不足，严重制约着城市功能的发挥和城市化的进展。保证城市发展与建设所需资金，改变城市基础设施的落后局面，是中国二元经济结构转换过程中所面临着的一个十分重要的问题。

第三节　有效需求不足

经过改革开放二十多年的发展，到 20 世纪 90 年代末以来，我国的经济运行特征发生了显著的变化，由供不应求的短缺经济转为产品相对过剩的买方市场，经济发展由供给制约转为需求约束，有效需求不足成为制约经济发展的关键因素。与 20 世纪 90 年代末期国民经济运行状况相适应，从 1998 年起，中央政府经济政策的着力点，也从抑制需求，缓解通货膨胀转为刺激需求，扩大劳动就业。经过长达 5 年的扩张型经济政策，到 2002 年下半年，中国经济走出了持续多年的通货紧缩困扰，开始进入新一轮上升周期。新一轮上升周期的突出特点是固定资产投资较旺，国际收支顺差导致银行体系流动性偏多，到 2007 年，经济运行出现了由偏快转向过热的风险，尽管中央政府出台了一系列紧缩型的经济政策，物价上涨的趋势并未能得到有效遏制，到 2008 年一季度全国居民消费价格总水平上升 8%，物价上涨幅度创近年来历史最高水平。2008 年 9 月以来，美国次贷危机演变为全球金融危机。受其影响，中国长达 6 年的经济上升周期被迫中断，中国政府的宏观经济改革取向也由抑制经济过热转为促进经济增长。如何在短期经济波动中把握我国经济总的、长期供求格局，是一个值得人们认真思考的问题。

尽管从 2007 到 2008 年上半年经过运行出现了由偏快转向过

热的风险，物价总水平上升幅度较大，但经济发展的主要矛盾仍然是有效需求不足。此轮通货膨胀既有成本方面的因素，也有需求方面的因素。从成本方面看，目前国际原油的价格一路飙升，其他原材料的价格也持续上涨，推动了农业生产资料的价格上涨，加上劳动力成本也在上升，使得农业生产的成本也在上升。据国际货币基金组织（IMF）和美国能源署（EIA）统计，2003~2006年，国际市场原油现货价格由30美元/桶逐步攀升，最高至77美元/桶，4年分别上涨为15.8%、30.7%、41.3%和20.5%，累计涨幅达108.3%。2007年原油价格更是一路走高，由年初的60美元/桶上升到年末的96美元/桶，年内升幅达60%。2008年7月中旬，单日最高价格已经超过了每桶145美元。作为全球消费量最大的基础经济资源，石油几乎位于所有产业链的顶端。受此影响，我国农资价格一路高攀，农业生产资料价格上涨明显加快。2004~2007年，农业生产资料价格累计上涨31.0%。2008年1~6月同比涨幅进一步上升至20.7%，其中畜产品价格上涨65.8%，化肥价格上涨26.5%，饲料价格上涨17.3%，农用机油价格上涨9.2%。农业生产成本上升，导致农产品价格上涨，并带动了此轮消费价格指数的上涨。因此，此轮通货膨胀带有明显的结构性特点；从需求方面看，主要是受流动性过剩的影响。流动性过剩一是指存贷差的持续扩大，二是指货币货应量的持续走高，三是指社会可用资金的大量剩余。简而言之就是"钱多"。我国流动性过剩主要表现为：一是银行存款大于贷款的差额日益扩大，到2008年7月末人民币存贷差达15364.53亿元，占存款的比重高达34.63%；二是货币供应量过多，各层次货币供应量增速持续居于高位。2000~2007年M_0、M_1、M_2年均分别增长10.7%、16.2%、16.4%，广义货币M_2增长持续快于实体经济增长。除2004年和2007年外，广义货币M_2增长率均高于GDP

名义增长率,2000~2007年平均高出2.9个百分点。M_2与GDP的比值不断上升,由2000年的1.357上升为2007年的1.619。而我国流动性过剩的成因并不在于国内最终需求超过了实体经济的供给,而恰恰是国内市场最终需求不足的歪曲表现。①

我国的收入分配结构失衡是一个众所周知的问题。分配结构失衡既存在于再分配领域,即百姓劳动收入与国家财政收入相比,国民财富向政府倾斜,具体表现在税收的增长远高于GDP的增长,更高于人均可支配收入的增长;更存在于初次分配领域,表现为劳动者的工资与企业利润相比,劳动者的工资收入长期偏低。同时,在向市场经济转轨的过程中,由于相关制度不健全,掌握资源的人有机会利用手中的资源来换取收入,灰色、黑色收入的存在也拉大了收入差距。

尽管从1978年到2006年中国居民扣除物价因素以后,平均年收入增长6.7%,但和中国高达两位数的经济增速相比,居民收入的增长显得缓慢。目前中国收入最高的20%人口与收入最低的20%的人口的实际收入差距约18倍,且差距仍向纵深发展。据国家统计局数据2005年全国城镇就业人数约2.7亿人,其中约有72%(1.944亿人)是在工资增长率极低的餐饮业、建筑业、采掘业、制造业、社会服务业中就业,其中乡镇企业的农民工约1.4亿人。据唐双宁援引的劳动保障部资料表明:"首先是轻纺、建筑、餐饮服务业等领域部分职工的工资水平偏低。其次是农民工的工资增长缓慢,工资水平普遍偏低。有关调查显示,珠江三角洲的农民工工资绝大多数在600元左右。改革开放以来,珠三角GDP年均增长率在20%以上,农民工的工资近12年

---

① 资料来源于国家统计局宏观经济分析课题组:《近两年来价格上涨的特征原因及走势分析》,中国网,2008-9-2。

来仅增长68元，年增长率低于1%。"①

　　劳动力价格的长期偏低，其后果就是造就大量的低收入劳动者。根据经济学中的边际消费倾向递减的原理，越是高收入的群体边际消费倾向越小。对于占人口大多数低收入群来说，他们有消费欲望但却由于收入低而没有支付能力；而占财富绝大多数的、有能力消费的富人，由于消费的边际倾向递减，又缺少消费动力，这样一来，国内自身的消费市场不可能扩大。中国居民的消费支出从1991年占国内生产总值的62%下降到2006年的50%，而储蓄率2006年攀升到接近50%。高储蓄必然会转化为高投资，但高投资所形成的产品和产能由于国内消费需求不足在国内找不到出路，就只能依靠出口。这样就在经济中形成了另一个长期的结构性矛盾——我国对外贸易的长期顺差。1994年以来我国外贸顺差持续扩大，到2007年已达23187.3亿元。② 1996年我国的外贸盈余为122.8亿美元，2006年增到1774亿美元。长期的国际收支顺差，导致了直接结果就是外源性货币供给的增加。一国的货币供应量主要由内源性货币和外源性货币形成。内源性货币主要是银行信贷创造货币；外源性货币则是外汇储备的积累产生对应的国内货币。这种外源性货币供给是由两个途径形成的，一是现有的结售汇制度下，出口企业的创汇收入都要按官方汇率兑换成人民币，从而增加了外源性货币供给；二是人民币汇率升值预期吸引国外热钱大量流入。

　　中国对外贸易长期失衡，出口大于进口，2007年中国对外

---

　　① 唐双宁：《关于解决流动性过剩问题的初步思考》，载《经济研究》2007年第9期，第8页。
　　② 国家统计局数据库，国家统计局网站；国家商务部进出口统计数据，商务部网站。

贸易依存度高达71%。① 当物美价廉的中国产品在世界攻城略地的时候，来自各方的人民币汇率升值的压力也不断增大。要平衡国际收支以及应对国外各种反倾销报复，中国政府不得不在2005年走上了人民币升值的道路。按理说人民币对外升值一方面会导致以外币计价的出品产品价格上涨，以本币计价的进口产品价格下降，从而会增加进口、减少出口。但我国人民币汇率升值并没有导致贸易顺差减少。其原因，一是国内消费需求不足，大量的产品与产能过剩也只有通过出口来吸收；二是与我国的加工型贸易模式有关，我国的出口贸易中60%以上的是出口加工贸易。人民币的小幅升值使加工贸易的原材料变得更加便宜，使外国直接投资所需引入的设备和专利技术的进口更加便宜，从而降低了出口加工贸易企业的生产成本，并降低了国际产业布局的调整"成本"，进而鼓励出口导向型企业的增加以及加贸易出口的增长。

不仅如此，由于宣布人民币汇率浮动空间扩大及现实中人民币汇率的小幅升值，还加剧了人民币的升值预期，投资者纷纷将外币兑换成人民币，期待进一步升值以赚取汇率差价。因此国外热钱通过合法与不合法的形式大量流入，仅2008年一季度流入的热钱就高达700亿美元。外贸顺差的大幅度增加，与国外热钱的大量涌入，导致外汇储备的大量增加，外汇储备增加在我国现有的结售汇制度下，会导致货币供应量的大幅度增加。有专家估算，2006年大概有55%~92%的货币供应都是由外汇流入所被动引发的。②

我国由于外贸顺差增加及人民币汇率升值预期所导致的外源

---

① 周明生：《不确定性考验政府宏观调控》，载《中国改革》2008年第3期，第54页。

② 赵晓：《买房炒股是中国人民最理性的选择》，中国宏观经济经济信息网，2007年6月25日。

性货币供给的增加，是我国流动性过剩产生的直接原因。而"流动性过剩"的真正要害问题及真正对居民带来的直接影响，就是国内人民币相对于国内资产和商品将发生急剧的贬值效应。也就是我们所看到的资产价格、消费价格指数的上涨。可见此轮通货膨胀的需求方面的因素——流动性过剩的根本原因，在于收入分配失衡所导致的国内最终需求不足。

2008年9月以来的全球性金融危机，将使我国经济增长的需求约束更加严重，并对宏观经济运行产生深刻影响。这主要表现在出口需求的减少，将使外向型企业面临严重的生存危机，一些技术含量较低的中小型企业会陷入停产、甚至破产困境。这将导致失业人口的大量增加，失业率迅速攀升。

我们必须认识到，一国长期的、总的市场格局与周期性的经济波动是两个不同层次的问题。一个国家可以在长期的、总体过剩的市场格局下，出现短期的、暂时的需求不足；也可以在长期的、总体短缺的市场格局下，出现短期的供给过剩。我们不能仅仅依据短期的经济周期性波动，改变对我国长期的总体市场格局的判断。

必须看到，我国目前出现的买方市场与发达国家的买方市场不同，还是一种低水平的买方市场。这表现在，第一，与发达的市场经济国家相比，我国市场商品过剩，是在工业化过程尚未完成，城乡居民人均消费水平或人均资源消费水平远远低于世界平均水平，还有几千万贫困人口的温饱问题尚未解决的条件下出现的。第二，从基础设施和基础产业的发展水平来看，我国也处于较低的发展阶段。改革开放以来，我国的基础设施建设有了很大的发展，但仍不能满足国民经济持续发展的需要。以交通基础设施为例，交通运输设施还远不能满足劳动力要素和物质要素流动的需要，每年春运的紧张状况就是铁路运力不足最好例证。第三，我国的经济过剩是在市场经济发育程度不高，市场体制不完善的条件出现的。在正常的市场条件下，供大于求的买方市场中，买者在市场竞争中处于有利地位，这种竞争格局的必然趋势是生产领域的不断优胜劣汰和流通领域中消费者权益的不断强化。但由于目前我国的市场经济发育程度不高，市场体制不完善，我国买方市场的出现在许多行业并没有带来优胜劣汰的企业重组和社会资源的优化配置，相反假冒伪劣、价格欺诈、不重信用等恶性竞争行为更加严重；各级地方政府为了本地区的利益，人为地分割与封锁市场，地方保护主义愈演愈烈，不仅使得买方市场条件下跨地区的企业重组、资源优化配置难以实现，而且买方市场条件下消费者选择权力受到限制；行业垄断地位远未打破，银行、邮电、通讯、保险等部门强迫或有意误导消费者接受不平等的交易与消费条件的例证几乎无处不在；行政权力介入市场，工商、税务、环保等部门不同程度地利用手中权力，强迫用户与消费者"统一购买"的行为时有发生。

中国这种低水平基础上的经济过剩与有效需求不足，使中国经济的发展面临着前所未有的矛盾状态。一方面相对于中国的经济发展水平和人民生活水平，中国需求潜力很大，相对于发展经济改善人民生活的要求、相对于大量的城市失业人口和农业剩余劳动力而言，中国的资金、技术和各种自然资源十分匮乏。这要求中国加速经济发展，克服资金、技术、自然资源条件的不利因素，尽快地实现二元经济结构转换，以增强中国的综合经济实力，提高人民的生活水平。而另一方面，相对于有支付能力的需求而言，中国现有生产能力过剩，产品实现遇到了严重困难，经济的进一步发展受到有效需求不足的制约。

在卖方市场条件下，经济发展、结构转换只是受到供给不足，各种生产要素短缺的单方面制约，只要能够克服资金不足的制约，一般并不缺乏有利的投资机会。在发达的市场经济国家，供给大于需求的买方市场是经济运行的常态，只要能够通过政府的宏观调控来解决有效需求不足的问题，经济发展一般不会受到物质要素供给能力不足的制约。而中国目前出现的这种低水平基础上的经济过剩，使中国的经济发展和二元经济结构转换既受到资金短缺、自然资源匮乏的影响，又受到有效需求不足的制约。在这样一个大的宏观经济背景下，作为老工业基地的东北，其二元经济结构转换问题变得更加复杂，其转换的难度也就更大。

第六章

东北二元经济结构转换的难点分析

东北地区经济发展面临着经济全球化与知识经济来临的国际环境，以及工业化中期和体制转轨关键阶段所带来的经济结构调整、体制变革加速的国内环境，同时又受到就业压力过大、资金、资源及有效需求不足等多种因素的制约。国内外环境与多种制约因素的综合作用，导致东北地区二元经济结构转换面临着诸多不易解决的难点问题。

第一节 产业结构升级与劳动密集型产业发展的两难抉择

从二元经济结构转换的国际环境来看，全球经济一体化和知识经济的临近对我们来说，既是机遇更是挑战。这一新的国际经济环境要求我们，必须促进经济结构的优化与升级，加快产业结构高级化的步伐。

首先，全球经济一体化要求我们尽快提高国际竞争力。全球经济一体化过程的本质，是以发达国家为主导、以跨国公司为主要推动者的世界经济结构的调整过程。在这一过程中,科技进步的加速发展对世界经济结构调整起到了关键性的作用。在世界科技进步迅速发展的条件下,全球经济一体化将促进发达国家产业结构加快向知识技术密集型产业升级。发达国家通过重点发展以信息、生物产业为主要内容的高新技术产业,以巩固和加强其在国际市场竞争中的优势地位。高科技产业的发展,使发达国家国内生产总值的增长因素中科学技术所占的比重,由本世纪初的大约20%,20世纪50~60年代的50%,70~80年代的60%~80%,增加到90年代的85%左右,[①] 科技进步成为促进经济增长的最主要的因素。发达国家进行产业升级,加快经济结构调整的步伐,除了在国内大力发展高新技术产业外,一个非常重要的方式是向发展中国家转移成熟技术和过剩的生产能力,从而使世界工业结构的国际化趋势继续加快,并将进一步改变国际分工的格局。这在一方面为我国通过参与较高层次的国际分工,通过吸引国外投资和引进技术,逐步改善国际分工地位创造了有利条件;但在另一方面也将从市场环境和技术创新方面对国内经济的发展带来强大的国际竞争的压力。在经济全球化过程中,发达国家和发展中国家同样按照国际经济运行规则和惯例行事,由于生产力发展水平、科学技术水平和人力资源的素质存在着较大的差距,发达国家的竞争力要远远大于发展中国家。改革开放以来,我国与世界经济的联系日益紧密,国内经济日益成为世界经济的一个重要组成部分。尤其是中国已经成功加入世界贸易组织,国内市场与国际市场基本完全接轨,国内工业的发展直接面对国外跨国公司的竞争,发达国家大量的高科技含量、高质量产品进入国内市场,必将对我国同类产品的生产与销售带来不利影响。尽管在对外经

[①] 张德修:《大接轨:走向全球化的中国开放型经济》,经济日报出版社2000年版,第15页。

济往来中，我国也有大量产品出口到发达国家，但这些产品大多数为劳动密集型的初级产品，在当代国际竞争中，竞争优势不强，产品附加值低，在国际贸易中换汇成本高，收益较低。更为严重的是，由于我国高新技术产业发展起步较晚，不少行业的产品还是空白，如果我们不尽快发展，跨国公司就会利用自己的技术与资本优势，抢先占领市场。目前，在通讯、电子等行业已经出现了这种情况。

在全球经济日益一体化的条件下，回避竞争是不可能的，闭关锁国更是没有出路的。对于中国这样一个发展中的社会主义大国来说，在新的世界经济格局中，当务之急是改变简单发挥劳动力比较优势进行竞争的状况和在国际制造业分工中处于简单组装加工层次的地位，提高国际竞争力。

其次，知识经济的来临要求我们在高新技术产业与知识经济方面必须有新的飞跃。近20年来，随着知识的产业化和高科技在经济生活中的广泛应用，知识经济对人类社会经济生活的各方面都产生了越来越大的影响，特别是对经济结构的影响更为突出。知识经济使产业结构中第三产业的比重不断上升。在发达的市场经济国家中服务业在整个国民经济中的比重，已超过第一、二次产业所占的比重；知识经济导致制造业内部的结构调整，其主要趋势是高新技术产业在制造业中所占的份额不断上升，目前发达国家由于高新技术产业的不断发展，产品中的高科含量不断加大，制造业产品生产正朝着多样化、信息化、节能化、无污染化的方向发展；与上述结构变化相一致，知识经济的来临，使就业结构也发生了明显变化，总的趋势是体力劳动力者在就业者总数中不断减少，而脑力劳动者的比重迅速增加。在发达国家中随着知识经济来临所带来的产业结构的变化，知识型的脑力劳动者已经成为就业的主流。

知识经济来临对一国经济结构最为突出的影响，是高新技术的产业化与知识经济产业群的形成。高新技术是知识经济发展的基础，高新技术产业化是指高新技术通过市场交换和商品化而在社会生产及生活领域不断扩散，从而形成生产力并辐射为产业群的过程。通过高新技术的产业化，不仅能够形成一大批新兴产业，而且可以改造并带动传统产业，提高传统产业的劳动生产率，推动国民经济的整体发展。由于高新技术的产业化趋势，知识经济时代的产业结构是以高新技术产业为特征的一个新产业群。根据目前发达国家知识经济发展的情况，在高新技术领域已经形成或将要形成的产业群大致包括生物工程、生物医药、光电子信息、软件、新材料、新能源、空间、海洋及环保产业等。

在知识经济时代，科学技术的发展不但创造了以高新技术为基础的新的产业群，而且还通过对传统产业的改造，提高了产品的技术和知识含量、产品的质量及档次，使传统产业步出了衰退，获得了新的生机。知识经济对产业结构变化的影响表明，知识和技术越来越成为衡量一个国家生产能力的主要因素，国际经济竞争的焦点将从传统的资源和价格的竞争，转为知识、技术与人才的竞争。科技实力、创新能力和人力资源素质将成为国家竞争力的基础，产业结构中高新技术产业所占的比例，应用高新技术改造传统产业的程度将决定一个国家在国际竞争中的地位。谁在这一方面占有优势，谁就能在未来的国际竞争掌握主动权，谁就能在未来新的国际分工中获得更多的利益。

知识经济对产业结构的影响，意味着发达国家向外转移技术的速率相应加快，由于我国与发达国家在技术总体水平上存在着较大的差距，知识经济条件下发达国家向外扩散成熟技术的速度加快、规模扩大，为我国引入适用技术改善产业结构、培育自主创新能力提供了良好的条件。但我们还必须看到，随着知识经济在发达国家逐步成为现实的经济形态,在新一轮的国际分工中,发达国家仍然处于优势地位。同时,由于科学技术进步的加速,在国际竞争中一国基于要素禀赋基础上的比较优势作用越来越弱,而基于科技实力基础上的竞争优势越来越起主要作用,这就使得我国劳动力成本低廉的比较优势在国际竞争中的作用日益减弱。特别是发达国家利用高科技手段,对传统产业的现代化改造,使诸如纺织行业等一些原不具备比较优势的劳动密集型产业,同样具有竞争优势,使得我国劳动密集型产业在国际贸易中不仅受到来自于发展水平大致相同的发展中国家的激烈竞争,也面临着发达国家利用高新技术手段改造的传统产业的严峻挑战。

知识经济一方面使发达国家在国际竞争中的优势地位不断得到巩固和加强,另一方面又使发展中国家基于要素禀赋基础上的比较优势日益减弱,从而进一步拉大了发达国家与发展中国家之间的差距。比如,全球最不发达国家的数字由20世纪70年代初的25个,增加到90年代的中期的48个;在人均国内生产总值方面,发达国家由过去最高的1万多美元增长到4万多美元,而多数发展中国家仍停留在几百美元,有的甚至只有100多美元。瑞士人均国民生产总值合每天100多美元,而莫桑比克人均国民生产总值每天只合几十美分,前者相当于后者的数百倍。① 1998年,全世界的国民生产总值28.86万亿美元。占世界人口约17%的24个发达国家,拥有世界生产总值的79%;而占世界人口83%的发展中国家,仅占世界生产总值的21%。高收入国家的人口仅占世界人口的20%,却消费着全世界86%的商品、45%的肉和鱼、74%的电话线路和84%的纸张。目前,世界前10位巨富的资产已达1330亿美元,相当于所有不发达国家国民收入

---

① 张德修:《大接轨——走向全球化的中国开放型经济》,经济日报出版社2000年版,第16、17页。

的1.5倍。另外，第三世界国家的外债总额2.2万多亿美元，其中2/3是长期国债，平均每人欠西方约420美元。①

知识经济不仅由于产品中科技含量日益增多、人力与物质成本的比重日益减少，造成发展中国家的比较优势在国际竞争的作用中越来越弱，而且还进一步使发展中国家的后发优势减弱。这是主要是由于以下几个方面的原因：第一，在知识经济条件下，科技进步的速率加快，高新技术转化产业化的速度也不断提高，一个国家的科技实力越强，知识技术存量越大，知识再生产的累积效应也就越大，科技进步的速度也就越快。与工业经济时代周期性的技术变革不同，知识经济条件下的技术变革是一个持续不断的发展过程。发达国家由于科技实力强，在知识的生产和再生产过程中始终处于领先地位，而发展中国家则很难在这种持续不断的技术变革中迅速地赶上直到超越发达的资本主义国家。第二，知识经济条件下，虽然发达国家向发展中国家转移技术的速率会大大提高，技术扩散的速度与规模也会相应增加，但发达国家向外转移的只是一些成熟的、外围技术，而不会把最先进的技术和正在研制的技术扩散出去。发达国家利用知识产权垄断并限制先进技术的扩散，使发展中家很难通过技术转让的方式获得最先进的技术。第三，在高科技占主导地位的市场上，技术转让中拥有自主知识产权的软件技术比重上升，技术专利、技术知识和商标使用权等转移方式增多，跨国公司利用控股权、特许经营条款等方式，控制核心技术、关键技术和高新技术的转移，使发展中国家难以通过利用外商直接投资的方式得到这类技术。同时，高新技术中软件技术不同于机械设备等硬件技术，很难进行模仿，这又使得我国长期以来重引进设备、忽视引进软件，依靠技

---

① 李慎明：《全球化与第三世界》，载《中国社会科学》2000年第3期，第8页。

术模仿进行创新的方式越来越难以为继。第四，在知识经济时代，技术创新能力是决定一个国家国际竞争力的根本因素。一般来讲，科学技术进入产业化过程要经过以下几个的基本环节：基础科学理论—应用科学理论—技术研制—产品研制—产业开发。前三个环节是一个国家科技创新力的基础，没有科学技术的创新便没有新兴产业的成长，自然也就不可能对传统产业进行现代化改造。一个国家如果缺少雄厚的科学和技术储备，缺少对国际科技前沿动态的识别与响应能力，只靠引进技术，而缺乏科技创新能力，在科技进步日益加快的知识经济中，就会长期落后于发达国家，成为其转移成熟技术、外围技术的对象，从而难以通过后发优势赶上和超过发达国家。

知识经济的来临，一方面为东北地区经济发展提供了新的机遇，使东北地区有可能利用国际科技转移与扩散的机制，在部分领域实现高新技术产业跨越式发展；但在另一方面增大了东北地区经济发展的国际竞争压力。

全球经济一体化和知识经济的来临要求我们加快产业结构的优化与升级，促进产业结构的高级化。产业结构的高级化主要是指产业的深加工度和附加值比较高，资本密集、知识技术密集的新兴产业所占的比重比较大。因此，产业结构的升级与高级化过程从生产要素使用的角度来看，实质上是一个由劳动密集型产业向资本密集型与知识技术密集型产业的转移过程，在这一过程中不可避免地会出现资本和技术对劳动的替代。

从东北地区二元经济结构转换所面临的国内环境与制约因素来分析，我们要在经济发展与结构转换的过程中大力发展劳动密集型产业，以解决城市职工下岗失业的增加与农业剩余劳动力的转移问题。

经济发展理论告诉我们，一国的劳动就业水平主要取决于两

第六章 东北二元经济结构转换的难点分析

方面的因素：一是在资本与劳动比不变的条件下取决于资本积累规模的大小（如图6-1所示）。在图6-1中，横轴OL表示劳动，纵轴OK表示资本。Q_1、Q_2、Q_3为三条等产量曲线，在这里，等产量曲线呈L形状，表示劳动与资本的比例是固定的。A、B、C三点代表生产Q_1、Q_2、Q_3产量的三个数量不同，而比例相同的劳动与资本的组合。把这三点连接起来，便成为一条生产扩张线OE，OE的生产率是不变的，表示生产的扩张只有在要素同比例的增加时才有可能。图6-1表明，在资本与劳动比例不变的条件下要扩大再生产，增加劳动就业，就必须相应的扩大资本积累的规模。如生产扩张在A点，吸收劳动就业量在OL_1时，所需要的资本量为OK_1，而生产扩张在B点，吸收劳动就业量在OL_2时，所需要的资本量为OK_2，当生产扩张在C点，吸收的劳动就业量为OL_3时，所需资本量为OK_3。二是在资本积累规模不变的条件下取决于资本与劳动的比例（见图6-2）。在图6-2中与图6-1相同，横轴代表劳动，纵轴代表资本，Q_1、Q_2、Q_3代表等产量曲线。但是与图6-1不同，这里的等产量曲线不是L状，而是凸向原点的平滑曲线，表示一定的产出可以用多种要素组合生产出来，也就是说，要素比例是可变的。与图6-1相比，这里有两条生产扩张线，表示每种产出水平可以用两种技术生产出来。其中OE_1代表资本密集型生产技术，OE_2代表劳动密集型生产技术。如生产Q_1产量的产品，采用劳动力密集型技术，所使用的资本量为OK_1，吸纳的劳动力数量为OL_1，而采用资本密集型技术所使用的资本数量为OK_2，吸纳的劳动力的数量为OL_2；要生产Q_2产量的产品，使用劳动密集型技术和资本密集型技术，其资本与劳动的组合分别为OK_2、OL_2'和OK_3、OL_3。可见在相同的产量水平上采用不同的生产技术，所使用的资本量和所吸纳的劳动力数量是大不相同的，与资本密集型生产技术相比,劳动密集型生产技术所使用的资本量要小,而吸收的劳动力数量要多。这表明在资本积累规模不变的条件下,劳动就业量的大小就取决于资本劳动力比的高低。

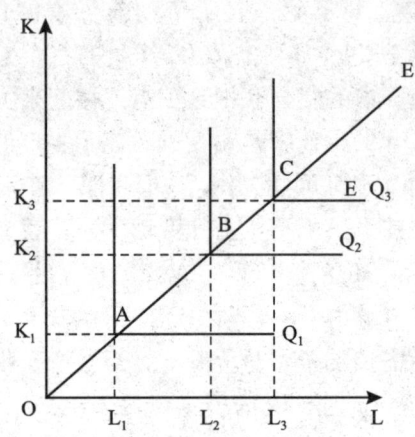

图6-1 资本与劳动比不变时就业水平的决定因素

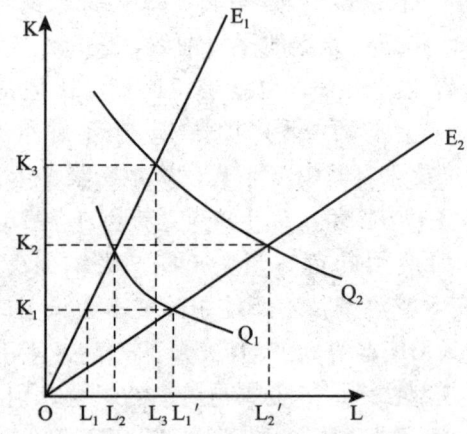

图6-2 资本积累规模不变时就业水平的决定因素

东北地区正处于工业化中期，但在经济结构上具有明显的超前性与滞后性并存的不平衡发展特征。工业化发展的中期阶段，一般是一国或地区经济结构加速转换的阶段，就发展中国家来说是由二元经济结构向一元经济结构加速转换的阶段，这一阶段将实现农业劳动力向城市工业的大规模转移，最终完成工业化与城市化的发展任务。而东北地区在这一发展阶段中与发展经济学家根据世界各国经济发展的历史数据所揭示的标准化模式相比，存在着制造业超前与农业劳动力转移严重滞后和城市化进程相对滞后的特征，使得东北地区在工业化中期农业剩余劳动力的转移与城市化的发展任务要远远大于其他发展中国家。它实际上表明，东北地区在农业剩余劳动力转移与城市化进程方面，在工业化的发展中期还仍然停留在工业化发展初期的水平。这造成我国东北二元经济结构转换过程中受到低文化素质的劳动力严重过剩和资本要素相对稀缺的双重制约（这方面我们已经在本书的第四章进行了较为深入的分析）。为了完成工业化发展的历史任务，在实现城市充分就业的同时，加快农业剩余劳动力转移和城市化发展进程，要求我们在经济发展与结构转换过程中大力发展劳动密集型产业，以克服低素质劳动力严重过剩与资本要素相对不足的矛盾。

上述分析表明，受到国内外经济环境的影响和国内诸多因素的制约，东北地区的二元经济结构转换面临着一个十分棘手的问题：即提高产业的资本与技术密集程度，促进产业结构的升级与大力发展劳动密集型产业，增加劳动就业的两难抉择。一方面全球经济一体化和知识经济的来临，要求我们要尽快实现产业结构的高级化，以在新的国际经济环境下提高国际竞争力，改善在国际分工中的地位；另一方面东北地区的工业化发展进程与劳动力就业压力与资本相对稀缺的现实，又要求我们要大力发展劳动密集型产业,以完成工业化与城市化的历史任务。在东北地区二元经济结构转换过程中,如何处理好促进产业升级与扩大劳动就业、加快农业剩余劳动力转移的关系,是我们必须认真研究和加以解决的问题。

第二节 农村工业发展面临新问题

改革开放前的重工业优先发展的战略和二元经济体制,导致了东北地区二元经济强化。改革开放以后,东北地区的二元经济结构转换与全国一样,首先是通过农村工业发展来推进的。

我国的经济体制改革,是于1978年最先从农村开始起步的。以家庭联产承包责任制为核心的农业经营体制和农产品流通体制的改革,极大地调动了农民的生产积极性,大幅度地提高了农业劳动生产率,为农村工业的发展提供了资金、市场和低廉的劳动力来源。而城市国有经济由于改革起步较晚,国有企业在计划经济体制的束缚下,缺乏市场竞争力。因此,改革初期我国农村工业在这种计划与市场双重体制并存的环境下,利用渐进式改革所形成的城乡体制错位,获得了超常发展。我国制度变革的渐进性所形成的双重体制并存:一方面通过城乡体制差异为农村工业的发展提供必要条件和有利的竞争地位;另一方面又通过以户籍制度为核心的城乡隔离体制和政策,限制了农业剩余劳动力向城市转移。在城乡经济社会体制依然分割的情况下,以乡镇企业为代表的农村工业的兴起,打通了农业剩余劳动力向工业转移的通道,就地实现了农业剩余劳动力转移,使农民直接进入工业化进程,成为中国二元经济结构转换的一种独特过渡形式。

但是依靠乡镇企业对农民就业的支持作用越来越弱化。一是乡镇企业发展速度下降，经济效益不佳。二是乡镇企业进入了资本深化的过程，人均固定资本占用量大幅度提高。据国家统计局提供的数据，1978年乡镇企业平均每个职工的固定资产原值为812.3元，1990年为3083.8元，到1992年达4264.5元，即使扣除物价上涨的因素，乡镇企业进入20世纪90年代后的人均资本有机构成也有较大的提高。由于农村工业逐步由劳动密集型向资本密集型转化，影响了农村工业对剩余劳动力的吸收。

以上两方面因素综合作用的结果，使农村工业吸收劳动力的能力开始下降。由于劳动力在农村非农产业的转移主要是转移到乡镇企业，这一数据的对比，可以说明农村工业吸收剩余劳动力的能力在逐渐减弱。

如果说，我国乡镇企业迅速发展的原因，在于我国渐进式改革中计划体制与市场体制并存，以及其体制转轨不同步所形成的体制优势。20世纪90年代以来我国乡镇企业出现上述问题也正是由于我国体制转轨的加速和经济运行市场环境的变化。

首先，20世纪80年代末90年代初以来我国经济体制转轨进入到了一个新的发展阶段。随着所有制结构的变革和国有经济战略布局的调整，以公有制为主体的多种所有制经济共同发展的格局已经形成，集体、私营、中外合资经营合作经营、外商独资经营企业迅速发展。这些类型的企业由于产权关系与国有企业不同，与市场经济有着天然的联系，是真正意义上的市场主体，经营机制灵活，竞争意识强，比乡镇企业更能适应市场环境的变化，更有条件提高技术水平和产品质量，成为乡镇企业发展的强有力的竞争对手。同时在这一时期，我国的国有企业改革也从放权让利进入到制度创新阶段，一批国有企业通过股份制改造，从产权关系到企业内部的激励与约束机制的构造都与传统的国有企业有很大的不同，已基本具备了现代企业制度的特征。国有企业在改革开放以前就形成了雄厚的技术经济实力，结合体制改革所带来的制度上的创新，使一批国有企业摆脱了困境，走上了良性发展的道路。公平地说，与乡镇企业相比国有企业竞争力不强，并非差在经济技术方面，而主要是差在体制方面，通过制度创新使国有企业与乡镇企业在体制方面的差距不断缩小以至占有优势，乡镇企业从总体上来说是很难与国有企业相抗衡的。

其次，20世纪90年代中期以来我国国民经济运行的市场环境发生了显著的变化，由供不应求的短缺经济转为供过于求的买方市场，有效需求不足成为制约经济发展的关键因素。市场约束的增强对乡镇企业的发展产生了严重的影响。乡镇企业的发展状况一直与市场环境的变化息息相关。在整个20世纪80年代，我国的国民经济呈现出明显的短缺经济特征，供不应求的卖方市场为乡镇企业的迅速发展提供了宽松的市场条件。在卖方市场条件下生产者居于主导地位，消费者很少有选择的余地，产品只要能够生产出来，就能够卖出去。尽管乡镇企业在发展初期，产品的技术含量较低，产品质量也不算高，但在这种商品严重供不应求的短缺经济条件下，乡镇企业由于市场需求的拉动，获得了超常发展。

进入20世纪90年代，国内市场短缺经济的强度有所减轻，国内市场开始了由卖方市场向买方市场的转变，在这种市场环境下，乡镇企业的发展速度也开始放慢，并由主要依靠国内市场转向开拓国际市场。1991~1995年乡镇企业出口交货值年均增长63.5%，占同期全国出口商品的比重由20.6%上升到43.4%。90年代中后期以来受全球性通货紧缩的影响特别是东南亚金融危机的影响，乡镇企业的发展受到市场有效需求不足的约束。一方面国内市场已由卖方市场转为买方市场，另一方面国际市场上出口需求严重不足，导致乡镇企业在90年代中后期的发展速度进一步下降。"七五"和"八五"期间，乡镇企业发展速度保持在35%~42%之间，"九五"以来增长势头显著放慢，1996年乡镇企业经济增长率为21.0%，1997年为17.4%，1998年为17.3%，1999年的增长速度进一步下降到14%。[1]

面临城市工业的强有力竞争和市场有效需求不足的约束，乡镇企业增长速度下降，亏损增加，一部分乡镇企业甚至因亏损倒闭而退出市场，另一部分企业则在市场竞争的压力下不得不走上提高资本有机构成的路子。这样一来就不可避免地使乡镇企业吸收剩余劳动力的能力减弱。

进入21世纪之后，国际市场逐渐走出了通货紧缩的状况，乡镇企业也获得了一定发展。以辽宁省为例，2005年辽宁省乡镇企业人均劳动报酬8147元，比2004年增加1204元，增长17.3%，乡镇企业从业人员达到601万人，比2004年增加33万人，合计吸纳城镇下岗失业人员64万人，比2004年增加9万人。2005年经过整顿和规范，辽宁省共有乡镇工业园384个，园内企业达到5122户，比2004年增加11730户，平均每个园区133户企业，园区内企业产值5.7亿元。[2]

但是必须看到，乡镇企业发展到今天其自身还没有完全走出蜕变的过程，其对农村剩余劳动力的吸纳能力也在逐渐降低。从全国的情况来看，如表6-1所示，从1998年到2005年乡镇企业就业人数在逐年增加，但上升幅度不大。同时乡镇企业就业人数占乡村劳动力人数百分比基本也在同时逐渐增加，不过从1998年到2005年共8年的时间里，该比例只增加了1.3个百分

---

[1] 贾大明：《我国三农问题的现状与21世纪展望》，载《经济研究参考》2001年第40期，第20页；中国社会科学院农村发展研究所：《1999~2000年：中国农村经济形势分析与预测》，社会科学文献出版社2000年版，第104页。

[2] 黄孟复、胡德平主编：《中国民营经济发展报告No.3（2005~2006）》，社会科学文献出版社2006年版，第421、422页。

点。虽然乡镇企业就业人数占乡村劳动力人数百分比并不能完全精确地显示出乡镇企业到底安排了多少农村劳动力的就业，但是可以在一定程度上反映出乡镇企业对农村劳动力就业的作用。所以表6-1的数据表明，在当前城乡二元经济结构背景下，在农村有大量剩余劳动力和大量隐性失业的情况下，乡镇企业对缓解乡村劳动力就业并没有起到举足轻重的作用。

表6-1　　　　1998~2005年乡镇企业就业人数占乡村劳动力人数的百分比

年　份	1998	1999	2000	2001	2002	2003	2004	2005
年末职工人数（万人）	12537	12704	12820	13086	13288	13573	13866	14272
乡村劳动力人数（万人）	46432	46897	47962	48229	48527	48971	49695	50387
乡镇企业就业人数占乡村劳动力人数百分比（%）	27.00	27.09	26.73	27.13	27.38	27.72	27.90	28.32

资料来源：《中国农业发展报告》2001年、2002年、2003年、2004年、2005年、2006年有关农村劳动力情况和乡镇企业效益指标计算得出。http://www.agri.gov.cn/sjzl/index.htm。

乡镇企业发展到一定阶段，吸纳劳动力能力减弱除了受市场竞争的加强所导致的发展速度下降和资本有机构成提高的影响，还与其自身的离土不离乡的发展模式有关。这种模式的发展直接导致了乡镇企业布局的高度分散化和城镇化进程的严重滞后。这种布局的高度分散化不仅使乡镇企业的发展不能形成规模经济，制约其竞争力的提高，更为重要的是它难以发挥工业化发展的聚集效应，实现工业化与城市化同步发展。东北地区乡镇企业布局分散，造成了城镇化进程滞后，影响了农村第三产业的发展，也限制了乡镇企业对农业剩余劳动力的吸收。东北地区农村从业人员以第一产业就业为主,农村从业人员在第一、第二、第三产业的分布见表6-2。

表6-2　　　　2006年各地区农村从业人员总量及构成

	全国	东部	中部	西部	东北
从业人员总量(万人)	47852	17652	13043	13927	3230
第一产业就业百分比(%)	70.8	52.4	76.8	86.3	80.1
第二产业就业百分比(%)	15.6	28.8	10.6	5.2	7.8
第三产业就业百分比(%)	13.6	18.8	12.6	8.5	12.1

资料来源:国家统计局《第二次全国农业普查主要数据公报》(第五号)。国家统计局网站网址 http://www.stats.gov.cn/tjgb/nypcgb/qgnypcgb/t20080227_402464718.htm。

从表6-2可以看出,东北地区农村从业人员在第一产业中就业的比重为80.1%,超出了全国平均水平,也大大超过了东部的就业比例。这说明,东北地区乡镇企业发展远落后于经济发达地区。

第三节　城乡双重就业压力严重

东北地区城市就业问题自20世纪90年代中期以来趋于严重,到目前为止,东北地区经济发展中所面临的一个最为紧迫的问题仍然是就是企业职工下岗、失业,经济结构调整等多种因素所造成的城市就业压力严重。辽宁省城镇1990年登记失业率为2.2%,2006年上升到5.1%。与此同时,1990年辽宁省失业人口为23.7万人,2006年则提高到53.9万人。吉林省和黑龙江省也面临着登记失业率上升和失业人口增加的现象(见表6-3)。

表6-3　　1990~2006年东北城镇公开失业人数与失业率

省份	失业人数（万人）						失业率（%）					
	1990年	1995年	2002年	2004年	2005年	2006年	1990年	1995年	2002年	2004年	2005年	2006年
辽宁	23.7	32.9	75.6	68.2	60.4	53.9	2.7	2.7	6.5	6.3	5.7	5.1
吉林	10.5	12.7	23.8	28.2	27.6	26.0	1.9	2.0	3.6	4.2	4.2	4.2
黑龙江	20.4	28.5	41.6	32.9	31.3	31.0	2.2	2.9	4.9	4.5	4.4	4.3

资料来源：《中国统计年鉴》（1991~2007），中相关年份登记失业率和失业人数的数据。

东北就业形势严峻不仅表现在登记失业率的上升，更为突出地是表现在下岗职工人数的迅速增加，而且下岗职工的增长速度比城镇登记失业人口的增长速度更快。在企业职工下岗问题严重的1999~2000年，东北地区的下岗职工人数一度达到了179万人，占全国的国有企业下岗职工总数的27.2%，与此相对应，东北地区的职工在全国职工总数的占比仅为13%。自2000年以来，东北企业下岗职工占全国企业下岗职工的比例一路攀升，2003年为36.2%。[①] 下岗职工一般年龄较大，文化水平不高，再就业难度较大。辽宁省在社保试点期间，178.9万人失业并轨，到2006年初还有43.2万人没有实现再就业。[②] 如此庞大的下岗职工数目更加大了东北地区城市就业的难度。

东北地区城市失业问题在20世纪90年代中期以来趋于严重，是多方面原因综合作用的结果，但其中最主要原因有两个：

一是传统体制下大量隐性失业的公开化。由于我国的经济体制改革已经进入到对传统经济体制进行彻底变革的关键时期，随

---

① 王洛林、魏后凯：《东北地区经济振兴战略与政策》，社会科学文献出版社2005年版，第341、343页。
② 曹晓峰、方晓林、张卓民等主编：《2008年辽宁经济社会形势分析与预测》，社会科学文献出版社2008年版，第224页。

着国有经济的战略布局调整、国有企业的制度创新和要素市场化的不断深入,长期计划经济体制下形成的大量的隐性失业显性化。对于这样一种失业,国内许多学者称之为体制性失业,这是中国在由计划经济体制向市场经济体制转轨过程中所出现的一种特殊类型的失业,而作为老工业基地的东北这种特殊类型的失业较之其他地区更为突出。在传统的计划经济体制下,资源的配置是通过行政手段来完成的,计划者通过对生产要素的行政调配最终实现要素的总供给与总需求的均衡。在对劳动力资源配置上,传统体制下一直是实行低工资高就业的政策,并通过统一制定工资水平和硬性安排工作的就业体制,为所有就业人口提供工作机会,这就使得国有企业存在着大量的隐性失业人员。大量隐性失业人员的存在,一方面由于这部分劳动力资源未能得到充分利用而影响了整个社会劳动力资源的配置效率;另一方面又由于企业内部的人浮于事而产生"X-低效率"。由于我国的经济体制改革采取的渐进式方式,在就业体制方面国家首先消除了国有企业雇佣增量劳动力的计划配额制度,而对传统就业体制下所形成的就业存量的改革则要滞后得多,直到20世纪90年代中期以后才开始进行。这就使得传统体制下和体制转轨初期长期存在的隐性失业在短期间迅速显性化、社会化。

二是产业结构调整所引起的结构性失业。由于我国目前正处于工业化中期,同时也处于经济全球化和知识经济所引起的国际产业结构调整和国际竞争更加激烈的国际环境,国内与国际因素的双重作用,使得我国目前正处于产业结构的大调整时期。受我国经济发展阶段的制约,在这一轮的产业结构调整中,我国的第二产业仍将占有较大的比重,所不同的是在第二产业内部将实现由重基础工业向重加工工业转变,并实现产业结构的高加工度化。受国际竞争环境的影响,我国这一轮的产业结构调整必须大力发展高新技术产业。这就不可避免地会造成要素使用结构的变化,劳动力密集性产业的比重会相对降低,资本与技术密集型的比重则会相对增加。产业结构的调整与升级,也使东北地区近年来结构性失业的人口趋于增加。这一方面表现为在产业结构调整中一些企业破产和兼并所引起的职工失业,如纺织行业的限产压锭、钢铁和煤炭行业对小钢厂和小煤窑的整顿;另一方面也表现为劳动力的供给结构与劳动力需求结构不对称而引起的失业,如高新技术产业的发展要求与我国目前失业人员素质之间的矛盾,使得东北地区大多数失业者不可能被高新技术产业所吸收。

由于体制转型与结构调整的加速时期同时到来,高度重合,加之20世纪70年代初人口出生高峰期所造成的新增劳动力的压力,使得东北地区城镇失业具有失业规模迅速扩大,失业时间相对集中、长期失业者比例较高、再就业难度较大等特点。以辽宁为例,辽宁省国有企业和集体企业下岗失业人员为258.2万人,现在仍有173.9万人无业。其中有就业愿望的为131.8万人。近几年内,辽宁省每年新成长劳动力都在20万人左右,加上农村高余劳动力200万人及每年40万左右外省劳动力的流入而辽宁省每年可提供的就业岗位大约在100万人左右,解城市就业需求尚有大约50多万人的缺口。①

与城市失业相对应的是,在长期城乡隔离的二元经济结构下,东北农村就积淀了庞大的农业剩余人口,2006年东三省尚有500农村剩余劳动力需要转移。②

大量农业剩余劳动力的存在,不仅制约了农业生产的发展,更重要的是导致农业劳动生产率低下,影响了农民收入水平的提

---

① 根据鲍振龙等主编:《2007年中国东北地区发展报告》,社会科学文献出版社2007年版,第346页中数据估算。
② 鲍振龙等主编:《2007年中国东北地区发展报告》,社会科学文献出版社2007年版,第346页。

高。这是目前我国农村市场启而不动,整个社会有效需求不足的根本性原因。解决这一问题,要求我们必须加快城市化发展进程,在实现工业化的同时实现农业人口的城市化。

问题在于城市化加速发展阶段的到来也正是体制转轨和产业结构调整的加速时期,农业剩余劳动力的转移和城市失业人口迅速增加高度一致化,造成东北现阶段二元经济结构转换过程中所面临的城乡双重失业的问题,这使得东北城市化进程面临着严重困难。农业剩余劳动力的大量存在,要求我们不仅要通过发展乡镇企业促进农业剩余劳动力的产业转移,还必须要充分发挥工业化的聚集效应,启动农业剩余劳动力的地域间转移,加速城市化发展进程。但是农业劳动力大规模向城市转移在城市失业人口规模迅速增加,在城市就业问题空前严重的阶段,又不可避免受到城市就业岗位不足的制约。一般来说,农业剩余劳动力转移到城市,一开始主要是在非正规部门就业。这在城市失业问题不突出的情况下,并不构成对城市职工直接的岗位竞争。由于农业剩余劳动力从事的是城市人口不愿从事的工作,并以较低的劳动力成本为城市居民提供产品与服务,增加了城市居民的福利。以追求经济收入为目的的农业剩余劳动力向城市的转移,既增加了农民的收入,又提高了城市居民的福利水平,是一种资源配置的帕累托改进。但是在城市失业问题日益严重的情况下,城市的劳动力供给远远大于城市第二、三产业发展对劳动力的需求。如果再加上农业剩余劳动力的转移,就会使城市就业岗位更加稀缺,即使是传统上容纳农业剩余劳动力的非正规部门也面临着激烈的就业竞争。正是由于这个原因,一些地方政府纷纷制定了一些地方性政策措施,限制农业剩余劳动力向城市转移,以缓解日益突出的城市就业压力。

在城市失业问题日益突出,就业压力空前的严重的条件下,受城市就业岗位不足的制约，农村人口城市化的预期收益也会不断降低。根据我们在第一章所分析的托达罗的二元经济结构转换模式，农业剩余劳动力向城市转移的不是取决于城乡的实际收入差异，而取决于城乡的预期收入差异。促使农业剩余劳动力向城市转移的因素有两个：一是城乡实际收入差距，二是城市就业概率。在城市高失业率的情况下，农业剩余劳动力转移到城市就业概率较低，取得更高收入的机会将会减少，而为迁入城市、寻找工作的成本却会增加，这样就会减少城乡预期收入差距，从而减少农业剩余劳动力向城市的转移，甚至会出现剩余劳动力向农村回流的现象。近年来，东北一些地区出现的剩余劳动力由城市重返农村的现象，从实质上来说就是在城市高失业率的情况下，城乡预期收入差距缩小的结果。

在经济体制转轨时期，由于失业保险制度不完善，城市失业人口与农业剩余劳动力不同，城市职工一旦失业便意味着失去了收入来源，而在农村，土地在一定的程度上充当了失业保险制度的替代物，由于每一个农民都有归自己支配使用的土地，因此农业剩余劳动力是隐性的，失业只是意味着较低的劳动边际产出率，土地仍可以提供其最基本的生活保障。而对广大城市职工而言，传统体制下及体制转轨初期，政府实行的高就业、高福利和低工资的政策，职工一次分配定终身，很少流动，这种情况下职工一旦失业就意味着他不仅失去了工资收入，同时也去了各种生活福利待遇和赖以谋生的劳动技能。在社会保障能力十分低下的条件下，城市职工下岗所面临的绝不仅仅是失去了工作，而是巨大的生存压力。当城市失业问题严重存在，相当一部分人面临生存压力时，就会危及社会秩序的稳定。所以当城市严重失业和农村大量剩余劳动力同时存在的条件下，政府部门的当务之急就不是引导农业剩余劳动力的流动，而是首先解决城市失业问题，甚至有可能为了解决城市失业问题控制农村人口城市化的速度。

第四节 城乡利益矛盾日益突出

二元经济结构转换过程实质上也是城乡利益关系的调整过程。伴随着二元经济结构转换的城乡利益的调整集中地表现为城乡收入差距的变化上。

在现代经济学中研究经济发展与收入分配关系最具有代表性的研究成果是美国经济学家库兹涅茨提出的"倒U假设"：即在经济发展初期收入分配的差距日趋扩大，当经济发展到一定水平以后，收入分配的差距则趋于缩小。经济发展与收入分配这种关系被称为"库兹涅茨效应"。阿德尔曼和莫里斯在考察发展中国家的收入分配变化时，也证实了收入分配的倒U型曲线的存在。蒙特克·S·阿鲁瓦利亚和钱纳里等到人在分析了60多个发展中国家经济增长与收入分配关系后也得出了类似的结论。

事实上，我们在第一章所分析的刘易斯—费景汉—拉尼斯的二元经济结构模型，也说明了经济发展与收入分配之间的关系。在传统农业经济阶段，由于劳动力严重供过于求，农业劳动力的边际生产率为零，每个农民只是得到相当于平均产量的生计工资，这时劳动收入分配差距几乎是不存在的。而当经济由传统农业部门转为工农业两部门时，由于城市工业部门资本积累的增长，归城市资本家阶级收入的比重会相应增加，同时，转移到城市工业部门中的农业剩余劳动力的收入也高于农业传统部门，这就不可避免地拉开了城乡收入分配的差距。但是随着农业剩余劳动力完全被现代工业吸收，城乡收入差距又会趋于缩小。一方面由于农业剩余劳动力的转移，农业比较劳动力生产力的提高，农业工人的收入水平日益与城市工业的工资水平趋于一致，另一方面，伴随着剩余劳动力的吸收完毕，资本日益成为相对充裕的生产要素，其收益转而下降。由于积累主要是发生在城市工业部门，所以资本收入所占的比重下降，工资收入所占的比重上升，也就表现为城乡收入分配差距的缩小。上述二元经济结构模型表明，随着现代工业部门的产生，收入分配不平等最初会加剧，然后会不断趋于缩小。因而它与库兹涅茨的倒 U 型的收入分配曲线是一致的。可以说，刘易斯—费景汉—拉尼斯的二元经济结构模型是对库兹涅茨的倒 U 型收入分配的假说提供了一种系统性的理论依据。

刘易斯等人的二元经济结构模式所揭示的经济发展和二元经济结构变化与收入分配的关系，实际上是反映了伴随着二元经济结构的转换城乡收入分配关系的变化。在刘易斯的二元经济模型中，收入分配的不平等不仅是经济发展到一定阶段的必然结果，而且也是经济进一步发展的原因。按刘易斯模式，经济增长的核心是资本积累，而城市工业部门的资本积累又是收入差别扩大的结果。刘易斯指出："经济发展理论的核心问题在于，要认识和了解社会的储蓄和投资如何从占据国民收入的 4%～5%，转变为自愿储蓄达到国民收入的 12%～15% 甚至更多的这一过程。"但由于"实际上所有的储蓄都是由获得利润和地租的人们进行，工人的储蓄非常少，中等阶级的储蓄一点儿，但……很少成为生产投资"，所以促进资本积累，从而促进经济发展和二元经济结构转换的一个重要的方面就是"使资本积累和技术进步的全部收益都归剩余"，即资本家阶级。[1] 这种情况所以会发生是由于在

---

[1] 刘易斯：《二元经济论》，北京经济学院出版社 1989 年版，第 15～17 页。

商业化转折点之前，劳动力因供过于求，劳动力的价格即工资维持在生计水平或略高于生计水平而固定不变，这样随着现代工业部门的扩张，收入中的利润所占的比重就会不断上升。在刘易斯看来，经济发展的初期阶段，由于收入分配的不平等有助于经济增长，所以对收入进行有利于公平的再分配，可能会抵制经济增长。

不论是库兹涅茨的倒 U 型假说，还是刘易斯—费景汉—拉尼斯的二元经济结构模型，在揭示经济增长与收入分配的关系时，均暗含着这样一个结论，即收入分配的不平等是经济增长的前提，而经济增长又是收入分配平等化的必要条件。按这一结论，对于经济发展初期二元经济转换过程中城乡收入分配差距扩大不必过于担心，也不必进行任何调控，只要经济发展到一定阶段，农业剩余劳动力被现代工业部门全部吸收，资本与劳动力要素的供求关系发生了有利于工资收入的变化，城乡收入分配的乃至整个社会的收入分配差距就会趋于缩小。这一政策结论不仅在逻辑上是严密的，具有理论说服力，而且也被发达国家的经济发展过程所证实。问题是对于大多数发展国家来说，其经济发展所面临的国际国内环境均不同于发达国家，这种先增长后分配的模式，并没有按刘易斯的逻辑使经济增长的利益通过市场机制的自我调节逐渐扩散到全社会。

与发达国家不同，发展中国家现代工业的起步并不是一个自然的发展过程，在激烈的国际竞争压力下，大多数发展中国家在工业化进程中较早地走上了资本密集型的发展道路，现代工业的扩张所提供的就业岗位远远小于城乡剩余劳动力对就业岗位的需求，就业结构的转换远远滞后于产值结构的变动。这样伴随着工业部门的扩张所带来的城乡收入差距的扩大，由于农业剩余劳动力转移的滞后，较之发达国家经济发展初期更为严重，而且，由于现代工业部门的比重过小和农业剩余劳动力转移的滞后，对于广大发展中国家来说依靠现代部门的扩张将现存的剩余劳动力吸收完毕需要一个漫长的发展过程，在这一发展过程中这种日趋扩大的城乡收入差距长期不能得到缓解，使发展中国家的经济发展与结构转换面临着诸多问题。其中最为突出的是由于城乡收入差距的日趋扩大，农民收入水平过低所造成的需求约束。由于发展中国家在二元经济结构转换过程中，就业结构的转换滞后产值结构的转换，伴随着农业产值在国民经济中的比重不断下降，农业劳动生产率不仅不会提高反而会下降，造成发展中国家在二元经济结构转换过程中，农民的收入水平不能随着经济增长而相应提高。经济增长不仅取决于资本积累水平的高低，而且还取决于本国的需求水平的增长，而本国的需求水平的增长一般同收入分配的状况直接相关。在广大发展中国家由于城市现代工业所占的比重较小，农村人口占总人口的绝大多数，在二元经济结构转换过程中城乡收入差距的扩大，必然会造成国内市场的有效需求不足，从而制约经济的发展。

由于东北地区在改革开放以前，长期实行重工业优先发展的赶超型经济发展战略和城乡隔离的计划经济体制，在20多年经济体制转轨过程中东北地区就业结构转换又严重滞后于产值结构转换。这种情况就使得东北地区在二元经济结构转换过程城乡收入差距扩大的情况也更为突出。

为了分析东北地区在二元经济结构转换过程中的城乡收入分配差距，我们选择1978年改革开放以来若干年的收入、消费数据进行比较，测算出城乡居民收入差距、消费水平差距和基尼系数。从城乡居民的收入水平来看，城乡居民收入差距在逐渐扩大（见表6-4）。

表6-4　　　东北城乡居民收入变动与收入差距　　　单位：元

年份	城镇居民可支配收入	农村居民纯收入	城乡居民收入绝对差距	城乡居民收入相对差距（倍）
1978	351.31	149.12	202.19	2.36
1980	405.4	195.48	209.92	2.07
1985	687.45	427.48	259.97	1.61
1990	1335.97	800.21	535.76	1.67
1995	3466.86	1718.75	1748.11	2.02
2000	5070.73	2191.95	2878.78	2.31
2001	5557.3	2357.76	3199.54	2.36
2002	6312.14	2506.95	3805.19	2.52
2003	6987.91	2673.3	4314.61	2.61
2004	7780.05	3116.9	4663.15	2.50
2005	8721.79	3402.16	5319.63	2.56
2006	9822.6	3771.93	6050.67	2.60

资料来源：根据东北三省统计年鉴（2007）有关数据和表2-4相关数据计算得出。

从表6-4中可以看出，城镇居民的可支配收入与农村居民纯收入的绝对差距从1978年的202.19元，提高到2006年的6050.67元，扩大了30倍。城市居民的可支配收入与农村居民纯收入的比值，从1978年的2.36，缩小到1985年的1.61，但是后来又开始扩大，到2006年达到2.60。

用图形表示城乡居民收入的变动情况（见图6-3），可以明显地看到，城镇居民人均收入和农村居民人均纯收入两条线，在1978~1985年间基本是平行的，但是从1985年以后发生了较大的变化，城镇居民收入曲线直线上升，农村居民纯收入曲线虽然也上升，但上升的幅度与城镇居民相比要小得多。

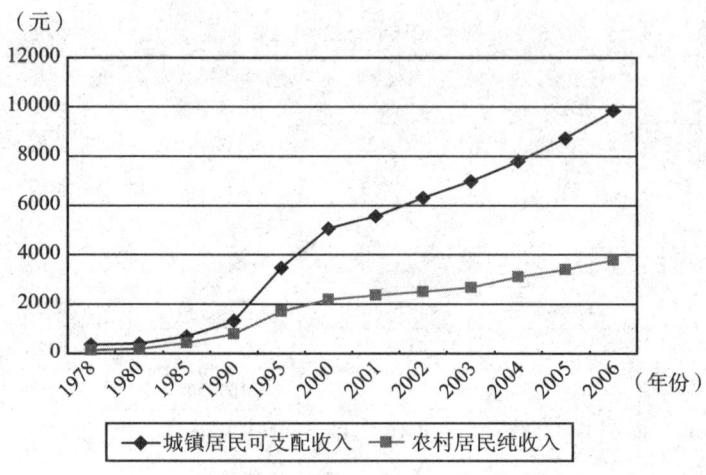

图 6-3　东北城乡居民收入变动情况

从城乡居民消费变动趋势来看，在比较期内，城镇居民与农村居民的消费水平差距出现迅速拉大的趋势（见表6-5）。从绝对差距来看，由1978年312.21元扩大到2006年的5415.17元，扩大了17倍。从城乡消费水平的相对差距来看，1978年城镇居民消费水平为农村居民消费水平为的2.81倍，到1985年缩小为2.18倍，以后又趋于扩大，到2006年扩大到2.81倍（见表6-5）。

表 6-5　东北城乡居民消费水平变动情况　　　　　　　　单位：元

年　份	城镇居民消费水平	农村居民消费水平	城乡居民消费绝对差距	城乡居民消费相对差距（倍）
1978	484.67	172.46	312.21	2.81
1980	559.36	234.83	324.53	2.38
1985	850.68	390.45	460.23	2.18
1990	1566.44	628.99	937.45	2.49
1995	3860.92	1470.01	2390.91	2.63
2000	5612.84	1925.42	3687.42	2.92

续表

年 份	城镇居民消费水平	农村居民消费水平	城乡居民消费绝对差距	城乡居民消费相对差距（倍）
2001	6020.36	2029.12	3991.24	2.97
2002	6427.17	2088.86	4338.31	3.08
2003	6483.55	2119.61	4363.94	3.06
2004	7036.83	2219.51	4817.32	3.17
2005	7842.11	2748.14	5093.97	2.85
2006	8408.12	2992.95	5415.17	2.81

资料来源：根据东北三省统计年鉴（2007）有关数据和表 2-4 相关数据计算得出。

用图形表示城乡居民消费水平的变化情况（见图 6-4），可明显地看出，城乡居民的消费水平变动曲线呈现出与其收入水平变动曲线几乎是完全一致的形态，显示出 1985 年以后城镇居民消费水平与农村居民消费水平的差距在迅速扩大，城镇居民消费水平曲线一过 1985 年，迅速上升，而农村居民消费水平上升仍然缓慢。

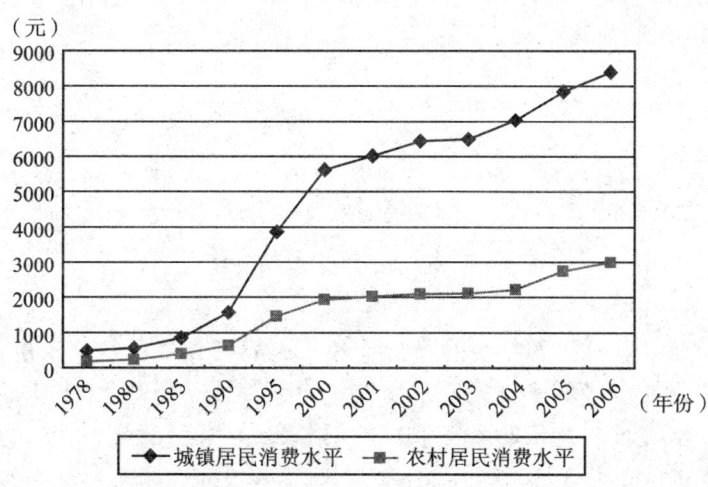

图 6-4 东北城乡居民消费水平变化情况

基尼系数表示收入分配差距总水平，基尼系数越大，表示收入分配差距也就越大。理论上基尼系数的最低值为0，表示绝对平均，最高值为1，表示绝对不平均。计算基尼系数的方法有多种，在这里我们采取差值法，即只适用于两阶层收入差距的计算方法。一般来说两阶层是指富裕阶层和贫困阶层，在这里的两阶层则是指城镇居民和农村居民。这种方法是用城市居民的收入比重减去其人口比重，或用农村居民的收入比重减去人口比重，两者所得到的数值都是一样的。1978年以来的基尼系数如表6-6所示，用图形来表示，则显示出从1978年到1985年间先缩小，1985年以后又再度扩大的情况（如图6-5所示）。

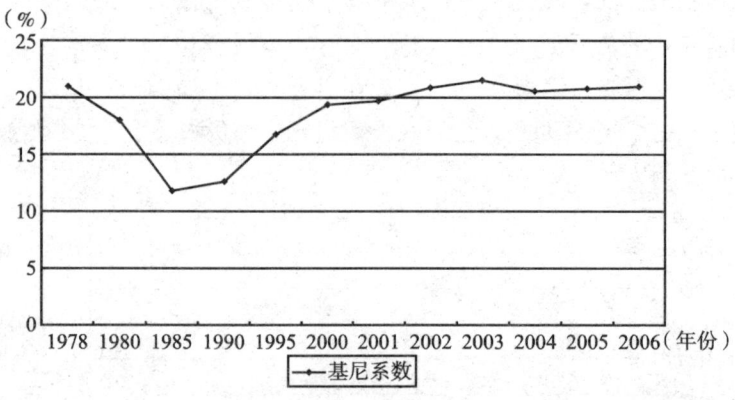

图6-5 东北城乡基尼系数

经过以上几个方面的分析比较，可以得到如下结论：第一，改革开放以来城乡收入及消费差距有所缩小，但从1985年以后又开始扩大，进入20世纪90年代以来城乡居民的收入和消费差距在迅速扩大；第二，在居民收入和消费方面，城乡差距仍然严重存在。

表6-6　　　　　东北基尼系数变化情况　　　　　单位：%

年份	农村人口比重	农村收入比重	城镇人口比重	城镇收入比重	基尼系数
1978	63.80	42.80	36.20	57.20	21.00
1980	60.61	42.60	39.39	57.40	18.02
1985	56.03	44.21	43.97	55.79	11.82
1990	52.21	39.55	47.79	60.45	12.66
1995	49.30	32.53	50.70	67.47	16.77
2000	47.47	28.09	52.53	71.91	19.38
2001	47.24	27.53	52.76	72.47	19.71
2002	46.70	25.82	53.30	74.18	20.89
2003	46.27	24.78	53.73	75.22	21.49
2004	46.07	25.50	53.93	74.50	20.57
2005	44.85	24.08	55.15	75.92	20.77
2006	44.47	23.52	55.53	76.48	20.95

资料来源：根据东北三省统计年鉴（2007）有关数据和表2-4相关数据计算得出。

东北地区二元经济结构转换过程中收入差距扩大，特别是城乡收入差距的扩大，农民收入水平偏低是目前东北地区有效需求不足的根本性原因。由于城乡收入分配差距的扩大，农民收入水平偏低，严重制约了农村消费水平的提高。东北地区城乡收入分配水平的差距和消费水平的差距，带来了城乡消费结构变动不能相互衔接，造成农民消费结构的升级滞后于工业供给结构的升级，生产与消费产生了断层，市场需求成为经济增长的主要约束力。

根据东北地区经济发展的实际情况，在经济发展与收入分配的关系上，我们不能采取先发展再分配的政策主张，听任二元经济结构转换过程中城乡收入分配差距的过大。而必须在二元经济结构转换的过程中采取相应的政策措施，尽量缩小城乡收入分配差距，促进城乡经济的协调发展。

第七章

东北二元经济结构转换的多元化道路

　　东北地区二元经济结构转换过程中所面临的诸多难点问题，是在新的国内外经济环境下多种因素综合作用的结果。要克服这些难题，就必须扬弃那种在经济发展中非此即彼、片面强调某一发展战略的政策选择，从东北地区经济社会发展的实际出发，走出具有东北特色的多元化发展道路。

第一节 多元化发展道路的必要性

　　二元经济结构是发展中国家一种普遍存在的经济结构，也是发展中国家贫穷落后，经济不发达的根本性原因。对于二元经济结构转换问题，发展经济学家分别从不同角度进行了较为深入地探讨，发展中国家战后经济发展与结构转换的实践，也为我们提供了可资借鉴的经验或教训。

　　正如我们在第一章中所分析的那样，对于发展中国家二元经济结构转换问题的分析和探讨最著名和最具有代表性的理论是刘易斯—费景汉—拉尼斯模式和托达罗模式。这两种模式分别强调城市工业的扩张和农村经济的改善,事实上代表了二元经济结构转换的两种不同的发展道路。

受到刘易斯二元经济结构理论和发达国家工业化成功经验的影响,发展中国家为了摆脱不发达状态,曾普遍制定和实施了以城市工业为核心的工业化发展战略。这对发展中国家的经济发展与结构转换产生了重大影响,在推动发展中国家经济增长,提高发展中国家工业化程度,促进商品经济发展的过程中起到了重要作用,也取得了不少成就。但也暴露了许多缺陷和问题,其中最为突出的有两点:一是没有很好地解决农业剩余劳动力转移问题;二是造成农业生产长期停滞,农村经济严重落后。

与发达国家的工业化过程不同,发展中国家在工业化过程中,农业剩余劳动力的转移远远滞后于农业产量的下降。发达国家在他们经济发展的早期阶段,农业产量占国内生产总量的比重,至少和农业生产中就业人数占总就业人数的比例是相同的,而发展中国家在工业化过程中,农业就业人数的比例却两倍于农业产量的比例。[①] 即使是在劳动力转移较为迅速的发展中大国巴西,就业结构的转换仍然滞后于产值结构的转换。在农业剩余劳动力转移滞后方面,最为突出的例子是印度的工业化过程。第二次世界大战以来,虽然印度经济有了不小的增长,工业化水平也有了较大幅度的提高,但劳动力就业结构并没有发生任何明显的变化,呈现出一种惊人的稳定状态。即使是20世纪60年代进入工业化迅速发展阶段以后,这种情况也基本上没有改观。据世界银行提供的资料,1960~1978年间,在世界124个国家和地区中,农业人口比重下降的有122个,只有印度一个国家农业人口比重静止不变,保持在74%。[②]

---

① 陶文达著:《发展经济学》,中国财政经济出版社1988年版,第212页。
② 陈吉元等:《中国农业剩余劳动力转移》,人民出版社1993年版,第298页。

尽管剩余劳动力向城市工业部门转移相对农业产值结构的转变存在着较大程度的滞后，但在发展中国家，伴随着农业劳动力向城市工业的转移，还是造成了城市人口的过度膨胀，及由此带来的城市在食品与饮水供应、就业、基础设施、文化教育、医疗保健、社会保障等方面的巨大压力，加剧了城乡、地区间的不平衡，引发了较为严重的"城市病"。大多数发展中国家在工业化发展过程中，都被历史上从未有过的城乡双重失业问题所困扰（见表7-1）。

表7-1　　　　　　　　发展中国家就业和失业　　　　　　单位：千人

项目　　指标　　年份	1960	1970	1973	1980	1990
就业（包括就业不足）	507416	617244	658000	773110	991600
失业	36466	48798	54130	65620	88693
失业率（%）	6.7	7.4	7.6	7.8	8.2

资料来源：〔美〕迈克尔：《托达罗经济发展与第三世界》，中国经济出版社1992年版，第204页（表中的数据不包括中国）。

由于在经济发展初期实行以城市工业为中心的片面的工业化道路，加之工业化发展过程中农业剩余劳动力转移的滞后，造成发展中国家农业劳动生产率处于相对较低的水平。20世纪50～70年代的20多年中，发展中国家总的看来，无论是人均粮食产量，还是人均农业产值（不仅包括粮食，还包括其他农产品）的年增长率都不到1%。20世纪60年代农业中这两项指标的增长率都大大低于50年代。这种在发展中国家普遍存在的现象，在非洲就更为严重。在这一时期，那里的人均粮食产量急剧下降，70年代，粮食消费量的增加每年只有2.6%，低于这个地区的 2.8%的人口增长率,平均每人粮食消费量大约下降 3.3%。①

发展中国家在 20 世纪 50、60 年代经济发展所出现的上述问题,引起了发展经济学家开始对传统的发展经济理论与模式进行深入的反思。针对刘易斯模式的不足和发展中国家日益突出的城市问题,60 年代末 70 年代初,美国发展经济学家托达罗发表了一系列论文,阐述了他的二元经济模式。正如我们在第一章所分析的那样,与刘易斯—费景汉—拉尼斯模式不同,托达罗模式较好地说明了人口流动与城市失业并存的矛盾现象,其政策含义不是加快城市工业的发展,创造更多的就业机会,而是如何减缓农村人口向城市的流动,以解决二元经济结构转换过程中的日益严重的城市失业问题。认为消除发展中国家的二元经济结构,不是依靠农业剩余劳动力向城市的转移,而是如何提高发展中国家农业生产能力,提高农村居民的生活水平,使工农差距和城乡差别不断缩小,最终实现二元经济结构的完全消失。在理论反思的基础上,发展中国家从 20 世纪 70 年代中期开始进行经济调整,一些国家开始重视农业的发展,将战略的重点从工业转向农业,从城市移向农村。在农业剩余劳动力转移的途径上,也开始探索通过发展农村工业的办法实现农业剩余劳动力的产业转移,以避免过度城市化所带来的"城市病"。在减缓农村人口向城市转移,通过发展农村工业来吸收农业剩余劳动力方面,最为突出和典型的例子是中国改革开放以来的农村工业化进程。对于这方面所面临的问题我们在上一章中已经进行了较为深入的分析,这里所要强调的是脱离农村经济的发展,实行以城市工业为中心的片面工业化的道路固然已经为经济发展的实践所否定,但人为地割裂农村与城市之间的经济联系,阻碍工业化与城市化间的相互联系和

---

① 陶达文:《发展经济学》,中国财政经济出版社 1998 年版,第 213~214 页。

相互促进的关系，只通过农村工业的发展来实现农业剩余劳动力的转移也是行不通的。

在发展中国家二元经济结构转换中比较成功的例子是韩国、新加坡、中国台湾和香港地区等亚洲"四小龙"。20世纪50年代末60年代初，亚洲"四小龙"进口替代的工业化发展战略面临着严重困难，他们分析了自身的条件，同时注意到了西方发达的国家经济增长所带来的对某些工业制成品的巨大需求，认为摆脱困境，实现发展的唯一出路是引进国外资金和技术，利用充裕的劳动力资源优势，发展劳动密集型产业、扩大出口，实行出口替代型经济发展战略。这一发展战略的实行带来的巨大的成功。以中国台湾和韩国为例，中国台湾在1953~1963年进口替代期间，年均经济增长率平均为7.7%，在1964~1973年出口替代期间，年均经济增长率提高到11.1%，其出口由1952年的1.19亿美元增加到1979年的161亿美元。工业品在出口中所占的比例由1952年的4.8%提高到1965年的45.5%，1980年的90.8%。韩国国内生产总值在1953~1972年间增长了3倍，制造业在1953~1963年间平均增长10.4%，1970~1973年达23.8%，出口由1961年的0.24亿美元增加到1965年的1.75亿美元，1980年高达172亿美元，工业品出口占全部出口总额的比重由1962年的27%提高到1978年的90.6%。[①] 更为重要的是亚洲"四小龙"通过出口替代战略，发展劳动密集型产业较为顺利地实现了农业剩余劳动力向城市工业部门的转移，较为成功地解决了发展中国家城乡双重失业的棘手问题，在20世纪70年代就基本完成了农业剩余劳动力的转移，达到了刘易斯—费景汉—拉尼斯模式中所描述的农业劳动力转移的"转折点"，进入了现代经济发展阶段。

---

① 谈世中：《发展中国家经济发展的理论和实践》，中国金融出版社1992年版，第412页。

亚洲"四小龙"的出口导向型发展战略所以取得了成功，其主要原因是：

首先，这一模式通过发展劳动密集型产业，发挥了发展中国家劳动力资源充裕的优势。从理论上说这一发展战略是建立在比较优势原则的基础上的。由李嘉图在19世纪所创立，并为20世纪上半叶瑞典经济学家赫克歇尔和俄林进一步完善的比较优势原则，是国际贸易理论的基础。这一理论的核心内容是各国在对外贸易中要根据用其要素禀赋的特点，集中使用那些充裕的生产要素，生产那些具有比较优势的产品，换取那些不具有比较优势的产品，从而双方都能从对外贸易中获益。一般说来，在土地、劳动和资本这三种基本生产要素中，土地禀赋只有丰缺之分，其增加的可能性是不大的，可视为给定；劳动力会随着人口增长而增加，但会受到人口自然增长率的限制，而且从人口的发展趋势来看，随着经济发展，人口的增长率不是趋于提高而是趋于下降；而资本这种生产要素虽然在经济发展初期增长率很低，但随着经济发展却会趋于增加。由于经济发展起点不同，发展中国家的要素禀赋表现为劳动资源丰裕而资本要素相对稀缺。对于发展中国家来说应用比较优势的原则进行专业化分工，可以充分发挥劳动力资源的优势，集中发展劳动密集型产业。由于劳动密集型产业具有较低的资本—劳动力比，从而能够通过现代工业扩张，较好地解决农业剩余劳动力的产业及地域转移问题。同时，由于劳动密集型产业的发展，提高了有劳动力能力人口的经济活动的参与程度，因此伴随着经济高速增长，人均收入水平也会相应均等化，从而可能大大地减轻在经济发展初期阶段收入分配差距拉大的趋势。

发展中国家在经济发展初期发挥比较优势，发展劳动密集型产业，扩大了就业，增加了积累，随着经济增长进入更高的发展阶段，劳动力成本逐渐提高，资本成为相对丰裕的生产要素，资本和技术密集型产业也就相应成为具有比较优势的产业。这时发展中国家的经济发展就步入了一个新的发展阶段，它所面临的主要任务已不是促进农业剩余劳动力的转移，实现二元经济结构的转换，而是实现产业结构的升级，推进现代经济的发展。亚洲"四小龙"的经济发展过程充分证明了这一点。

其次，出口替代型发展战略，克服了亚洲"四小龙"国内市场狭小对经济发展的限制。亚洲"四小龙"经济发展的一个最为不利的因素是国内市场狭小，在经济发展过程中极易受到国内市场需求不足的制约。大多数发展中国家在其经济最初的发展阶段，都采取了初级进口替代战略。初级进口替代战略的基本含义是建立和发展一般的最终消费品工业，以替代这些消费品的进口，如服装、食品加工、收音机、自行车、一般家用电器等。亚洲"四小龙"在20世纪50年代及60年代初也实行这一发展战略，其优点是初级进口替代有现成的国内市场，产品销路问题不大，投资小技术简单。但是由于初级进口替代工业发展到一定阶段，国内市场出现饱和，经济发展很快达到极限，因此，这种进口替代战略是不可能长期采用的。完成初级进口替代过程，大多数发展中国家选择了高级进口替代的道路，也就是进一步提高进口替代工业的产品档次，实行进口替代工业的升级换代，从一般的最终产品生产转向国内需求的资本品、中间产品和耐用消费品的生产。而从60年代起亚洲"四小龙"却根据自身市场狭小，劳动力资源丰裕的国情，利用西方经济高速发展的有利时机，实行了初级出口替代战略，以一般工业品的出口替代初级产品（如原材料及农产品）的出口。通过发挥自身的比较优势来提高国际竞争力，开拓了国际市场，克服了国内市场狭小对经济发展的制约，使经济发展走上了良性循环的轨道。

最后，出口替代发展战略，有利于充分发挥市场机制的作用。实行进口替代发展战略，要求通过高额的进口关税、进口配额制度来保护国内替代进口工业，并通过低汇率及低利率的政策和资源的计划配置制度，来保证稀缺资源更多地用于进口替代工业的发展。因此，实行进口替代战略通常需要政府对经济发展过程进行较强的干预。而实行出口替代战略就是要发挥比较优势参与国际竞争，这种比较优势又是通过要素和产品的相对价格来表现的。实行这一发展战略的必要条件之一，就是要求价格的变动能够准确地反映生产要素的相对稀缺性和产品供求关系的变化，以引导产业和技术的选择，引导资源的合理流动。所以实行出口替代战略要求具备健全、统一、规范、有序、充分竞争的市场体系，以更好地发挥市场机制的资源配置功能。实行出口替代战略并非排斥政府对经济生活进行必要的干预和调控，而是要求这种调控必须建立在充分发挥市场机制作用的基础上，以不扭曲要素和产品市场的价格信号为限。正是由于这一根本性原因，实行出口替代战略的国家在经济发展的绩效上，都要好于实行进口替代战略的国家。

亚洲"四小龙"通过出口替代战略，发展劳动密集型产业获得了成功，其发展经验对于发展中国家促进经济发展，顺利实现二元经济结构的转换具有重要意义。它说明一个国家要想取得经济成功，必须实行对外开放，发挥自身优势，必须充分发挥市场机制的作用。但这并不意味着出口替代战略就是任何国家或地区在任何条件下唯一可实行的战略。首先，对于一个大国来说，经济发展和结构转换要进行对外开放，但完全依靠国际市场来带动大国经济的增长则是不现实的。这是因为对大国经济来说，无论是就资源的供给还就产品的需求，完全依靠国外市场都不能满足国内经济发展的需要。而且完全依靠国外市场还会失去大国经济的资源与市场的优势，这对经济发展来说也是得不偿失的。其次，从目前的国际竞争环境来看，以发展劳动密集型产业为中心的出口替代战略，面临着的严重的困难。一是进入20世纪80年代以后，世界经济增长缓慢和贸易保护主义盛行。20世纪60、70年代西方发达国家正处于经济发展的"黄金时期"，亚洲"四小龙"利用发达国家产业升级，向外转移劳动密集型产业的有利时机获得了巨大成功。但进入80年代以来面对亚洲"四小龙"低成本的劳动密集型产品的成功渗透，一些发达国家逐渐加强了贸易保护。二是越来越多的发展中国家实行出口替代战略，在国际市场容量有限的情况下加入劳动密集型产品的竞争，造成劳动密集型产品的贸易条件日益恶化。三是由于科学技术的高速发展，一些行业中劳动力成本低廉的比较优势在国际竞争中的作用日益减弱，加之一些发达国家利用最新的科技成果改造传统产业，以增强本国在这些领域中的国际竞争力，造成发展中国家的劳动密集型产业面临着更强的竞争对手。

以上我们对发展中国家的二元经济结构转换的主要道路逐一进行了分析，所得到的结论是，对于东北地区这样一个发展中大国的老工业基地来说，在当今的国内外政治经济环境下实现二元经济结构的转换，单一的发展道路，无论是依靠城市工业的扩张，农村工业的发展还是实行以劳动密集型产业为重点的出口替代都是难以奏效的。单一的因素解释不了不发达，单一的政策与战略也无法启动复杂的经济发展过程。导致今天东北地区二元经济结构转换过程中诸多不均衡的状态和诸多难点问题，是多种因素综合作用的结果。实现东北地区二元结构转换，要从中国的具体国情和东北地区经济社会发展实际出发，借鉴发展经济学的二元经济理论和发展中国家二元经济转换过程中的经验教训，遵循经济发展与结构转换的一般规律，走出具有中国及东北特色的多元化的发展道路。

第二节 多元化发展道路的基本内涵

一、多元化发展道路的主要内容

促进二元经济结构转换的多元化道路,是指扬弃那种在经济发展中非此即彼、片面强调某一发展战略的政策选择,通过多种途径、多种方式来实现二元经济结构的转换。

促进二元经济结构转换的多元化发展道路的基本内容包括两个方面:第一,要通过多种途径来促进二元经济结构的转换。在这一层面上主要是强调在二元经济结构转换过程中要把推进工业化进程与改造传统农业相结合,同时要大力促进城市化发展,形成工业化、农业现代化和人口城市化相互促进协调发展的良性循环。第二,要在上述每一条主要途径上寻求新的突破点,通过多种方式来促进二元经济结构的转换。具体来说就是:

在工业化发展的道路上,一是要突破传统的狭义工业化观念,在促进第二产业发展的同时,大力促进第三产业的发展;二是要突破双重工业化格局,促进城乡工业的合理分工及协调发展;三是要以经济全球化与知识经济为背景,充分考虑它们对东北经济结构调整所带来的冲击与机遇,立足中国具体国情和东北地区经济社会发展实际情况,把促进资本与技术密集型的高新技术产业发展同大力发展劳动密集型的传统产业相结合。

在农业现代化的道路上,一是要彻底转变忽视农业发展的片面工业化发展战略,加大对农业的投入力度,逐步实现由歧视农业向保护农业的政策转变；二是要突破传统的农业观，树立大农业的发展观，调整农业结构，推广生态农业，发展可持续农业，开发旅游农业，提高农业资源的利用效率，通过不断加强对农业资源的深层次开发和有效利用，以及发展农业的多种经营来吸纳更多的劳动力就业。三是要加大农业科技进步，加强人力资本的开发，全面提高农业素质。

在城市化发展道路上，要突破那种集中式城市化道路与分散式的城市化道路非此即彼的单向思维模式，把农业人口向大中城市转移与促进农业人口向小城镇集中结合起来。

二、主要途径间的相互关系及关键环节

二元经济结构转换的多元化发展道路之间是相互联系、相互作用的。二元经济结构的转换正是通过多元化发展道路之间的相互联系和相互促进的作用来实现。从工农业之间的关系来考察，无论是对不同的二元经济结构的理论分析，还是对二元经济结构转换的实际过程的考察，都可以得出一个结论，即工农业的协调发展，相互之间形成良性循环是保证农业剩余劳动力顺利转移，从而实现二元经济结构转换的必要条件。二元经济结构转换实际上是通过二元结构的两极共同作用来实现的。一是通过工业化扩张来吸收农业剩余劳动力，带动传统农业的改造；二是通过农业部门的发展为工业部门的扩张提供前提条件，并完成从传统农业向现代农业的转变。

经济发展过程中通过工业部门的扩张与传统农业的改造，在工农业两大部门之间相互联系、相互促进的良性循环运动中，实现从二元结构倾斜态势——工业现代化和农业的停滞落后，向二元结构的平稳态势——工业和农业的同步发展转变，最终完成由

二元经济结构向一元经济结构的转变，反映了不同国家二元经济结构转换的共同规律。二元经济结构的转变，实质上是将以传统农业为主体的经济结构转变为以现代工业为主体，并运用现代工业的先进成果装备其他产业的经济结构。从这个意义上，工业化是实现二元经济结构转换的主导力量。在这一过程中工业扩张的作用，一是不断增加经济结构中现代成分的比重，二是为改造传统农业实现农业现代化创造必要的条件。工业化的发展对农业现代化的作用主要表现在以下几个方面：

1. 吸收农业剩余劳动力，提高农业部门的资源配置效率和农业劳动生产率。大量剩余劳动力的存在是传统农业最突出的特征，也传统农业部门低效率的根源。大量农业剩余劳动力，造成农业部门过多劳动投入和过少的资本与技术投入的资源配置格局。在这种资源配置格局下，农业劳动生产率十分低下，农业发展陷入低水平的恶性循环之中，很难改变生计农业的特点，更谈不到通过资本积累和技术进步实现对传统农业的现代化改造。要实现由传统农业向现代农业转变，就必须实现农业剩余劳动力向非农产业转移。现代工业部门的扩张可以扩大对农业剩余劳动力的需求，促进农业剩余劳动力向城市非农产业的转移，并通过农业剩余劳动力的转移，改善农业部门的资源配置格局，提高农业劳动生产率，从而为提高农民收入水平，增加农业积累，促进农业技术进步创造条件。

2. 为改造传统农业提供现代科学技术。技术进步的停滞是传统农业落后的根源。在传统农业社会里，农民世世代代使用同样的生产要素和技术，年复一年地耕种同样类型的土地，播种同样的作物。其基本特点是在漫长的农业社会中，技术不变、生产要素的供求不变，以生产要素获取收入的偏好和动机不变，一切处于低水平的停滞状态。打破这种低水平的停滞状态的根本途径是采用现代科学技术，将传统农业改造为现代农业，以提高农业的产出水平和农民收入。现代工业部门的扩张与发展，为农业部门的现代化改造提供了良好的技术条件。农业技术进步的基本内容是在农业发展中引入凝结现代技术的生产要素，而这些现代生产要素主要是由工业部门生产的，可以说没有工业部门的发展就谈不上农业部门的要素替代和技术进步。

3. 工业部门的扩张可以为农业发展提供良好的市场条件。市场经济条件下，任何产业的发展都是以不断扩大的市场需求为前提的。根据马克思的再生产理论，农产品市场包括农业部门内部的交换关系和工农业两大部门之间的交换关系，而在这两类交换关系中工农业两大部门的交换关系则是主要的、最基本的交换关系。因此，农产品市场的扩大主要不是依靠农业部门内部交换关系的扩大，而是主要依靠工农两大部门交换关系的扩大来实现。工业部门的扩张可以通过非农业人口的增加，来扩大对粮食等基本生活资料的需求，从而提高农产品的商品率；工业部门的扩张可以通过提高居民收入水平来扩大对农产品多样化的需求，以促进农业生产向高质量、多品种、深加工方向发展；工业部门的扩张可以扩大对农业原材料的需求，以促进农业向专业化、规模经济方向发展。

4. 工业化发展可以促进农业部门的资本积累。一般来说在经济发展和工业化初期，工业部门的扩张需要农业部门向其转移农业剩余，依靠农业部门资本积累来为其创造条件。但这并不意味着工业部门对加速农业部门的自身资本积累没有任何有益的影响。这一阶段工业部门的发展对农业资本积累的作用，主要是通过农业剩余劳动力转移来实现的。通过农业剩余劳动力的转移，一是可以提高农业劳动生产率，增加农民收入，从而扩大农业资本积累，二是通过向迁移人口非农收入的流回，来扩大农业的资本积累。随着经济发展，工业化水平的提高，在工业化中后期阶段，工业部门则可以通过向农业部门转移工业剩余来促进农业积累，加速对传统农业现代化改造的进程。

在二元经济结构转换过程中，农业部门绝不是一个只靠工业部门的扩张来带动的被动发展部门，它在二元经济结构转换中的作用也主要表现在两个方面：一是通过对传统农业的现代化改造，实现由传统农业向现代农业的转变；二是向工业部门提供农业剩余，并为实现工业化创造良好的条件。农业对工业发展的促进作用被库茨涅兹等发展经济学家阐释和概括为"四大贡献"：

1. 产品贡献。工业化发展是以农产品的增长为前提的，这是因为工业部门的发展需要农业部门为其提供农业原材料，为工业化过程中日益扩大的人口提供粮食等基本生活资料。从农业部门为工业发展提供原材料的角度分析，只有当农产品以一个适当的比率增长时，以农产品为原料的工业部门的增长才会得以实现。从农业部门为工业化进程提供粮食等基本生活资料的角度来看，由于发展中国家与发达国家相比人均收入水平要低得多，因此粮食等基本生活资料的边际和平均消费倾向要远高于发达国家，同时发展中国家的人口增长率要远高于发达国家，这就造成发展中国家在经济发展过程中对粮食的需求是巨大的，而且在相当长的一段时期呈现出递增的趋势。如果粮食生产不能满足经济发展对粮食的需求，就会造成粮食价格的上涨，引起工业部门的工资上升，粮食越是紧缺，粮价越高，工业部门的工资也就随着粮价上涨而不断攀升，这不仅会使工业部门对剩余劳动力的需求减少，还会引起严重通货膨胀，从而放慢经济增长与工业化进程。

2. 市场贡献。在发展中国家由于农业人口占有绝大多数，在二元经济结构转换过程中，农村必然是国内工业品的主要市场。农村经济的发展状况，农民收入水平的高低无不直接影响着国内工业品市场的扩张，从而成为制约工业化进程的一个十分重要的因素。一方面，农业技术的进步和农村经济的发展，会扩大对农用机械、化肥、农药等农用生产资料的需求；另一方面，农业生产的增长会促进农民收入的增加，从而扩大对工业消费品的需求。对于发展中国家来说，农业生产的停滞和萎缩所造成的工业品市场需求不足，是影响和制约其工业化进程和二元经济结构转换的一个十分重要的因素。

3. 要素贡献。农业对工业发展的要素贡献，主要是指农业部门发展为工业部门扩张提供劳动力和资本要素。一个国家的工业化需要大量的资本，特别是在工业化初期，由于工业部门在整个国民经济中的比重很小，仅仅依靠工业部门的自身积累来满足工业化发展对资本的需求是远远不够的。因此在工业化发展初期，工业部门的扩张必须依靠规模庞大的农业部门提供资本积累，这不仅对于发展中国家是如此，发达国家的工业化也经历了一个农业为工业扩张提供巨额资本的过程。在工业化初期，工业部门的扩张不仅需要巨额的资本，同时也需要大量的劳动力。由于经济发展初期，城市人口比重较小，工业化发展对劳动力的巨大需求不可能由城市人口的自然增长而满足，这就需要农业部门为工业化的进展补充城市劳动力供给的不足。

4. 外汇贡献。对于大多数发展中国家来说由于科技水平落后，工业基础薄弱，工业化过程中所需的大量的先进技术、机器设备，甚至部分原材料都需要从发达国家进口。而进口所需的外汇在经济发展的初期，也是由农业部门提供的。这是因为在工业化初期，发展中国家的工业品在国际贸易中没有比较优势，缺乏国际竞争力，农产品等初级产品在国际贸易中具有相对优势，并由于技术简单，所需投资不多，农产品等初级产品的出口又有利于节约资本和解决劳动力就业问题。因此，大多数发展中国家的工业化初期都经历了一个通过农产品等初级产品的出口，来进口国内工业化发展所需要的技术和机器设备的过程。

如果说对农业在经济发展中的作用在20世纪60年代以前，人们还局限于把农业看成是促进工业化的一种手段，局限在为工业的发展提供剩余这个范围内，那么，从20世纪70年代开始，人们对农业作用的认识又深入了一步，农业的发展不仅仅是为工业部门的扩张提供剩余，农业自身的发展本身也是经济发展的目标之一，同时农业发展不仅对工业化的进程起着辅助作用，农业对经济发展也可能作出重要的贡献，对传统农业的现代化改造是发展中国家成功地实现经济发展的必由之路。应该说把实现农业现代化作为经济发展的一个目标，而不是实现工业化的一个辅助条件，充分认识现代农业在经济发展中的重要作用，对于发展中国家制定正确的经济发展战略和经济政策具有重要意义。基于这样一种认识，人们才有可能彻底摒弃那种歧视农业的经济政策，改善农业贸易条件，加大对农业的投资力度，促进农业的技术进步，通过工业化带动和农业自身发展的两个途径来实现由传统农业向现代农业的转变。

如果说实现国家的工业化和农业现代化是产业发展的必然趋势，是经济结构的时序调整或纵向调整的话，那么城市化则是社会发展的必然趋势，属于经济结构的空间调整或横向调整。在经济发展中，工业化和城市化相互关系表现为如下过程，随着工业化水平的提高，非农产业的就业人口及其家属向城市迁移并引起城市人口比重的提高，工业化进程促进了城市化发展；而城市规模的扩大，为工业发展提供了良好的外部环境，吸引工业企业进一步集中，城市化反过来又促进了工业化进程。工业化与城市化相互促进的共同作用又推进了农业现代化的进程。

从上述分析可见,二元经济结构转换的多元化发展道路之间,存在着一种相互联系相互作用的关系。二元经济结构的转换就是通过工业化、农业现代化和人口城市化之间相互促进的良性循环来实现的。从东北目前二元经济结构转换的实际情况出发,实现工业化、农业现代化和人口城市化之间相互促进的良性循环,推进二元经济结构转换的关键环节是加快城市化进程。这不仅是因为城市化的发展可以促进工业化进程,并通过工业化的带动作用来加快对传统农业的现代化改造,更是由于城市化滞后于工业化是东北二元经济结构转换过程中存在的突出的问题。东北地区城市化水平滞后与其他地区相比具有特殊性,它不表现在城市人口比重低于工业产值比重,也不表现为城市化率低于全国平均水平。2006年东北地区的城市人口占全部人口的比重为55%,高于全国平均水平11%。[①] 但是东北地区较高的城市化率并不代表较高的城市化水平和质量。这主要表现在以下几个方面:一是国有大企业往往是城市经济和城市空间主体,大企业与地方经济的关联性不高,城市之间缺乏有机的经济联系,大城市周围地区形成据点式"孤岛经济";二是高度依赖单一资源使部分城市因资源枯竭而面临发展困境;三是近年来城市人口的增长逐渐放缓,在全国城市化进程平稳推进的同时,东北三省城市人口总量虽然在不断增加,但其增长速度逐渐减慢,年均城镇人口增长量逐渐减少。由于东北三省城市人口增长落后于全国平均水平,所以东北三省新增城市人口占全国新增城市人口的份额在总体上也呈现出减少的趋势。1982年该份额为18%,1990年减少到16%,到2000年第五次人口普查时再降至12%,到2003年又降

---

① 根据《中国统计年鉴》(2007年)第107页数据计算。

到10.5%。① 城市化发展水平的滞后带来了一系列的矛盾和问题,严重地制约了东北的经济发展和二元经济结构转变。

首先,城市化滞后造成东北地区工业化过程中只有资本向城市的聚集程度远大于人口在空间上的转移,这就不可避免地形成了人口结构和资源占用结构的失衡。城乡人口与资源分配的失衡,既是东北二元经济结构的一个重要方面,又是东北地区城乡居民收入差距过大和有效需求不足的一个重要原因。

其次,城市化滞后限制了第三产业的发展,影响了农业剩余劳动力向非农产业部门的转移。实践证明,工业企业和居民驻地过于分散难以产生聚集效应发展第三产业。而第三产业与第二产业相比能够吸收更多劳动力就业。塞尔昆在《工业化和经济增长的比较研究》中发现,在工业化过程中,随着人均国民生产总值的不断提高,服务业相对制造业来说,其就业弹性系数不仅大于1,而且呈现连续递增的发展趋势。人均国民生产总值分别为140美元、280美元、560美元、1120美元、2100美元、3360美元和5040美元时,对应的服务业相对于制造业弹性(既每100万美元产出所需的工人数量之比)分别为1.31、1.72、2.31、2.96、3.56、3.72、3.80。特别值得注意的是在人均国民生产总值从280美元到2100美元的工业化初期向中期的过渡阶段,服务就业的弹性系数提高得最为迅速。② 第三产业发展滞后,严重地影响了东北地区工业化过程对农业剩余劳动力的吸纳能力,导致农业剩余劳动力转移出路狭窄。

最后,城市发展滞后是东北农村工业化过程中诸多外部不经济问题存在的重要原因。东北地区乡镇企业在其发展过程中存在

---

① 参见金凤君等:《东北地区振兴与可持续发展战略研究》,商务印书馆2006年版,第21~28页。
② 杨宜勇:《城市化创造就业机会与城市就业空间分析》,载《管理世界》2000年第2期,第124页。

的一个突出问题是环境污染严重,这固然与乡镇企业技术水平低下、资金有限、环保意识较差有关,城市发展滞后所带来的乡镇企业布局分散,防治污染成本相对较高也是其中的一个重要原因。乡镇企业发展过程中,另一个外部不经济的表现是对土地等自然资源的浪费严重。农村工业的非城市化发展道路造成乡镇企业布局分散,"村村点火,户户冒烟",土地利用率远远低于城市工业。有关研究表明,非城市化的工业化要付出比城市工业化道路高出8倍的土地代价,乡镇企业职工人均用地比城市职工多3倍以上。[①] 同时,城市化滞后于工业化进程,农村人口的产业转移与地域转移不平衡也是造成东北农村人口比重过大根本原因。农村人口比重过大,因农村居民居住分散,人均居住用地远远高于城市,导致了农村非农建设用地高居不下。

总之,在现有城乡隔离的发展模式下,不仅难以实现农业剩余劳动力的大规模地向城市转移,而且在工业化不断推进的条件下,城乡二元格局却不断强化。要促进农业剩余劳动力的转移,解决东北地区二元经济结构转换过程中的城乡收入差距过大,协调城乡利益矛盾,必须打破现有的城乡隔离的发展模式,积极推进城市化进程。推进城市化进程对二元经济结构转换的促进作用主要表现在以下几个方面:

第一,推进城市化进程,可以扩大就业需求,促进农业剩余劳动力的转移。加速城市化进程对扩大就业需求的作用,可以通过以下三个方面来实现:一是通过城市化对工业化的促进作用来实现。这种促进作用主要是通过城市化聚集效应来实现的。城市化的聚集效应是指通过劳动者、劳动对象和劳动手段在地域上的集中所产生的外部经济效应。这种外部经济效应表现在:交通运

---

① 朱守银:《中国农村城镇化进程中的改革问题研究》,载《经济研究参考》2001年第6期,第38页。

输、邮电通信、供电、供水等基础设施为现代化工业发展提供了必要的前提条件；通过对这些基础设施的共同使用，有利于企业降低生产成本；城市人口的增长扩大了市场规模，增加了市场集中度，有利于节约运输费用、扩大生产规模；城市发展所带来的高素质人员向城市的聚集，有利于技术的发明推广与应用等。城市化正是通过上述作用来推进工业化的进程，并通过城市工业的扩张来扩大劳动力的需求，从而促进农业剩余劳动力转移的。二是通过城市化过程中城市基础设施的建设来直接扩大对劳动力的需求。城市与农村的一个非常重要的区别，是由于城市人口的相对集中，对公路、水、电等基础设施的建设能够产生巨大的外部经济效应，有利于生产的发展和人民生活质量的提高，同时集中建设的成本也相对较低。因此，城市化进程中始终都存在着对基础设施建设的巨大需求，而城市化发展中基础设施的建设本身就会创造对劳动就业的需求，从而促进了农业剩余劳动力的转移。三是通过城市化所带动的第三产业的发展，来促进农业剩余劳动力的转移。

第二，城市化的发展可以扩大市场需求，缓解二元经济结构转换过程中的需求制约。城市化的发展对扩大市场需求的作用表现在以下几个方面：（1）城市化进程中大规模的城市基础设施及居民住宅的建设，会极大地带动对投资品的需求，并通过投资乘数的作用扩大就业和消费需求的增长。（2）城市化的发展可以为以耐用消费品为主的非生活必需品的消费创造良好的使用条件，从而可以扩大对非生活必需品的需求。对非生活必需品的需求与对生活必需品的需求存在着一个重要的区别，那就是必需品消费的使用条件的要求较低，必需品的消费需求一般来说不会受到消费使用条件的限制，而非必需品的需求则要求相应的使用条件为前提，如必要的空间和设施、良好的供电、供水条件等。而城市化的发展，可以通过大规模的城市基础设施的建设为非必需品的消费创造良好的使用条件，从而促进消费层次的升级和消费范围的扩大。(3) 农业剩余劳动力从农村进入城市，从农村居民转为城市居民，消费观念和消费习惯的转变，有利于消费结构的升级和消费水平的提高。农村居民的消费需求低于城市居民，除了城乡收入差别这一根本性原因之外，还受到城乡消费观念、消费习惯不同等非经济收入以外的因素的影响。美国著名的发展经济学家吉利斯认为，农民家庭收入中用于储蓄的比例高于城市家庭——这是一个在许多国家都明显存在的现象。我国统计资料也表明，即使在同一收入层次上，农村居民家用电器的普及率仍然明显低于城市居民。我国乡镇企业的发展，带动了近1.4亿农业劳动力转向非农产业，其收入水平明显提高，但是由于他们仍然生活在农村，受农村消费观念和消费习惯，以及消费环境的制约，其消费水平与消费结构仍然属于乡村型。加速城市化进程，将会使更多的农村居民转变为城市居民，这对于提高居民的消费水平，促进消费结构的升级，增加对工业消费品的需求具有重要意义。(4) 城市化的发展可以通过促进农业剩余劳动力的转移，来提高农民的收入水平，从而在根本上解决农村市场需求不足对经济发展的制约。东北地区目前二元经济结构转换所面临的有效需求不足，实质上是在城市消费结构升级过程中，农村市场的需求不足，解决这一问题的关键是增加农民收入、开拓农村市场。在现有社会经济条件下，提高农民收入水平无论是依靠增加农产品产量，提高农产品价格，还是调整农业内部产业结构，促进乡镇企业发展都难以产生重要的作用。要大幅度地提高农民收入，开拓农村市场，最重要的是突破这种城乡隔离的工业化模式，加速城市化进程。由于城市化的发展可以促进农业剩余劳动力的转移,通过农业剩余劳动力向城市非农产业的转移,则可以从以下环节促进农民收入水平的提高:农业剩余劳动力的转移将会提高农业劳动生产率。东北地区农业劳动生产率过低的根本原因,是大量过剩劳动力滞留在农村所导致的边际劳动生产力低下。这部分剩余劳动力的转移,会由于改善了农业资源的配置而促进农业劳动生产率的提高,从而相应提高农民的收入水平;农业人口的城市化可以改变东北地区城乡收入分配的格局,提高农民的人均收入水平。受边际收益递减规律影响和农产品收入需求弹性的制约,不仅农业生产的增长一般要慢于非农产业的增长,而且农民收入的增长一般也会低于农业生产增长,有时甚至会出现增产不增收的情况。在农民总收入不能迅速增长的情况下,提高农民的人均收入水平就不能局限在农业内部做文章。而城市化的发展通过促进农业剩余劳动力向城市非农产业的转移,则可以改变城乡收入分配的格局,提高农民的人均收入水平。

第三,加速城市化进程可以促进乡镇企业向城镇集聚,对于农村工业纳入现代化工业体系具有重要意义。通过加速城市化进程,可以带动乡镇企业向小城镇集中,一方面有助于克服农村工业由于布局分散所造成的资源浪费和环境污染等外部不经济的弊端;另一方面又可以通过小城镇聚集效应为乡镇企业的发展创造基础设施、销售市场、人力资源等有利条件。由于小城镇与大中城市的联系更加密切,乡镇企业在小城镇的集中还可以更好地接受大中城市的经济辐射作用,有利于密切乡镇企业与大中城市工业的分工与合作,对于提高乡镇企业的技术水平,使之逐步纳入国家现代化工业体系具有重要意义。

第四,加速城市化进程对于推进农业现代化进程具有重要作用。城市化进展对于农业现代化的作用主要表现在以下两个方面：一是通过带动农业剩余劳动力的转移，促进农业的规模化与集约化经营，推进农业现代化的进程。农户经营规模狭小，经济收益不高，一方面导致农户自身资本积累不足，难以增加对农业的投入；另一方面由于比较利益低下，也难以刺激农民增加投入，更不可能吸引非农业部门对农业投资，由于农业投入不足，严重影响了用现代科学技术和生产手段改造传统农业。发挥农业机械和现代化种植方式在农业中的作用，提高农业劳动生产率，必须大力推进城市化进程，促进农业剩余劳动力向城市非农产业转移。二是加快城市化进程，可以扩大对农副产品的需求，稳定农副产品的市场价格，调动农民从事农业生产的积极性，促进农产品深加工行业的发展，促进农业产业化的进程。近年来，我国农副产品市场需求不稳，价格波动较大，其中的一个重要原因是城市化水平较低。由于农村内部自给型生产对农副产品的需求量极小，农副产品供给主要是面向3亿多城市消费者，三个农民供应一个城市居民，农副产品的市场十分狭小。而这种狭小农副产品市场与庞大的自给性的农村人口两个因素合在一起，就会使农民和政府都陷入丰歉两难困境。因为虽然农业劳动生产率水平还不高，每一个农业人口提供的农产品的剩余还非常有限，但庞大的农业人口从总量上看又会形成一个很大的市场供给量，一遇丰年就会出现农产品卖难的现象，由于农产品的需求弹性小，农产品供过于求，价格下降的幅度会大于由价格降低而引起的需求量增加的幅度，农民增产并不增收；一旦歉收又会形成较大的供求缺口，甚至会出现农民自给性粮食也难以保证的情况。农民既盼丰收又怕丰收，政府则由于现阶段的经济发展水平还不足以向人口总数70%的农业人口提供充分的农业保护，总是"因歉收而担心，因丰收而尴尬"。这种情况不仅会严重影响农民收入水平的提高，还会加大农民的市场风险，从而会影响农民的从事农业生产的积极性，不利于农业技术的进步和农业产业化的发展。所以只有加快城市化发展的步伐，才能增加城市人口对农产品的需求，扩大农产品的市场容量，促进农产品深加工行业的发展，提高农产品的附加值，促进农业现代化的发展。

第八章

东北二元经济结构转换的主要途径

东北二元经济结构转换不能走单一的发展道路，必须通过工业化、农业现代化和人口城市化之间相互促进的良性循环来实现。在新的历史条件下，无论是工业化、农业现代化还是人口城市化，都必须转变传统观念及思维方式，寻求新的突破点，通过多种方式来促进二元经济结构的转换。

第一节 推进工业化进程

一、对我国及东北地区工业化进程的判断

代表性的工业化阶段划分方法包括：钱纳里等基于人均国民收入水平及城化率的划分、霍夫曼的基于消费资料工业净产值与生产资料净产值比例（霍夫曼指数）的划分、库兹涅茨等学者基于产业结构变动的划分以及联合国基于制造业增加值占总商品生产增加值比重的划分等。由于不同学者分析问题的角度不同，

划分经济发展阶段的指标也各不相同。我国陈佳贵等在《中国工业化进程报告（1995～2005年）》一书中根据经济发展的内涵，结合不同经济学家对经济发展阶段划分的理论，认为考察工业化发展阶段大体上应包括以下四类指标：（1）反映经济发展程度的人均国内生产总值指标；（2）反映经济结构变化程度的三次产业产值结构和就业结构变化的指标；（3）反映工业化发展程度的制造业所占比重指标；（4）反映城市化发展程度的城市人口比重指标（见表8-1）。①

表8-1　　　　　工业化不同阶段的标志值　　　　　　单位：美元

基本指标	前工业化阶段（1）	工业化实现阶段			后工业化阶段（5）
		工业化初期（2）	工业化中期（3）	工业化后期（4）	
1. 人均GDP					
（1）1964年	100～200	200～400	400～800	800～1500	1500以上
（2）1996年	620～1240	1240～2480	2480～4960	4960～9300	9300以上
（3）1995年	610～1220	1220～2430	2430～4870	4870～9120	9120以上
（4）2000年	660～1320	1320～2640	2640～5280	5280～9910	9910以上
（5）2002年	680～1360	1360～2730	2730～5460	5460～10200	10200以上
（6）2004年	720～1440	1440～2880	2880～5760	5760～10810	10810以上
（7）2005年	745～1490	1490～2980	2980～5960	5960～11170	11170以上
2. 三次产业产值结构（产业结构）	A＞I	A＞20%，且A＜I	A＜20%，且I＞S	A＜10%，且I＞S	A＜10%，且I＜S
3. 制造业增加值占总商品增加值比重（工业结构）	20%以下	20%～40%	40%～50%	50%～60%	60%以上

---

① 陈佳贵等：《中国工业化进程报告》，社会科学文献出版社2007年版，第19～27页。

续表

基本指标	前工业化阶段（1）	工业化实现阶段			后工业化阶段（5）
		工业化初期（2）	工业化中期（3）	工业化后期（4）	
4. 人口市化率（空间结构）	30%以下	30%~50%	50%~60%	60%~75%	75%以上
5. 第一产业就业人员占比（就业结构）	60%以上	45%~60%	30%~45%	10%~30%	10%以下

注：A代表第一产业，I代表第二产业，S代表第三产业。
资料来源：陈佳贵等：《中国工业化进程报告》，社会科学文献出版社2007年版，第27页。

2006年我国人均国内生产总值达到16084元人民币，按2005年人民币汇率计算，约为1963美元，按购买力平价计算约为6816美元。考虑到汇率法计算有可能低估我国经济实力，而用购买力平价计算又可能高估我国经济实力，取两者的平均值，按既有一定可比性，又有一定完整性的汇率—平价法进行折算，到2006年我国人均国内生产总值约为4390美元；第一、二、三次产业增加值占国内生产总值比重已由1952年的50.5%，29.9%、28.6%变为11.7%、48.9%、39.4%；城市人口比重为43.93%；反映就业结构变动的第一产业就业占比为42.6%；2005年制造业占国内生产总值比重达到32.7%。上述指标，除了城市人口比重低于工业化中期50%的水平外，其余均超过了表8-1中所规定的工业化中期阶段的水平。[①]

从工业化进程的评价指标来看，中国整体上已经进入工业化中期阶段。经过新中国成立以来50余年的工业化进程，特别是改革开放30年的发展，"中国的基本国情已从一个农业大国转变

---

① 《中国统计年鉴》(2007)，中国统计出版社2007年版，第57、58、65、105、130页。

为工业大国。"① 根据世界工业化发展规律，工业化中期是以重化工业为主导的发展阶段。这一阶段，经济结构加速转变，制造业对技术进步和产业升级的依赖程度大大增强，城市化进程明显加快，第三产业比重不断增加；与此同时，资源环境约束与工业化推进的矛盾突出，就业压力增加，收入分配差距过大等社会问题也更加严重。

东北地区工业化进程也可以通过上述指标进行判断：从人均收入指标看，2005年东三省的人均GDP为15935元（当年价），高于全国平均水平14040元/人，低于东部23697元/人，该指标的工业化评分为52分，处于工业化中期；从三次产值指标看，2005年东北三省的三次产业结构为12.8∶49.6∶37.6，其中，农业比重略高于全国平均水平，（12.6∶47.5∶39.9），低于中部和西部的水平。工业比重略高于全国平均水平，但低于东部平均水平。服务业比重低于全国平均水平，仅仅高于中部平均水平。该指标的工业化评分为57分，处于工业化中期；从工业结构指标看，2005年东北三省制造业占比为36.6%，低于全国平均水平（52%），高于中部（34.8%）和西部（30.9%）的平均水平。该指标的工业化得分为27分，处于工业化初期；从城市化率指标来看，2005年东北三城市人口占全部人口的比重为55%，高于全国平均水平（43%），该项指标工业化评分为50分，处于工业化中期；从三次产业就业结构来看，2005年东北地区吸纳的就业人口比重为43.2∶22.2∶34.6，第一产业就业比重低于全国平均水平（44.8%），高于东部平均水平（32.9%），该项指标的工业化评分为37分，处于工业化中期。总体来看，2005年，

---

① 陈佳贵等：《中国工业化进程报告》，社会科学文献出版社2007年版，第8页。

东北地区工业化综合指数为45分,处于工业化中期发展阶段。①

二、突破传统的工业化观念以促进第三产业的发展

在东北二元经济结构转换和工业化进程中,明显存在着就业结构的转换滞后于产值结构的转换,以及第三产业发展滞后于经济发展的非均衡的问题,而这两方面的问题,又有着明显的相关性。事实上,就业结构转换滞后于产值结构的转换是第三产业发展滞后的结果。由于第三产业就业弹性系数较大,吸收就业的范围宽,第三产业可以较第二产业更好地解决工业化进程中城乡就业的问题。

东北第三产业发展滞后,其原因中多方面的,但其中的一个十分重要的原因在于认识错误和观念的陈旧。长期以来我们片面地把工业化进程只是看做制造业的发展过程,对工业化与第三产业发展的关系缺乏正确认识,把第三产业作为"非物质生产部门",认为第三产业的发展不创造价值。这种思想认识,导致在发展政策上没有把第三产业的发展摆在适当的位置上,造成社会资源过多地集中在第一、二次产业部门,严重影响了第三产业的发展。因此,促进第三产业的发展,就要突破传统的工业化观念,正确认识工业化与第三产业发展的关系,充分认识第三产业发展对推进二元经济结构转换和整个国民经济持续协调发展的重要意义。

事实上,第三产业的发展是工业化过程中产业结构转换的一个重要内容。工业化进行到一定程度,客观上要求第三产业发展,以满足社会生产和人民生活日益增长的需求。一是物质生产

---

① 陈佳贵等:《中国工业化进程报告》,社会科学文献出版社2007年版,第514页。

的发展增加了社会对第三产业的需求，促进了第三产业的发展。如第三产业的交通运输业、商业、仓储业、广告业、咨询业等，都是直接为物质生产部门服务的，这些产业的发展显然是建立在是在物质生产发展的基础上，只有物质生产有了相当程度的发展，才会形成对上述第三产业的大量需求，促进这些直接为物质生产部门服务的第三产业的发展；二是由于工业化带动了居民收入水平的提高，从而间接地促进了第三产业的发展。在传统农业经济条件下，技术进步缓慢，劳动生产率低下，居民收入水平提高也一个极为缓慢的过程，加之自给自足的生产方式，第三产业在传统农业经济条件下不可能得到发展。随着工业化进程的推进，人民收入水平不断提高。一般来说，人们收入水平越高，其需求结构中用于非物质方面需求的比重越大，因此，社会对第三产业活动的需求也就越高。由于收入水平提高而带来的需求结构的变化，必然会促进为居民生活服务并提高其生活质量的相关产业的发展，如饮食服务业、文化教育、旅游业等。三是工业化进程通过推进社会分工和专业化的发展，促进了第三产业的发展。这表现在原来属于第一、二产业的活动，逐渐分离出来，成为第三产业的组成部分，如修理业、室内装修业等。

第三产业的发展是工业化进程的必然结果，而第三产业发展又反过来极大地促进了工业化进程。这表现在：

第一，第三产业的发展可以提高劳动者的素质和劳动效率。这是因为第三产业中教育是人力资本形成的关键环节，通过教育产业的发展可以提高劳动者的素质，促进社会劳动生产率的提高。同时，一些方便人民生活的第三产业发展，如饮食服务业、城市交通业等，可以节约人们的时间和精力，从而有利于提高人们的生活质量，提高劳动效率。

第二，第三产业的发展可以扩大劳动就业，促进农业剩余劳动力向城市非农产业的转移。第三产业门类行业多，劳动、技术、知识密集型行业并存，大多数行业具有投资少、见效快、吸纳劳动力较多的特点。若按等量的投资计算，第三产业所容纳的劳动力比第二产业多2~3倍，而且具有能够吸纳多种劳动力的独特优势。从第三产业本身在工业化中期阶段的发展特点来看，它能够把较多的吸收劳动力与部门发展和部门效益统一起来。根据钱纳里等人的回归分析，在人均GDP为560~1120美元（1970年价）的阶段，若保持6.3%的年经济增长率，则其中21%来自劳动增长，36%来自全要素生产率的增长，43%来自于资本的增长；若按劳动增长对三大产业增长的贡献排序，则第三产业排队在首位；若按资本增长和全要素生产率增长对三大产业增长的贡献排序，则第二产业排在首位。这就是说，在工业化中期，第三产业的增长主要依靠劳动的增长，而第二产业则主要依靠资本增长和全要素生产率的增长。[①] 对东北地区这样一个老工业基地来说，大力发展第三产业，对于解决我国目前城乡双重就业问题，推进农业剩余劳动力转移具有极为重大的现实意义。

第三，发展第三产业可以通过为物质生产部门服务，极大地促进物质生产部门的发展。由于第三产业的发展可以为物质生产部门提供人才、信息、技术和资金，并通过第三产业的发展扩大物质产品的市场，使物质生产部门具备较强的扩张能力，从而极大地促进物质生产部门的发展。

大力发展第三产业在东北地区现阶段不仅具有非常重要的现实意义，而且也具备了快速发展的有利条件。首先，经过我国50余年的社会主义建设，东北地区的第一、二产业有了相当程度的发展，为第三产业的快速发展奠定了坚实的物质基础。众所

---

① 方甲：《产业结构问题研究》，中国人民大学出版社1997年版，第749页。

周知，第三产业的发展是社会分工和物质财富相对丰富的结果，只有在物质生产部门有了相当程度发展的基础上，第三产业才能充分发展起来。离开了物质生产部门的相应发展，没有第一、二产业作为依托，第三产业就不可能有较大的发展。其次，体制转轨的加速，为东北地区第三产业的发展创造了良好的条件。第三产业发展与市场化进程有着非常密切的联系。这是因为第三产业的许多活动都是以市场存在和扩大为前提的。比如商业、广告业、交通运输业、信息服务业等都是以发达的市场存在为条件，并为市场机制的运作提供服务的。改革开放以前，我国实行计划经济体制，资源与生产要素由国家统一分配和调拨，并以"大而全"，"小而全"的产业组织形式代替专业化分工与协作，这使得许多以市场为条件，并为市场有效运作服务的相关产业不可能得到发展。随着我国由计划经济体制向市场经济体制转轨进程的加速，市场体系不断完善，市场范围日益扩大，市场机制的作用不断增强。国民经济市场化程度的加强，为东北地区第三产业的发展创造了良好的条件。第三，居民消费结构和消费方式的变化，也为东北地区第三产业的发展提供了广阔的市场空间。改革开放以来，伴随着居民收入水平的提高及市场化进程的加快，我国居民的消费结构和消费方式发生了较大的变化，从消费结构来看，居民消费支出中教育、旅游、文化娱乐等非物质形态消费支出的比重在不断增加；从消费方式来看，正日益从自给性消费向商品性消费转换。城乡居民消费结构与消费方式的变化，为东北第三产业的发展创造了巨大的市场需求，提供了广阔的市场空间。

加快东北地区第三产业的发展除了以上论及到的转变观念，提高认识之外，还要努力做好以下几个方面的工作：

第一，加快市场化改革步伐，尽快建立起第三产业的自我发展机制。进一步深化企业制度改革，以专业化、商品化、社会化为方向，逐步实现企业内部的第三产业由福利型向经营型转变；推进政府机关和事业单位的改革，把为机关、事业单位内部服务的部门剥离出来，实行政府机关和事业单位后勤服务的社会化；深化价格改革，形成合理的服务价格形成机制，以促进社会资源的合理配置，促进第三产业的迅速发展。

第二，通过各种有效途径增加对第三产业的投入，以促进第三产业的更快发展。各级政府要根据经济发展的需要适当加大对交通运输、邮电通讯、基础教育、基础医疗、科学研究、环境保护等基础设施和公用事业的投资，以弥补私人投资的不足；制定优惠政策以鼓励集体、个人以资本、房地产、技术、设备等形式投资于第三产业；积极利用外资，适当扩大外商投资的范围，并积极利用国外借款及国际金融组织的贷款来发展第三产业。

第三，健全和规范第三产业的地方性法规，加强对第三产业的宏观调控。从全国立法的角度，要尽快废止或修改已不适应市场经济条件下第三产业发展的法律、法规，尽早出台一些急需的法律，如《公平交易法》、《信息法》等。在国家还没有出台相应法律法规的条件下，可实施促进公平竞争及规范三产发展的地方性条例或规则，应从行业标准、业务范围、价格收费、职业道德及仲裁纠纷等方面做出尽可能明确和全面合理的规定；在充分发挥市场机制作用的基础上，加强政府对第三产业发展的引导与调控，特别是对于那些自然垄断性部门、公共事业部门更要依法管理，强化监督。

三、突破双重工业化格局，实现城乡工业合理分工与协调发展

自20世纪80年代以来，在中国改革开放中作为国民经济的

一个重要组成部分农村工业的迅速发展,对中国的工业化道路产生了深刻的影响,形成了中国经济发展过程中特有的城市工业与农村工业并存的双重工业化格局。东北老工业基地也与全国一样,通过乡镇企业的发展形成了城市工业与农村工业并存的双重工业化格局。双重工业化格局中,城市工业与农村工业之间相互影响和作用,形成了错综复杂的关系,两者之间既有相互补充和相互促进的一面,也有相互冲突和相互制约的一面。这两个方面的关系在双重工业化发展过程中始终存在,但由于在不同的条件下矛盾双方的主导地位不同,双重工业化格局对中国的经济发展和二元经济结构转换的作用也就不同。

改革开放以前,由于经济的和历史的原因,东北工业化走的是一条粗放型经济增长道路,工业化进程中所形成的产业结构还是低水平的,随着经济的发展,东北城市工业技术含量和附加值较低的问题日益突出,在改革开放初期,30多年建立起来的城市大工业基础到了需要全面改造和升级的阶段。这不仅要求城市工业要通过技术创新,提高原有产业的技术水平并不断开拓新型产业,还必须有计划地淘汰那些技术水平低下,资源耗费较大的产业,以及那些已经进入成熟期和衰退期的产品。

而在这一时期,由于农村经济体制改革极大地促进了农业生产的发展和农民收入水平的提高,为农村工业的发展提供了资金与市场条件,加之渐进式体制改革中城市的制度变革滞后于农村,又为农村工业的发展创造了有利的竞争条件,以乡镇企业为代表的农村工业迅速发展起来。但是受到资金、技术、劳动力素质、管理能力、市场进入条件等多方面因素的制约,东北农村工业的发展首先从劳动密集型的初加工工业入手。所以在改革初期直到20世纪80年代末90年代初,城乡工业间的相互补充和相互促进和关系居于主导地位。这表现在城乡工业之间产业技术梯度较为明显。有人曾测算过1989年乡镇工业企业与全民所有制企业的技术水平之比。其基本方法是以全民企业实际使用的劳动和资本数量,按乡镇企业的实际生产技术结构计算出乡镇企业的最大产值,同时也按全民企业实际生产技术结构计算出全民企业的最大产值,然后用乡镇企业的最大产值除以全民企业的最大产值,如果乡镇企业的劳动、资本产出弹性所能生产的最大产值与全民企业劳动、资本产出弹性所能生产出来的最大产值之比大于1,则说明乡镇企业具有更先进的生产技术结构,反之说明乡镇企业的生产技术结构相对落后。这一比值越小,技术水平的差距越大。测算的结果表明乡镇工业企业平均技术水平落后于全民企业15%左右。[①] 而乡镇企业技术水平在产业间的序列性,也显示出乡镇企业的技术差距主要是由资本集约度的差距造成的,资本密集程度越强的行业乡镇企业的技术指数就越低。这从另一方面说明了乡镇企业在这一发展阶段必然是以劳动密集型产业为主。这样一种产业梯度发展格局,一方面城市工业所淘汰的技术设备转移和扩散到广大农村,通过城市工业的扩散既为农村工业化发展提供了必要的技术与设备支持,又促进了城市工业升级;另一方面农村工业的发展促进了农业剩余劳动力的转移,提高了农民的收入水平,又为城乡工业的进一步发展创造了良好的市场条件。在这一时期,由于城乡工业相互补充相互促进的关系居于主导地位,所以东北地区城市工业完成了由传统轻工业向现代消费品工业的升级,而农村工业也通过劳动密集型产业的发展较大规模地吸收了农业剩余劳动力,缩小了二元结构差距,促进了二元经济结构的转换。

但是双重工业化格局一经形成就存在着城乡工业之间相互冲

---

① 方甲:《产业结构问题研究》,中国人民大学出版社1997年版,第489页。

突、相互制约的矛盾性，这一矛盾性在20世纪80年代末90年代初以后，随着我国市场格局由供不应求的卖方市场向供过于求的买方市场的转变而日益突出，特别是自90年代中期以后买方市场的形成，这种相互制约的关系就更加成为制约我国及东北经济发展与二元经济结构转换的重要因素。

20世纪80年代末90年代初，由于国内市场需求的不振，城乡工业间的竞争日益激烈，特别是在90年代中期以后，国内市场已完成由卖方市场向买方市场的转变，受东亚危机和全球经济不景气的影响国际市场也处于紧缩阶段，这时城乡工业在有限市场需求范围内，在大体相同的产业层面上的竞争也就更为激烈。城乡工业间的竞争日趋激烈，使城乡工业间相互冲突和相互制约的矛盾越来越成为城乡工业关系的主要矛盾。这表现在由于城乡工业在相同的市场及产业层面的竞争，一方面严重制约了乡镇企业的发展，并迫使乡镇企业越来越走上资本替代劳动的道路，另一方面由于农村工业吸收农业剩余劳动力的速度放慢，进一步影响了农民收入的增加和农村市场的扩大，使城乡工业的发展面临市场需求不足的严重制约。由于任何新产业的发展都离不开原有产业的哺育，20世纪90年代以来，我国城市工业向重化产业的升级，其积累主要依靠轻工业的积累，受城市消费结构升级和农村市场需求不足的影响，近年来轻工业发展速度明显放慢。如果轻工业难以保持长期稳定增长，城市产业结构的升级就会因资金积累不足而陷入困境。而城市工业不能在较短的时期里完成产业结构的升级，城市原有的产业也就不可能为农村工业的发展让出市场，这又使得农村工业与城市工业在城市工业升级前的原有产业层面的竞争长期得不到缓解，从而形成城乡工业竞争—农村工业吸收剩余劳动力速度减慢—农村市场需求不足—城市工业升级受阻这样一种恶性循环。城乡工业之间这种相互冲突相互制约的矛盾是我们在第六章中所分析的乡镇企业发展面临严重困难、吸收农业剩余劳动力能力下降的根本原因，也是东北二元经济结构反差再度拉大的重要原因。

解决城乡工业在有限的市场和相同的产业层面激烈竞争所导致的城乡工业相互冲突，促进二元经济结构的转换，既不可以完全依靠推动城市工业的升级，也不能单纯指望促进农村工业的发展，而比较现实的选择是通过城乡工业的合理分工和整合，来实现城乡工业的协调发展。

要通过市场调节与政府调控相结合的方式，促进城乡工业根据各自的技术经济实力和要素禀赋情况，按照各自的比较优势形成合理分工。具体地说，就是城市工业要适应城市消费结构升级的要求和国际竞争形势的需要，加快产业结构升级的步伐，形成以重化工业为主体产业结构，走以资本密集型与技术密集型产业为主的产业高级化发展道路；农村工业则在城市工业升级前的产业层面扩张发展，形成以轻加工业为主体的劳动密集型的产业格局。实行城乡工业合理分工的好处，一是能够较好地解决在二元经济结构转换过程中所面临的促进产业结构升级与发展劳动密集型产业以扩大就业之间的两难抉择；二是可以有效缓解城乡工业之间的矛盾与冲突，既使乡镇企业摆脱城市工业竞争和市场约束增强所面临的困境，增加农村工业吸收剩余劳动力的能力，又有利于促进城市工业的升级。从长远的观点来看，城乡工业的合理分工，有利于城乡工业的进一步整合。一方面城市工业在城市市场需求的带动和国际市场的竞争压力下，不断向高级化发展，另一方面伴随着城乡工业的发展和农业剩余劳动力被吸收完毕，农村工业的比较优势会发生变化，同时随着农民收入水平的提高，农村市场需求结构也会向高级化发展，这样农村工业也会在市场需求的导向下，不断向资本密集型和技术密集型的方向发展。这时城乡工业的分工将不再是以农村工业技术水平和资本有机构成低为特点,而主要表现在按产品的不同工艺过程和生产阶段来分工。当经济达到这一发展阶段,也就完成了城乡工业在经济技术上的整合,使农村工业真正纳入现代化工业体系。

在正常的市场条件下,城乡工业在市场机制的作用下,会自然根据各自的技术经济实力和要素禀赋,按照各自的比较优势形成合理分工。但是东北双重工业化格局的形成,是在计划与市场双重体制并存和供给约束的短缺经济条件下,既有市场调节的因素,更受经济体制的改革方式和经济政策的影响。双重工业化格局的调整,在我国东北地区目前的经济与市场条件下单纯依靠市场机制的自发调节,即使可以实现,也将是一个长期的痛苦过程。因此,必须把市场机制调节与政府宏观调控相结合,政府调控的目的不是取代市场机制的作用,而是为市场机制在城乡工业之间配置资源创造一个良好的市场条件,以加快双重工业化格局的调整,减轻调整过程中的矛盾与冲突,将双重工业化格局调整的代价降到最小的程度。在调整过程中政府的工作重点包括两个方面,一是消除部门与城乡间的制度性障碍,形成公平竞争的市场条件,促进生产要素在市场机制的作用下合理流动。这样在市场机制的作用下,城市工业由于技术经济实力较强,在城市需求结构升级的引导和国际市场竞争的压力下,就会走向以结构升级加速发展的道路。在城市产业结构升级的过程中,那些劳动密集型产业由于城市工业中劳动力成本的提高,不再具有比较优势,则会通过城市工业的扩散效应,向农村转移;同时农村工业中那些资金、技术密集程度高的产业,由于背离了农村由要素禀赋所形成的比较优势,在割断了与乡村行政组织的经济联系,失去了地方政府保护条件下,将在市场竞争中被淘汰出局,而具有比较优势的劳动密集型产业则由于城市工业让出这部分市场,并通过城市工业的技术扩散获得新的发展机遇。二是要加强社会保障体系的建设，以解决城市工业升级和传统产业向农村转移过程中城市失业人口的基本生活保障问题。同时要由政府兴建一批转产就业的职工培训机构，缓解产业结构高级化与失业职工劳动力素质不高的矛盾。

在双重工业化格局的调整过程中，城市工业的发展要注意处理好改造传统产业与促进高新技术产业发展的关系。与发达国家及经济发达省份相比，东北地区在经济中具有举足轻重地位的仍是传统产业。从东北地区经济发展阶段来看，东北地区目前正处于工业化中期，这一阶段起主导作用的仍然是钢铁、机电、汽车、化工、建筑等物质生产部门。虽然当代技术进步已使发达国家进入知识经济时代，我们可以利用高新技术成果加快工业化进程，通过发展高新技术产业实现工业化与信息化同步进行，却不能跳跃工业化发展阶段直接进入信息化。这就要求我们在促进城市工业升级的过程中处理好发展高新技术产业与改造传统产业之间的关系，既要采取引进技术与自主研究开发相结合的方式，推进东北地区高新技术产业的发展，更要高度重视利用高新技术改造传统产业。在这一过程要着重做好以下几个方面的工作：一是要做好共性技术的推广与应用，提高传统产业的技术含量；二是加强对支柱产业的技术改造，全面提高支柱产业的生产工艺水平和技术装备水平；三是做好交通运输、出版、住宅、旅游业等传统第三产业的技术改造工作，提高其运作效率，促进这些产业向信息化发展。

在双重工业化调整过程中，农村工业的发展要与农村城镇发展相结合，要鼓励农民集资兴建小城镇，使部分已经"工业化"、"商业化"的农村人口实现城镇化。在农村工业化与农村城镇化相互促进，共同发展的过程中，由于市场需求的变动、劳动力成本的提高所带来的比较优势的变化以及技术进步的作用，农村工业将逐步在技术、组织、管理等一系列方面失去其独立的经济特征，成为东北地区现代工业的有机组成部分。

第二节　促进传统农业改造

一、实现由歧视农业向保护农业政策的转变

改革开放以前我国长期实行以城市工业为中心，以重工业发展为重点的片面工业化的发展战略，在传统体制下，工农业之间一直未能建立起协调发展和良性循环的关系。改革开放以来，经济发展战略的调整和市场机制的引入，改善了工农业间的相互关系，促进了两大部门之间资源的合理流动，但是迄今为止工农业之间相互促进共同发展的良性循环仍然没有完全建立起来，工农业仍未能步入协调发展的轨道。

这种情况在东北地区就更加严重，长期以来，东北地区偏重重型工业结构与初级型的农业结构，造成了工农业关联度低下，互动机制缺失的局面。东北地区具有丰富的农业资源和农产品规模优势，但长期得不到工业联动和支持，依托农产品原料的轻加工业落后，传统农业规模优势弱化，致使农业产业化进程缓慢，农业增效、农民增收缺乏动力支持。东北地区因此成为全国"三农"问题最为突出的地区之一。很多人把东北老工业基地振兴单纯理解为传统工业的振兴，在理论与实践上自觉不自觉地忽视农业。我们必须认识到，东北老工业基地振兴不是仅传统工业的振兴，而是整个东北区域的全面振兴。国家实施"东北老工业基地

振兴"战略，为东北推进农业现代进程提供了良好契机。一是通过加快工业化与城市化进程，为农业剩余劳动力的转移与产业结构的调整创造了条件；二是城乡人口结构变动，可为农业创造广阔而稳定的区域农产品销售市场；三是随着区域经济的持续增长，可以为工业反哺农业创造更大的空间。①

对农业保护是经济发展过程中的一个必然现象。这不仅是因为农业是国民经济的基础，更重要的是因为与其他产业相比，农业不仅要承受着其他产业所不可能有的自然风险，而且要承担比其他产业大得多的市场风险。鉴于农业的基础地位和农业产业高风险的特点，世界大多数国家在经济发展的一定阶段上都对农业给予支持和保护。虽然各国的具体国情不同，保护程度、重点、保护的具体措施和手段不同，但对农业实施一定程度的保护则是一个普遍的现象。

我国在经济发展过程中实施对农业的保护政策，从其必要性来说除了以上所阐述的一般性原因之外，还与我国的具体国情有关：（1）中国是一个具有13亿人口的大国，农业在国民经济发展中的举足轻重地位是任何一个人口小国都不能比拟的。对于一个人口小国来说，农业发展不足，可以通过对外贸易来解决，而对于我们这样一个人口大国来说，人口增长所需求的基本生活资料、非农产业发展所需要的农业原材料，特别是经济发展所需要的市场扩张均不可能完全依靠国外市场来解决。（2）受长期忽视农业政策的影响，我国农业投入严重不足，农业生产条件与环境条件趋于恶化，农业发展成为制约国民经济持续协调发展主要因素。（3）我国正处于由计划经济体制向市场经济体制加速转轨时期，市场机制本身和宏观调控体系的不完善，农村社会化服

---

① 金凤君等：《东北地区振兴与可持续发展战略研究》，商务印书馆2006年版，第164~165页。

务体系和其他市场中介组织的不健全，农产品市场和要素市场的行政垄断与不规范竞争并存，增强了我国农业比较利益低的效应，加剧了农业本已不利的竞争地位。

彻底改变忽视农业发展的片面工业化发展战略就要切实增加农业投入，逐步实现由歧视农业向保护农业的政策转变。从对农业实施保护政策的可能性来看，东北地区的经济发展已初步具备了工业反哺农业的基本条件。一个国家或地区什么时候实现由农业支持工业向工业反哺农业的产业关系政策转变，从理论上来说取决于工业部门能否在自我积累的基础上向农业提供剩余。其判断的基本依据是，工业部门在国民经济中的主体地位是否已经确立。从东北的情况来看，经过50余年的经济发展历程，东北地区已进入工业化中期发展阶段，工业部门在整个经济体系中的主体地位已经牢固确立，已初步具备了工业反哺农业，实施农业保护政策的条件。

对农业实施保护的目的是增加农民收入，降低农业风险，提高农业竞争力。其核心是通过增加对农业的投入，来提高农业的综合生产能力。从东北地区经济发展实际情况出发，要通过增加对农业的资金投入，来加快对传统农业改造的步伐，推进农业现代化进程。这就要求改革政府对农业的投入机制，以保证对农业投资的长期稳定增长。为此必须做好以下几方面工作：一是要改革农业财政投入的运作方式，提高支农资金的使用效率。如在一定范围内实行的财政支农资金的有偿使用制度，近年来实行的中央与地方政府的资金配套制度，以及农业发展基金制度，均收到了较好的成效。二是要改革和完善农村金融体制，增加信贷资金对农业的投入。政府在信贷资金的投入、计划管理等方面对农业发展要采取适当的倾斜政策，要在充分发挥农业发展银行支农作用的同时，发挥农村信用社在支农方面的积极作用，使农民的储蓄存款尽可能地用于农业发展。三是加强政府支农资金分配与使用的监督与管理，以提高支农资金的使用效率。四是加强对农村基础设施的建设与教育、医疗等公共事业投入，为东北农村经济发展创造良好的基础条件。

二、调整农业结构以充分挖掘农业内部就业潜力

农业结构调整是东北地区经济结构调整的一个重要组成部分。从促进二元经济结构转换的角度来看，东北农业结构调整的一个主要目标，就是要提高农业资源的利用效率，通过对农业资源的深层次开发和更为广泛的利用，向农业的深度与广度进军，来吸纳更多的劳动力就业，在此基础上，提高农产品的商品率和农民的收入水平，并利用现代产业组织形式，加快对传统农业的改造，促进农业现代化进程。为此需要做好以下几个方面的工作：

（一）树立现代农业观念，促进现代农业体系的形成

谈到农业结构调整，人们往往局限于种植业的调整，至多是农林牧副渔各业之间的调整。事实上，随着科学技术的进步及人们消费需求的变化，农业在国民经济结构的变动中，其内涵及形态发生了巨大的变化，不仅种植业，甚至传统的大农业即农林牧副渔各业，也难以涵盖现代农业体系。以美国为例，1884年以后美国制造业的增加值超过了农业，但农业的基础地位没有动摇。原因就是农业在国民经济结构的变动中，其内涵也随之发生变化，农业生产的多功能性日益显现，并在此基础上派生出众多的产业体系：如以谷物、果菜、畜产品的生产、加工、销售为主的农业食品产业体系；以棉花、麻类等纤维制品的生产、加工、

销售为主的农业纤维产业体系；以农业园艺、农村景点为主进行观赏、旅游、休闲和教育的农业文化产业体系；以林业、水土保持、资源环境可持续发展为主的农业生态产业体系；以先进的种苗、生物工程、科学技术、试验示范手段支持的农业科技产业体系；以化肥、农药、农用机械为主的农业装备产业体系；以农业数据和图像处理、计算机网络、农业决策支持和信息实时处理为主的农业信息产业体系；以土地、水资源等为资本运营的农业资源产业体系等等。这些产业体系都是以农业为基础，但已不局限于原来的传统农业，而是用现代生产要素将其衔接，使现行农业这个基础，不仅是指人们的衣食之源，是现代科技及新兴产业的发祥地，更是这些产业体系的组织结构和运行机制的基石，而且也是社会文化、生态的重要屏障。①

改革开放以来，东北地区农业结构调整取得了显著的成效，但是农业结构的调整还是局限在传统农业内部，停留在种植面积和产品数量的增减上。这种调整远不适应增加劳动就业，提高农民收入的要求。随着我国经济的发展和人民生活水平的提高，人们对农产品的需求发生了重大变化，由追求吃饱、穿暖，变为吃的要求营养、方便、快捷、安全，穿的要舒适、美观、体现个性，此外，还在文化、环境等方面对农业产品提出新的要求。这就为农业发挥多功能性，并以此为基础发育各类适合社会需要的产业体系创造了广阔的发展空间。因此，在新的历史条件下调整农业结构，需要树立现代农业观念，对农业结构进行一次全方位的战略调整，积极发展包括生态农业、文化农业在内的新型农业，积极促进现代农业体系的形成。

我国的国情和农业自身特点决定了农业的基础地位，而东北

---

① 丁立：《培育有竞争力的农业产业体系》，载《农业经济》2001年第4期，第13页。

农业在我国一直处于特殊的地位，起着突出的作用。东北地区作为我国重要的农业生产基地，商品粮调出是占全国的 1/3 以上，被誉为"中国粮食市场的稳压器"和"中国最大的商品粮战略后备基地"。但 20 世纪 90 年代，出现了以"农业生产连年下滑、农村经济发展缓慢"为特征的"新东北现象"，东北农业陷入困境。现代农业是农业发展的最新阶段，从传统农业向现代农业的转变是当前东北农业转型发展的主要任务，也是东北地区二元经济结构转换的重要途径之一。

东北地区树立现代农业观念，促进现代农业体系形成，其主导方向是大力发展优质、高效、绿色、生态、安全的现代农业，要发挥水土资源优势，建成国家最大的商品粮生产基地和粮食安全基地；发挥资源生态优势，建设绿色农产品生产基地；发挥粮食生产优势建设精品畜牧业基地；发挥科技优势，建立农业科技示范基地。

（二）转变政府职能，充分发挥市场机制的作用

经过改革开放 20 多年的发展，到 20 世纪 90 年代末，我国的大部分产品已由卖方市场转入买方市场，这标志着我国经济运行特征发生了显著变化，经济发展由供给制约转为需求约束。与此相适应，我国的主要农产品也实现了由卖方市场向买方市场的转变，这是我国农业发展史上具有历史意义的重大转折。它说明我国农业的发展目标要由以增加产量和满足人民温饱，转向以满足市场需求，适应小康社会发展。短缺经济条件下，农业发展以增产为目的，可以把解决农民温饱与满足城市居民和工业生产对农产品需求这两个方面，较好地结合起来。但是在买方市场条件下，农产品的总量扩张已经不能带来农业收入的相应增长，农产品供给与农民收入增长之间的简单的对应关系已经发生了变化。

要增加农民收入，改善农村生产生活条件，必须根据市场需求的变化来调整农业结构，使农业生产在品种、数量和质量方面都能满足市场需求的变化。

要根据市场需求的变化来调整农业结构，必须走出计划农业的误区，用市场经济思路来指导农业结构调整。虽然我国的市场经济体制初步建立，但与市场经济相适应的行政管理体制仍没有建立起来，政府部门仍习惯于按照自己的意愿去规定农民进行农业结构调整的方向，以行政手段去直接控制生产。这种用计划经济的办法来管理市场经济，靠行政手段调整农业结构，不仅难以做到使农产品的供给结构适应社会需求结构的变化，而且极有可能人为地集中了结构调整中的市场风险，使农民的利益受到损害。更为严重的是长期运用行政手段干预农业生产，不可避免地侵害农民及农业生产企业的生产经营自主权，妨碍市场经济的公平竞争。因此，农业结构调整必须转变政府职能，充分发挥市场机制的作用。在农业结构调整中政府的工作重点，是建设良好的市场环境，通过政策引导、典型示范、提供服务等办法，帮助农民获得准确的市场供求信息，为农民提供必要的技术、资金支持，同时通过制度创新为农民降低交易成本，规避市场风险提供相应的制度保障。

（三）利用现代产业组织形式，实现农业产业化经营

发挥市场机制的作用，根据城市需求的变动调整农业结构，除了要转变政府职能，减少政府的行政干预外，还必须培育农户的市场适应力。这种市场适应力主要表现在两个方面，一是农户要有适应市场需求的变动主动调整生产结构的内在动力；二是农户要有一定的防范与承担市场风险的能力。而恰恰是在这两个方面，东北地区小规模的家庭经营存在着较大的局限性。与发达的

市场经济国家相比,东北地区的家庭经营还是一种小农经营。农业经营规模过小,农户的经营手段和经营方式落后,农业生产活动基本上是非商业性的自给自足农业。这种小规模的自给性农业,对于大多数农民来说其经营目标与其说是追求利润的最大化,还不如说是追求生存机会的最大化和经营风险的最小化。小规模的家庭经营,不仅使农民缺乏适应市场需求变化来调整生产结构的主动性,更缺乏承担市场风险的能力。由于小规模家庭经营承担市场风险的能力较弱,所以他们宁愿采用传统的农业生产技术,播种同样的农作物,而不愿率先采用新的农业技术,调整生产经营结构。因此,小规模家庭自给性经营,是导致传统农业长期技术停滞,缺乏竞争力的根本原因。

改革开放以来,东北地区农产品供求格局和购销体制发生了根本性变化,小规模家庭经营的小农经济性质却基本上没有改变,从而形成了小农户与大市场的矛盾,小农户经营越来越不适应市场经济的发展对农业结构调整的要求。具体表现以下几个方面:(1)小规模经营使农户除了自给性消费以外,可供商品性经营的剩余有限。这种情况,一方面导致农户缺乏根据市场需求的变化主动调整生产经营结构的积极性,另一方面又不可避免地造成农户积累能力较弱,无力适应市场需求的变化来调整生产结构。(2)分散的小农户经营由于规模小,劳动生产率低,产品生产的成本高,批量小,市场交易成本高,难以防范农业结构调整所伴随的自然风险和市场风险。分散小农户经营由于防范与承担市场风险的能力较弱,因而倾向于保守经营,一般不会根据市场需求的变动率先调整生产结构,而一旦先行者取得了市场成功,又会一哄而起纷纷效仿,从而造成农业结构调整中农产品产量的大起大落,又进一步加大了市场风险。(3)分散的小农经营,由于免费搭车心理的存在,组织性较差,在市场交易中往往处于不利地位，受到诸多中间环节的盘剥，不能保证自身的经济利益。小规模家庭经营的局限性，从根本上来说不利于提高农业的竞争力，从而难以提高农业在市场化经营中的比较利益。

农业结构调整的过程，实际上是一个发展市场农业，增加农业效益的过程。在这一过程中农民能否做到适应市场需求的变动调整生产结构，并通过结构的调整增加收入水平，最重要是提高农业产业组织的竞争力。因此，必须采用现代产业组织方式，提高农民的组织化程度，使分散的家庭经营与国内外大市场接轨。

国内外农业经济发展的实践表明，农业产业化经营是在家庭经营的基础上实现农业规模经营的有效途径，也是带动农业结构调整的重要方式。所谓农业产业化经营就是要按照现代化大工业经营方式来改造农业的传统经营方式。农业产业化的基本内涵是以加工企业为依托，以广大农户为基础，以科技服务为手段，通过将农业再生产过程的产前、产中、产后诸环节联结为一个完整的产业系统，实现产供销、农工商一体化经营。农业产业化对于农业结构调整的作用主要表现在以下几个方面：（1）通过"龙头"企业的带动和商品生产基地的联结，把分散的小规模家庭经营纳入社会化大生产轨道。一方面，可以解决工商业稳定合格的原料供给来源，另一方面以可解决农业稳定有利的产品销售市场。这样就可以把分散的农户与国内外市场紧密地联系起来，有助于克服分散家庭经营与千变万化的大市场的矛盾。（2）农业产业化经营可以增加规模经济效应，提高农业的竞争力。农业产业化经营体系的运营方式，是市场交换关系，通过"公司＋基地＋农户"等有效的联结方式，把分散的农户小生产组织到产业一体化的大生产体系中来，使农产品的生产、加工、销售紧密联系起来，并通过产业群体和产业链条带动生产基地和广大农户进行专业化生产，并通过市场机制的作用，引导资源向优势农户、企业和区域聚集，促进农业生产朝着规模经营和集约经营的方向发展，在整体上增加农业生产的规模经济效应，提高农业的市场竞争力，从而有助于克服农业的弱质性与提高农业自身效益的矛盾。(3) 农业产业化可以提高农民的组织化程度，为保护农民利益提供了制度保障。农业产业化的核心是经营一体化，关键是"龙头"企业带动，基础是农户参与，本质是由有关各方组成的"风险共担，利益共享"的经济共同体。这种经营方式的变革，把农业再生产相关的上游开发与下游增值联结起来，将产业组织化与农民组织化有机地结合起来，不仅减少了中间环节，节约了交易成本，而且还借助合同契约等形式提高了农民的组织化程度，为保护农民利益，增加农民收入提供了制度上的保障。(4) 农业产业化有助实现生产的专业化及布局的区域化，有利于优化农村产业结构，建立高效农业体系。农业产业化围绕某种商品生产，形成种植业、饲养业、加工业的有机联系，形成产供销、服务网络为一体的专业化生产系列。同时每个专业化生产系列，又都按照区域比较优势的原则，设立专业化生产区，按专业化生产区进行资源配置，安排商品生产基地的布局，从而有利于充分发挥区域资源的比较优势。农业的专业化生产和区域化布局，有利于合理配置生产资源，优化农村的产业结构和产品结构，建立高效农业体系，提高农业产业的整体结构效益。总之农业产业化是把农户经营引入现代市场经济的有效组织形式，它可以在更大范围内和更高的层次上实现农业资源的优化配置和生产要素的重新组合，提高农业的比较效益，有利于在家庭经营的基础上，逐步实现农业生产的专业化、商品化和社会化。

东北地区"三农"问题突出，在促进农民增收及统筹城乡发展的时代背景下，应重新审视农业产业化经营对于农村经济和社会发展的实际意义，要立足当地农产品资源、产业结构、环境保护等实际制定农业产业化发展战略，并着力抓好以下几个关键环节：一是要以市场需求为导向，结合本地资源优势，因地制宜地确立主导产业。二是要抓好"龙头"企业的建设。"龙头"企业是发展农业产业化经营的核心，其经济实力的大小、管理水平的高低直接决定着产业化经营的规模和成效。在龙头企业的建设上，要结合企业产权制度的改革，加快农业公司上市融资的进程，通过资本市场的作用，扩大产业化"龙头"企业的规模，增强其经济实力和对农户的带动力。三是要正确处理好"龙头"企业与农户之间的利益关系。建立健全约束机制与利益调节机制，通过契约来合理确定双方的权责利关系，以形成"龙头"企业与农户的利益共享，风险共担，努力与农户结成共损共荣的利益共同体。

（四）立足全国市场面向国际市场调节农业生产结构

要从大市场、大流通的角度来考虑农产品的供求平衡问题，立足全国市场，面向国际市场调节农业生产结构。我们在以往的农业结构调整过程中，更多地把着眼点放在省级区域范围内，各地纷纷抓"米袋子"、"菜篮子"工程，力求在本省区甚至本市区范围内实现主要农产品的供求平衡。应该说，这种作法是与发展市场经济相悖的，它不仅使全国统一的大市场难以形成，而且会导致区域农业结构重复，不利于农业生产的专业化和各地区比较优势的发挥。调整农业结构要顺应农业市场化、国际化的趋势，围绕增加农民收入，鼓励农民面向市场发展商品生产，发挥各地的比较优势，形成区域内专业化生产和区域间合理分工的格局。

随着需求约束的增强及国内市场开放度的不断加大，东北在农业结构调整上不仅要足于国内市场，还必须面向世界市场。要适应加入 WTO 的新形势，努力扩大农产品的出口。加入世界贸易组织，将对我国农业产生巨大的影响，其利弊如何最终将取决于中国农产品的国际竞争力。这就要求我们在农业结构调整中要逐步降低竞争力差的产品在整体结构中的比重，加大具有竞争优势的产品的比重，以提高农产品的国际竞争力。面对加入 WTO 后国内农产品特别是土地密集型大宗农产品面临竞争压力增大，国内农业及农产品竞争趋向国际化和近年来国内粮食总产量下降，影响国家粮食安全的新形势，东北地区一是要充分发挥其在国内农业生产中居于领先地位的作用，以国际市场为导向，根据自身比较优势，调整产业结构提升产品综合素质，参与国际竞争。二是要发挥其作为国家粮食战略后备基地功能，增加粮食生产，改善粮食品质，依托三江平原建设绿色商品粮生产基地。三是根据国内需求结构的升级和国际市场需求变动的趋势，优化农产品的品种结构和品质结构，发展优质高效农业。要促进名、优、特产品的生产，其中特别是要大力发展有机食品。四是要大力发展农产品加工业，在更好地满足消费者对农产品及其加工品多样化的需求的前提下，提高农业的比较利益和农民的收入水平。东北地区要通过农业产业化经营，促进农产品加工业的发展，拉长产业链条，并通过农产品加工业的发展提高农产品质量，扩大农产品销路，大幅度地提高农产品附加值，增加农民收入。

三、加强人力资本投资以全面提高农业劳动力素质

马克思主义经济学认为，人作为生产力的基本构成要素，是社会生产力发展的决定性因素。这是因为，在生产力构成要素中，人是劳动资料和劳动对象的创造和使用者，是科学技术的发

明与应用者，一切生产力要素，只有与劳动者结合，才能使潜在的生产力转化为现实的生产力。大多数发展中国家，人力资源十分丰富，但却没有得到充分的利用。其主要原因之一是大量劳动者素质低下，不能适应现代经济发展的需要。因此人力资源的积极开发与有效利用，是二元经济结构转换过程中的一个十分重要的环节。人力资源开发的一个基本途径就是进行人力资本投入。人力资源是指一国拥有的用于生产活动的潜在劳动生产力，而人力资本则是指用于对人力资源开发投资所形成的资本，它表现为体现于劳动者身上的知识、技能、体力等的综合能力和素质。只有通过人力资本投入才能提高劳动者的素质。而劳动者素质的提高，不仅是农业剩余劳动力是否能够顺利转向非农产业，并在与新的生产要素结合中发挥更高效率的决定因素，也是改造传统农业实现农业现代的必要条件。

农业剩余劳动力向非农产业转移能否顺利实现，除了非农产业要有对农业剩余劳动力的需求及农民要有进行职业转换的欲望外，一个十分重要的因素就是劳动力自身的素质是否能够满足非农产业对劳动力素质的要求。在二元经济条件下，传统农业与现代非农产业对劳动力的素质的要求大不相同。这是因为农业劳动力进入现代非农领域，其生产方式将发生根本性的变革，如果说在传统农业领域劳动者的体力与经验起着主导作用的话，那么在现代非农产业中起决定作用的则是反映劳动者综合素质状况的劳动力受教育的程度，及掌握现代科学技术的能力。只有具有较高的受教育程度和掌握现代科学技术的能力，才能够很快地适应新的生产环境，通过职业培训可以在较短的时间内掌握较为复杂的生产技能。所以职业变迁对劳动力素质的要求，在农业剩余劳动力转移的实践中就不可避免地表现为具有一定文化教育水平，或掌握某种非农劳动生产技能的劳动力率先脱离农业进入非农产业就业。

二元经济结构转换要求在促进农业剩余劳动力向城市非农产业转移的同时,加强对传统农业的改造,加快农业现代化的步伐。事实上对传统农业改造的过程也是提高农业劳动力素质,以适应农业现代化要求的过程。传统农业是发展中国家二元经济结构中的一个组成部分,在农业发展的这一阶段,农业经营规模小,生产结构简单,生产要素主要是土地和劳动力,以人力和畜力为主要动力,劳动工具简陋,资本投放极少,农产品产量和农业劳动力的边际生产率很低,农民经营的主要目的不是追求更多的收入而是为了满足家庭基本生活需求。因此这是采用传统的农业技术和经营方式,主要以自给自足为目的的自然经济,其最基本的特征是技术停滞。按照舒尔茨的解释,所谓技术停滞是指在一个贫穷的农业社会中,农民长年耕种同样类型的土地,播种同样的作物,使用同样的生产要素和技术,世世代代都同样的生产和生活。[①] 显然,传统农业劳动力不可能适应现代农业的发展。因此我们要把改造传统农业与改造传统农民结合起来,通过人力资本的投资,提高农业劳动力的素质,把自给自足的小农,改造成适应现代农业发展要求的商品经营者。

新中国成立以来,东北地区的农村教育有很大的发展,农业劳动力素质也相应地有较大程度的提高。但是目前东北地区农村教育总体上仍然比较落后,农业劳动力的素质还不高,距现代农业的要求仍有很大的距离。从经济社会发展对教育的需求来看,目前东北地区教育农村事业的发展,还存在着一些不容忽视的问题。一是农村教育资源投入不足,教育质量不高。现在农村教育办学条件只能满足学科教学的基本需要,离全面推进素质教育的

---

① 谭崇台:《发展经济学》,上海人民出版社1989年版,第252页。

要求相距甚远。目前，东北地区农村中小学教师学历层次偏低，学校危房比例较高，基本教学仪器不足等问题和困难都严重影响了农村教育的教学质量；二是农村教育结构不合理，教育脱离农村社会的实际。农村教育形成了单一的全日制普通学校教育结构，忽视了各种形式的职业技术教育。而农村教育的内容、学科设置脱离农村的社会生产实际，毕业生回乡后缺乏生产致富的本领；三是农民收入水平偏低，教育负担过重。2006年辽宁省城乡居民收入之比为2.45∶1，吉林省为2.86∶1，黑龙江省为2.59∶1。农村的支付能力较弱，加之过重的教育负担，降低了农村对教育的有效需求，使农村教育长期处于较低水平。① 东北地区农村人力资本投资不足，劳动力素质低下，远不适应二元经济结构转换中现代非农产业对劳动力素质的要求，严重地制约了农业现代化进程。因此，必须把加强人力资本投资，提高农业劳动力素质作为一项根本性任务，常抓不懈。

1. 提高对人力资本投资的认识，加强对农业、农村教育工作的重视和领导。长期以来，人们把物质资本的积累看成是经济发展的决定性因素，没有对人力资本的投资问题给予应有的重视。这是因为，传统经济理论在探讨人口与经济增长的关系时，总是将劳动力视为同质的、无差别的。由于在大多数发展中国家，相对于物质资本和自然资源来说，人力资源十分丰富，因此，人们自然会得出物质资本是经济发展的决定因素的结论。人力资本理论改变了人们的传统观念，人们认识到对于广大发展中国家，制约其经济发展不只是物质资本，更在于其人力资本的不足，特别是在广大农村，相对于物质资本，人力资本的作用更为突出。人力资本的投资对于农业发展的重要意义，在于通过人力

---

① 鲍振东等：《中国东北地区发展报告》，社会科学文献出版社2007年版，第371页。

资本投资可以提高劳动者的身体素质，提高他们的知识水平、文化修养，以及技术水平和熟练程度，从而为农业创造出具有较高生产效率的劳动力。只有具有充足的人力资本，物质资本才能产生出较大的生产力。发展中国家人力资本短缺造成劳动力素质低，管理落后，扩大的物质资本存量得不到高素质的劳动力配合，造成大量的技术设备和生产能力得到不到有效利用。第二次世界大战以后，几乎所有的发展中国家为了摆脱贫穷和落后状况，都设法集中各种资金投入到现代化建设中来，并通过利用外资来促进国内经济的发展。但除了少数的几个国家或地区取得成功之外，大部分发展中国家都收效甚微。与此相反，在二战中遭受严重创伤的日本和西欧，在利用外资方面却取得了巨大的成功。许多经济学家都认为，产生这种差异的原因，在于两者在人力资本方面存在着巨大的差距。一些西方经济学者通过对经济增长因素的分析，得出西方国家国民收入增长率大于资源投资的增长率，他们认为劳动者素质的提高是导致经济增快于资源投入增长的最主要的因素。正是因为人力资本投资能够通过提高劳动者的素质，提高劳动生产率，所以包括教育在内的人力资本投入绝不是一种非生产性的消费行为，而是一种高收益的生产性投资。正如舒尔茨所说："上学不仅是为了得到满足或效用。相反，公共和个人用于教育上的费用，意在获得生产性的'存量'。这种'存量'包含在人体中，将来能提供各种服务，而这些服务包括：未来的收益，未来自己的经营能力以及家庭活动的能力，未来消费的满足。"[①] 特别是在知识经济时代，科学技术的飞速发展，人力资本对于农业的发展就更为重要。这因为在知识经济时代知识的获取、创新及发展直接关系到一个产业的竞争力，人力

---

① 张培刚：《新发展经济学》，河南人民出版社1999年版，第224页。

资本的主要含量是通过教育而形成的知识,人力资本将劳动力与知识技能结合在一起,所以只有拥有高素质的人力资本才能跟上知识经济发展的趋势,并充分利用知识经济为农业发展所带来的机遇,有效地推进农业技术的进步和农业生产的发展。

为此,东北地区的各级政府部门应当提高对人力资本投资的认识,加强对农业、农村教育工作的重视和领导。应当站在改造传统农业促进农业现代化的高度,充分认识农村教育的重要性和紧迫性。应当把农村教育纳入战略发展重点,把农业发展转到依靠科技进步和提高劳动者素质的轨道上来。

2. 加强对人力资本投资的力度,增加对农村教育的投入。人力资本投资包括两个方面的内容,一是体力投资,一是智力投资。体力投资主要包括营养卫生条件的改善;智力投资主要包括教育的发展。由于体力投资与维持人的健康生存和劳动力的正常再生产相一致,一般情况下,只要条件允许,劳动者通常不会忽视对这方面的投资。但是用于教育方面的投资则与此不同,一是教育投资的收益通常不会在即期获得,往往是一种未来的收益,并具有某种程度上的不确定性;二是教育投资的具有很强的外部正效应。这两种因素与发展中国家资本稀缺的现实结合在一起,人们往往会认为教育投资的机会成本很高,因此依靠劳动者个人进行教育投资往往不能满足经济发展对高素质劳动力的需求。由于二元经济结构的存在,不仅农村居民收入水平远远低于城市居民的收入水平,而且其在城市非农产业的就业机会也远远小于城市居民,这就使农民对于教育投资的能力和积极性更加不足。因此,相对于人力资本的体力投资来说,智力投资更需要政府的作用。

各级政府要认真落实筹措教育经费的各项法律规定和政策,在有限的公共资源条件下,政府的公共支出要向农村教育倾斜,特别是农村的义务教育。要制定优惠政策鼓励社会办学,多渠道筹集办学资金。要在保证农村基础教育的同时,加大对农村职业教育和成人教育的经费投入,努力改善办学条件。要大力推进农林高等院校教学的现代化,加强教学基础设施的建设,改善教师待遇,以稳定师资队伍,提高教学质量。

3. 调整教育结构,提高教育投资的效率。就东北地区的实际情况而言,50%左右的儿童生活在农村并在农村接受教育,其中将会有相当大的一部分要在农村度过一生,因此对于农村儿童来说,基础教育及农业职业教育是非常重要的,它直接关系到他们未来的竞争能力与收入水平。就对农业发展来说,只有劳动者具备现代社会所必备的基础教育和一定程度的农业技术知识,才有可能适应农业现代化的需要,能够及时掌握现代农业的科学技术,并与现代农业生产要素有机组合,推进农业现代化进程。

教育与农村经济发展实际相脱节的一个直接后果是教育投资效率低下。西方经济学家对发展中国家和发达国家教育投资的收益率进行了大量的经验研究。这些研究表明,在发展中国家,小学教育投资的收益率比中学教育投资收益率要高,而中学教育投资的收益率又要高于大学教育的收益率。[①] 根据东北地区的实际情况,要提高教育投资的收益率,必须调整教育结构,把农村教育重点放在基础教育的普及和职业教育的发展上。在普及基础教育方面要着重做好贫困地区义务教育的普及工作,进一步加大对贫困地区和少数民族地区的扶持力度,提高九年义务教育的普及率和巩固率。在发展职业教育方面要制定优惠政策,鼓励社会各种力量以各种方式举办职业教育和成人教育,为农村经济社会发展培养高素质的劳动者和初中级专业人才。

---

① 谭崇台:《发展经济学》,上海人民出版社1989年版,第215页。

4. 深化农村教育体制改革，建立新的教育及科研开发体系。加强人力资本投资，促进农村教育发展的根本保障是要建立一个适应现代农业发展和市场经济要求的农村教育体制。要重点做好三个方面的工作：第一，建立健全教学、科研、推广三结合的农林教育体制。农林高等院校和农村职业、成人学校的专业设置要与农村产业结构调整和经济社会发展方向相适应，以农林高等院校为核心形成教学、科研、推广相结合的教育体系。第二，加强基础教育、职业教育及成人教育的统筹管理，建立起基础教育、职业教育及成人教育相互沟通、农科教等部门技术培训推广力量相结合的县、乡、村三级教育培训网络，合理配置教育资源。第三，改变片面追求升学率的应试教育，加强素质教育。要把农村教育的方向真正转变到为农村经济和社会发展服务的轨道上来，基础教育要改革教学内容，把文化知识教育与实用生产技术的培训结合起来；高等教育要拓宽专业口径，增强人才培养的适应力。

第三节　加速城市化发展

一、世界城市化的一般趋势

城市化是作为一种经济现象，是人类社会发展到一定阶段上的产物，是工业化过程中经济结构变动所导致的必然结果。18世纪中叶工业革命以来，工业化成为世界经济发展的主要内容，与此相适应，城市化成为人类社会进步的最主要的特征之一。

纵观世界各国发展的历史过程，城市化呈现出明显的规律性。从世界上大多数国家的城市化发展过程来看，城市化进程大

致可为分为三个阶段：①

第一阶段：城市化初期。这一时期城市化发展水平低于30%。这一时期一般也是工业化初期，农业仍占主导地位，大量人口处于农村从事农业生产。这一阶段的城市化发展速度比较缓慢，年均增长率一般为0.2~0.3个百分点，城市规模较小，数量较少、功能单一，空间形态呈点状结构。

第二阶段：城市化中期。城市化水平在30%~70%之间。这一时期城市化发展速度明显加快，一般为城市化发展初期的1.5~2.5倍。这种加速发展的是工业化发展中期大量农业剩余劳动力转移到非农产业的必然结果。在城市化发展的中期，不仅表现为城市规模的迅速扩张和城市数量的急剧增加，而且在空间结构上也从分散的点状分布，发展成紧密的面或带状结构，形成了城市群或城市带。

第三阶段：城市化后期。城市化水平在70%以上。这一时期，城市人口比重继续上升，但上升的速度已大幅度降低。这是因为在工业化后期，农业剩余劳动力向非农产业的转移过程，以及由此带来的人口由农村向城市迁移的过程已基本结束。这一时期，大中小城市已成体系，构成完整严密的城市网络结构，城乡界限模糊，趋向一体化。

二、东北地区城市化发展的主要特征②

东北地区是中国城市化速度较快，水平较高且城市密度大的区域。计划经济时期在大量国家重点建设项目带动下，从"一

---

① 刘中一、邓鸿勋主编：《跨世纪战略发展过程中的中国经济结构研究》，经济科学出版社1998年版，第265~266页。

② 王洛林、魏后凯：《东北地区经济振兴战略与政策》，社会科学文献出版社2005年版，第153~157页。

五"时期至改革开放前,东北地区的城市化在全国始终保持较高水平。由于计划经济时期形成了东北地区城市空间布局的基要形态,东北地区城市化发展有其自身的特点:

1. 特大城市和大城市多,中小城市不发育。东北地区城市体系结构为:特大城市13个,占东北地区城市总数的14.4%,其中400万人口以上的城市1个,200万人口以上的城市4个;大城市45个,占东北地区城市总数的50%;中等城市26个,占东北城市总数的6.7%。整个城市体系结构呈现出头大尾小的特点。

2. 资源型工业的城市职能结构特点突出。东北地区城市职能结构以综合性城市资源型工业城市为主,这两类职能类型城市所占比重为40.6%。特别是全国以自然资源开采,资源型产业占城市经济主导地位的城市,在东北地区分布最为集中。东北三省共有资源型城市30个,其中,辽宁7个,吉林10个,黑龙江13个;其中,地级市14个,县级市16个。按照资源种类划分,煤炭城市9个,其中一半以上的煤炭城市已经进入老年期;冶金城市2个,为辽宁的本溪市和葫芦岛市,处于中年期;石油城市2个,为黑龙江的大庆和辽宁的盘锦,处于中年期;森工城市17个,大兴安岭森林蓄积和可采成过熟林蓄积大幅度减少,除次生林外基本无林可采。在全国25个资源枯竭型城市中,东北三省有12个,占48%,分别为辽宁省的抚顺、阜新、本溪和北票;吉林省的辽源、白山、桦甸、敦化和舒兰;黑龙江省的鸡西、鹤岗和伊春。许多资源枯竭型城市,由于地区主导产业所依存的资源面临枯竭或开采成本提高,造成产量大规模缩减,并影响到上下游产业,而新的接续产业又没有成长起来,地区性失业大规模增加，经济发展陷入困境。①

3. 逐渐形成三个城市密集区并向城市群方向发展。一方面，沈阳、哈尔滨、长春、大连等特大城市空间扩展明显，城市边缘区成为城市空间发展的重点，郊区成为最活跃的城市化区域。另一方面，区域内出现城市整合及一体化发展趋势，辽中南、长吉、哈大等城市密集区不断完善，并基本形成了三个城市密集区。

三、东北城市发展面临的主要问题②

1. 城市化进程明显减缓。改革开放以来，由于东北地区众多企业破产倒闭，老工业基地发展陷入困境，经济增长速度长期低于全国平均水平，城市化发展受到制约，与全国城市化快速推进的浪潮形成了强烈对比。在1978～2000年间，东北地区城市化水平均每年增长0.78个百分点，不仅远低于自身在"一五"时期年均3.4个百分点的水平，而且低于同期全国年平均增长0.83年百分点水平，更落后于年均增长1.5～2.5个百分点的东南沿海发达地区。一些资源型城市由于经济转型没有及时跟上，出现了城市人口数量减少、城市萎缩的"逆城市化"现象。如阜新市为了解决大量失业矿工的吃饭问题，不得不让4万名矿工去当农民。

2. 产业高度集中于几个特大城市，城市间有机联系弱。东北地区城市体系呈现出头大尾小的特点，产业高度集中于几个特大城市。2002年，沈阳和大连两市人口合计占辽宁省的18%，

---

① 鲍振东等：《2006年：中国东北地区发展报告》，社会科学文献出版社2006年版，第5页。
② 王洛林、魏后凯：《东北地区经济振兴战略与政策》，社会科学文献出版社2005年版，第157～160页。

但工业总产值和 GDP 分别占全省的 40% 和 42%；长春和吉林两市人口合计占吉林省的 18%，工业总产值和 GDP 占全省的比重高达 67% 和 51%；黑龙江省工业总值的 65%，GDP 的 43% 集中于哈尔滨和大庆两市。① 虽然产业高度集中于特大城市，但大城市功能发展并没出现由聚集转向扩散，大城市的增长极作用并不明显。由于中小城市发展水平低，城市间有机联系弱，一方面特大城市处于过度聚集状态，导致城市交通拥挤，人口密度过大、环境恶化等"城市病"问题突出；另一方面乡村城镇化进程十分缓慢，使东北地区城市化地域推进过程中凸显了二元结构矛盾。东北地区 60% 以上大中城市分布在哈大—滨洲和滨绥的丁字形铁路沿线，而东北地区东西两翼及广大北部边远地区城市数量少，城市等级过低，这三个地域占东北地区总面积的 60%，却没有一个超过 150 万人口的特大城市。这使东北广大落后地区缺乏增长极，较大程度上制约着地区之间的联系及落后地区的发展。

3. 城市职能结构单一，重工业和资源型产业比重大。2002 年在东北 31 个市中，只有绥化、黑河、佳木斯、松原、白城 5 个城市轻工业占工业总产值的比重超过重工业，冶金、机械、能源、森工及化工等重工业城市占全部城市的 83%。大部分城市的经济结构单一，对自然资源的依赖性强，城市所在地区自然资源的丰富程度、开发进程和强度，基本上制约着城市的规模、发展速度和发展水平。

---

① 金凤君等：《东北地区振兴与可持续发展战略研究》，商务印书馆 2006 年版，第 226 页。

四、东北城市化战略选择

传统工业城市模式使得东北地区的城市面临着诸多问题和困难，西方发达国家城市化经验已无法借鉴，面临着新旧经济时代的交叠，经济全球化与国内社会经济转型，以及东北经济发展和城市化进程的特殊性，必须探索一条新的城市化道路。以往谈到城市化道路人们总是集中于证论是走集中型还是分散型的城市化道路。事实上无论是以大城市为主导的集中型城市化道路，还是以小城镇为主导型的分散型城市化道路都有可取之处，大中城市规模效益高，城市功能较为齐全，具有小城镇无法替代的聚集功能和辐射效应；而小城镇与广大农村地缘关系紧密，房地产价格和生活费用都远低于大中城市，可以通过中小企业的发展吸收更多的农业剩余劳动力。但两者也都有各自的不足，集中型城市化道路由于人口密度过大，易发生交通拥挤、住宅紧张、环境污染严重、社会治安不强等"城市病"，但小城镇聚集功能弱，规模效益与土地利率用低。因此，研究东北地区的城市化道路，要突破集中型或分散型城市化道路，非此即彼的思维方式，根据东北地区城市化发展的实际情况出发，着眼于有利于统筹城乡发展，实现工业化、城市化与农业现代化良性循环，以区域产业结构和就业结构相互促进、城市空间结构布局合理为核心，来设计东北地区城市化发展战略。区域产业结构和就业结构相互促进会形成两者耦合性高级化演进，表现为产业结构带动就业结构经由第一、二、三次产业的演进；城市空间结构合理布局表现为区域经济空间结构从点状城市到城市带，再到城市群和组团式城市群的城乡一体发展。现阶段东北地区城市化战略重点是：提高产业结构带动就业结构的第三产业转换能力，促进东北地区城市群形成

和城乡一体化进程：①

1. 增强产业结构和就业结构的转换能力，形成新的城市化动力机制。工业化是城市化的根本动力。而工业化突出地表现为产业结构与就业结构的发展和演进。世界各国近现代工业化历程表明产业结构与就业结构的转换是推进工业化，进而是促进城市化发展的基本路径。东北地区刚刚进入工业化中期阶段，要踏踏实实地推进工业化进程，用信息化带动工业化，通过产业结构转换与升级，带动与其高度耦合的就业结构的转换，进而促进区域内各种生产要素不断聚集，促进城市区域布局的合理化。

2. 发展大中城市与促进小城镇建设并举，形成完善协调、合理分工的城市体系。从东北地区经济发展实际与城市化的特殊性，综合分析以大中城市为主的集中化城市道路与以小城镇为主的分散化城市道路的优势与不足，兼顾城市的聚集功能与辐射效应，东北地区则应走发展大中城市与促进小城镇建设并举，集中化与分散化相结合的城市化发展道路。东北地区大中城市占区内城市总数的比重大，整个东北地区93%的城市，其人口规模都在20万人以上，城市规模等级较高。从城市规模理论看，一般在20万~25万人以上，城市才能发挥较好的规模效益。东北地区大城市数量多，是未来推动区域城市化进程的明显优势，应进一步发挥大城市的聚集功能与辐射效应。同时也要加速小城市、小城镇的发展，建立起大、中、小城市和小城镇之间相互分工，紧密关联的城市体系，促进农业剩余劳动力向城市非农产业转移，逐步向城乡一体化发展。

3. 建设以沈阳大连为龙头的大都市经济区和产业聚集带。

---

① 王洛林、魏后凯：《东北地区经济振兴战略与政策》，社会科学文献出版社2005年版，第158~183页；叶裕民：《中国城市化之路——经济支持与制度创新》，商务印书馆2001年版，第42~58页。

在经济全球化的趋势下，由核心城市及其区域组成的、具有有机联系的"城市区域"正在成为全球经济竞争的基单元。东北地区要加快沈阳、大连的发展，使其成为世界城市体系和国家城市体系中的重要节点，承担人才、资金、信息等各种要素流的枢纽任务，积极建设辽中南大都市经济区，使其成为像珠三角和长三角那样的参与全球经济竞争的基地。要加强城市间的有机联系，通过辽中南城市群的功能提升，带动整个哈大齐（哈尔滨、大庆、齐齐哈尔）和吉林中部（长春、吉林、四平、辽源）——两个人口密集带，以及一批地区性中心城市的发展。

五、促进东北城市化发展的对策措施

1. 要充分发挥市场机制在城市化进程中的作用，切实提高城市化对农业剩余劳动力转移和经济增长的实质性带动作用。为此要通过深化经济体制改革，突破人口在城乡间流动的制度性障碍，改变过去那种依靠县改市、乡改镇的行政区划变动的方式来提高城市化水平的做法。提高城市化水平一是依靠城市人口的自然增长和农村人口迁入而造成的原有城市规模的扩大；二是建设新的城市，使原来的农村人口变为城市人口。无论是哪一种方式都应该是工业聚集与人口迁移的结果，即使是通过增加新的城市，使农村人口变为城市人口，也应该是原有农村居民点的人口达到一定聚集程度的结果。依靠市场机制的作用来促进城市化水平提高，是城市化水平的实质性的提高，而依靠行政区划的变动所带来的城市化水平的提高，只是城市数量的增长，并不必然带动工业的聚集和农业剩余劳动力转移。为了充分发挥城市化进程对农业剩余劳动力的吸纳作用，促进经济的持续协调增长，必须充分发挥市场机制在城市化进程中的作用，提高城市化对人口的聚集效应。

2. 大中城市要着重加强基础设施的建设，加速第三产业的发展，以提高对农业剩余劳动力的吸纳能力。城市基础设施为城市提供了一般的生产条件和生活条件，是城市赖以生存和发展的基础。城市基础设施一般包括城市能源系统、水源与给排水系统、交通运输系统、邮电通讯系统、城市生态环境保护系统及城市防灾系统等。东北城市基础设施严重滞后于城市经济的发展，已成为制约大中城市对农业剩余劳动力吸收的重要因素。解决这一问题的关键是建立适应市场经济体制的城市基础设施建设和运营体制，主要是城市基础设施的投资体制和经营体制。从投资体制来看，要建立城市基础建设的多元化投资格局，除了具有福利性和公共物品性质的基础设施主要由政府投资外，其他具有自然垄断性质的基础设施投资均可以由各类企业来进行投资。一些基础设施可以通过股权转让、拍卖经营权等方式，盘活基础设施的存量，然后利用回笼资金进行新的项目投资；要通过投融资体制的改革，吸引各类投资主体参与城市基础设施的投资，以弥补政府投资的不足，特别是要加大外商对基础设施的投资力度。从城市基础设施的运营体制来看，要建立市场化、企业化的城市基础设施经营体制。要按照基础设施的性质和市场化的程度，组建国有控股公司或投资公司，使大多数城市基础设施管理部门企业化，摆脱行政干预，走向市场，成为市场主体，实现对基础设施的市场化经营管理；同时要在充分考虑城市居民的承受能力的情况下，进行相应的基础设施价格和收费制度的改革，有步骤地放开大多数城市基础设施的价格，并把原来财政上的"暗补"变为进入居民收入的"明补"。对一些影响较大的公共基础设施服务价格，要建立有城市公共基础设施运营部门、政府物价管理部门和居民共同参加的价格协调机制，按"成本+合理利润"的原则，共同制定各方都能接受的合理价格。最后，对于一些随着科技进步已逐渐丧失自然垄断性的部门要果断地推向市场。

为了适应市场经济发展的要求，大中城市要改变城市原有的单一的生产功能，加快第三产业的发展，改造和提高大中城市的流通与服务功能，使其成为融生产、服务、金融、商贸和旅游等功能为一体的现代化城市。这样做，不仅可以使城市吸收更多的劳动力就业，而且有助于发挥大中城市的主导作用，建立城乡社会化综合服务体系。

3. 小城镇发展的重点是扩大小城镇规模，增强小城镇的聚集功能。农村城镇化的主要目的并不在于建设一批现代化的城镇，而是通过农村城镇化的发展，增强小城镇的聚集功能，促进农业剩余劳动力向小城镇转移，并以此为基础，调节农村的产业结构、就业结构和城乡关系，逐步实现城乡一体化。为此要着重做好以下几个方面的工作：一是着力抓好小城镇的科学规划和合理布局。一些学者在论及到小城镇的不足时总是强调小城镇规模过小、布局分散，环境污染严重等问题。严格说来，这些问题并不是小城镇本身存在的问题，而是在小城镇发展过程中的规划与布局的问题。由于在小城镇建设中缺乏科学规划与合理布局，东北小城镇建设中确实存在着上述问题，在有些地区甚至是相当严重。因此在小城镇建设中要首先要搞好科学规划与合理布局。城镇的规划与布局既包括原有小城镇发展的完善，也包括新建小城镇的设计与论证。小城镇的规划与布局应根据本地的人口、资源、交通、自然环境与经济发展前景等实际条件来进行，要切实做到符合当地社会经济条件，有利于发挥小城镇的聚集功能和对周边地区的带动作用。坚决杜绝只根据现行的行政区划，不顾需要与可能，盲目追求小城镇数量，乡乡建镇，遍地开花的现象发生。就小城镇自身的建设，要本着因地制宜、突出特色及坚持可持续发展的原则，对小城镇的发展类型、主导产业等进行合理定位，对水、电、路等基础设施和住宅、厂房、市场设施的建设要进行统筹安排，综合开发，在建设过程中要特别注意节约用地及防止环境污染。特别是小城镇规划与布局应以区域经济社会综合发展为目标，其规划不能只着眼于单个小城镇，而要从区域经济整体发展的高度和思路来设计规划，使小城镇与周边农村、城镇以及中心城市之间形成一个紧密联系的有机整体。二是采取各种措施促进人口与生产要素向小城镇集中，以强化小城镇的聚集功能。其中一个重要方面是把调整乡镇企业布局与小城镇建设结合起来，实现乡镇企业布局的相对集中，这样既可以增强小城镇的聚集功能，也有利于密切乡镇企业与城市工业的联系，提高技术水平，并借助小城镇的外部经济效应降低生产成本。因此要制定相应的政策措施，鼓励分散在各自然村的乡镇企业逐步搬迁到小城镇里来，鼓励更多的人到小城镇办厂、设店，发展私营及个体经济。三是要建立小城镇建设的多元投资体制，吸引各类投资主体参与小城镇的建设与综合开发。制约我国城市化进程的重要因素是建设资金短缺，虽然小城镇建设与发展大中城市相比所需求建设资金要少得多，但就全国来看仍然是一笔庞大的资金，远非财政所能负担。因此，要解决小城镇建设的资金投入不足问题，从根本上来说是要建立多元化投资体制，吸引各类投资主体参与小城镇建设，特别是要鼓励农民自带资金到城镇来安家立业，吸引城市各类经济主体到小城镇投资，引导城市工业按照比较优势的原则向小城镇扩散。地方政府也要加大对小城镇建设的投入力度，加强小城镇的基础设施的建设。在小城镇的投资建设上，要本着谁投资谁受益的原则，保障各类投资主体的合法权益。

4. 推进资源型城市改造，培育扶持后续替代产业。东北地区是资源型城市最为集中的地区，有30多个，占全国1/6。这些资源型城市由于长期依赖资源型产业,工业体系不完善,产业结构单一,没有形成维持城市持续发展的产业支撑。这一问题不解决,城市就业压力就不可能得到有效缓解,更谈不上吸纳农业剩余劳动力。因此,要实施多元化产业发展战略,因地制宜地选择接续产业,促进这类城市的健康发展。

第九章

以创新推动东北二元经济结构转换

东北二元经济结构转换受到资源环境压力、资本形成及有效需求不足的多种因素制约。在新的国内外经济环境下推进二元经济结构转换,我们面临着比世界上任何一个发展中国家都更为错综复杂的矛盾。能否顺利地实现二元经济结构转换,不仅取决于我们是否能够找到推进二元经济结构转换的发展道路,还取决于我们是否能够通过技术与制度创新,来克服二元经济结构转换中所面临的基本矛盾:城乡双重就业压力与资金、资源及市场需求相对不足的矛盾。

第一节 创新在二元经济结构转换中的效应分析

"创新"一词具有非常丰富的内涵,我们可以用这个词汇来形容提出一种新的思想、一项新的科学发现,做出了一项新的发明,构思出一种新的组织形式、制度框架、设计出了一个新方案,实施了一种新的管理模式等等。然而从经济学的角度来分析创新活动，则主要是指技术创新与制度创新。

技术创新包括新技术的发明、技术革新、新技术的扩散、新技术的转移等一系列内容。它与制度创新相互联系相互作用共同带动经济增长与结构转换。

在经济发展中技术创新的过程必然伴随着的制度方面的改造。这是因为任何社会的再生产都是物质资料再生产和生产关系再生产的统一，任何一个社会的经济主体所进行的经济活动，也都是人与物的关系和人与人的关系的统一。如果说科学技术是从人与物的关系上，代表了社会生产力的发展水平，那么经济制度则从人与人之间的关系上，代表了一个社会生产关系的性质。从这个意义上说，技术创新与制度创新之间就存在着十分密切的联系。根据马克思的生产力与生产关系的辩证关系的理论，两者之间的关系是技术创新决定了制度创新，而制度创新又深刻影响着技术创新。一个国家技术创新的动力以及他接受技术创新成果的能力，无不受到现有的经济制度的影响和制约。

事实上技术创新与制度创新在现实生活中是密切联系的，这种联系不仅体现在技术创新与制度创新之间相互促进、互为条件的关系上，而且还表现在两者对经济发展的作用也是密不可分的。技术创新从人与物的关系方面，主要通过生产函数的改变，降低直接生产成本，提高经济效率，并为进一步制度创新奠定了基础；制度创新从人与人的关系方面，主要通过协调人们之间的利益关系，减少生产过程中的 X 低效率，降低交易成本来提高经济效率，同时为技术创新提供动力机制和良好的外部条件。

在二元经济结构转换过程中创新的作用主要表现在两个方面：

第一，创新可以突破二元经济结构转换过程中资金与资源有限的制约，通过提高有限资源的利用效率，解决在多元化发展道路之间合理的配置资源的问题。我们以工农两部门之间的关系为例来说明这一问题。

二元经济结构转换的核心问题是农业剩余劳动力的转移问题，农业剩余劳动力的转移的最基本条件是，现代工业部门的扩张能够保证对农业剩余劳动力的吸收；农业部门的发展能够保证农业部门中剩余劳动力顺利地转移到现代工业部门当中。在二元经济结构转换过程中，现代工业部门的扩张会扩大对劳动力的需求，从而带动农业剩余劳动力向工业部门的转移。在不存在技术创新的条件下，工业部门吸收传统农业剩余劳动力的能力取决于资本积累的大小（见图9-1）。随着生产的发展和资本积累，现代工业部门的规模不断扩大，从而对农业剩余劳动力的需求也将随之扩大。但在一定时期内，资本的数量总是一定的。按照报酬递减规律，在资本数量一定，技术条件不变的情况下，随着劳动投入量的增长，劳动边际生产率会下降。劳动边际生产率曲线（也就是劳动的需求曲线）和农业部门劳动供给曲线的交点，便决定了工业部门对农业劳动力的需求量。图9-1中，横轴OL代表劳动，纵轴代表OP代表工业部门的工资水平，OP_0表示工业部门的工资水平等于刘易斯所定义的固定工资（略高于农业部门的生存收入），在这一固定的工资水平下，现代工业部门的劳动力供给是无限的，因此劳动供给曲线P_0S是一条平行于横轴的水平线。D_0为资本量为K_0时的劳动边际生产率曲线，它在工资为OP_0时与劳动供给曲线相交与M_0点，此时工资等于劳动的边际产品，符合利润最大化条件，所以OL_0为资本量为K_0时，工业部门所能吸收的农业剩余劳动力的数量。假设工业部门把利润（由图中D_0曲线下面相当于$D_0P_0M_0$所形成的三角形面积所示）全部用于投资，资本量从K_0增加到K_1，劳动的边际生产率曲线也相应地向外移至D_1，它与劳动供给曲线相交与M_1点，决定了工业部门在资本量为 K_1 时所能吸纳的劳动力数量为 OL_1。同时，利润量也增加到 $P_0M_1D_1$。这个量再全部用于投资，吸收的劳动力会进一步增加，这一过程将不断重复进行，直至所有过剩劳动力被工业部门吸收完毕。以上分析是假定工业部门在不断扩张过程中工资水平不发生变化。但在发展中国家的现实生活中，由于城乡二元劳动力市场的存在，尽管存在着农业剩余劳动力的压力，但工业部门的工资仍然会上升。在工资水平上升的条件下，一定的资本积累数量所能吸收的劳动力数量就减少。如图 9-1 所示，在工资水平为 OP_1、OP_2 时，一定的劳动边际生产率曲线下（如 D_0），对劳动的需求量从 L_0 减少到 L_0'、L_0''。因此在工资水平趋于上升的条件下，吸收同量的农业剩余劳动力就需要更大的资本量。

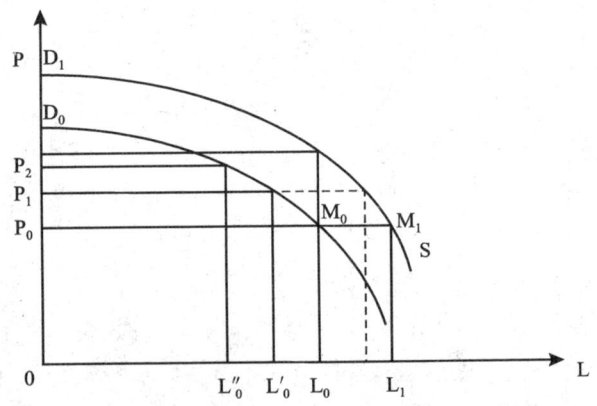

图 9-1　创新对农业剩余劳动力吸收的作用

如果工业部门在整个国民经济中的比重较大，资本积累规模较大，工业部门的扩张速度较快，上述过程的确可以完成对农业剩余劳动力的吸收。但二元经济结构的特点恰恰是现代工业部门过于弱小，仅仅依靠工业部门的自身积累是不可能实现工业部门的迅速扩张，从而难以为农业剩余劳动力提供相应的就业岗位。这就必然会造成大量的剩余劳动力滞留在农业部门，从而影响农业劳动生产率的提高。

当然在工业部门资本积累能力不足条件下，还可以依靠农业部门向工业部门的资本转移来实现工业部门的迅速扩张。但是在二元经济结构下，传统的农业部门虽然庞大，却是十分落后，大量地向工业部门提供剩余，则会造成农业部门积累不足，难以通过创新来提高劳动生产率。而在劳动生产率不变的条件下，农业部门中大量存在的低效率的农业劳动力就不可能顺利地向工业部门转移。农业中的剩余劳动力实际上分为两个部分，一部分是边际劳动生产率为零的劳动力，一部分是虽然边际劳动生产率大于零却低于最低生存费用的劳动力。劳动边际生产率为零的这部分剩余劳动力的转移自然不会影响农业总产出，而且由于边际劳动生产率为零的这部分劳动力的转移，农业部门产生的农业剩余，形成了对工业部门就业人口的食物供给。但是边际劳动生产率小于最低生存费用却又大于零的这部分劳动力的转移，在不提高农业劳动生产率的条件下，则会造成农业总产出的减少，使农业部门所提供的剩余农产品不能满足工业部门就业人口对农产品的需求。农产品的短缺会引起农产品价格的提高，并带动工业部门的工资上涨，而工业部门的工资上升又会引起利润水平的降低，从而会影响工业部门的进一步扩张，这部分劳动力向工业部门转移的越多，工业的贸易条件越是恶化，结果在这部分剩余劳动力全部转移到工业部门之前，工业部门的扩张就会因无利可图而终止。而农业剩余劳动力转移受阻碍，反过来又会进一步影响农业部门的发展，造成农业部门陷入低效率—高劳动投入—低效率—

高劳动投入的恶性循环。

可见在缺乏创新的条件下，单纯依靠资本积累不仅不可能实现农业剩余劳动力的顺利转移，还会由于工农业产值结构与就业结构转换的非均衡，进一步扩大二元经济结构反差强度。问题的要害在于，在发展中国家就业压力过大，资本不足，资源短缺的制约下，如果缺乏创新的带动，短缺的资源就不能满足两大部门平衡发展的需求，从而难以在工农业两大部门之间形成相互促进共同发展的良性循环，导致农业剩余劳动力转移受阻，发展中国家的二元经济结构长期得不到根本性的改造。

解决这一问题的关键，是要以创新为基础来促进两大部门的协调发展。这是因为创新可以通过生产函数的改变，提高资源的利用效率，使经济运行可以突破资源与资金不足的制约，获得持续发展。在创新的带动下，现代工业部门能够以较小的资本投入获得较快的发展，一方面保证了工业部门对农业剩余劳动力的需求，另一方面又可以在农业内部保持较多积累，使农业部门有可能通过创新来提高劳动生产率。在农业部门劳动生产率提高的条件下，农业部门中那些劳动边际生产率大于零但小于最低生存费用的剩余劳动力，才会顺利地向工业部门转移。农业剩余劳动力的转移又会进一步提高农业劳动生产率，提高农民的收入水平，扩大对工业品的市场需求，反过来进一步促进工业部门的迅速发展，从而形成了工农业协调发展的良性循环：以创新为基础的工业部门的发展带动了农业剩余劳动力的转移，而农业剩余劳动力的转移又提高了农业劳动生产率，并促进了农业的集约化经营，加速了传统农业现代化改造的进程，从而缩小了二元结构的差距。

东北地区经济发展过程中二元经济结构转换滞后，除了我们在前面所分析的原因（我国传统的工业化发展道路、传统经济体制以及改革开放以来我国的离土不离乡的农业剩余劳动力转移道路)以外,一个重要原因就是受粗放型经济增长方式的影响。粗放型经济增长方式的一个重要特征,就是创新不足,经济增长主要依靠扩大要素投入来实现。在这种经济增长方式下,工业部门资源利用效率低下,高投入,低产出,工业化进程的推进,需要不断地依靠农业部门大量的资源转移,从而严重影响了农业部门的发展和对传统农业的现代化改造。由于在粗放型经济增长方式下,工农业两大部门没有建立起相互促进、共同发展的良性循环,造成农业剩余劳动力不能顺利地向现代工业部门转移,而农业剩余劳动力转移受阻,又进一步制约了农业部门的发展。农业部门发展滞后,在传统的重工业自我循环的工业化发展道路和卖方市场条件下,主要表现在工业化进程一再被农产品严重短缺所打断,而在20世纪90年代末以来买方市场条件下,则主要表现在工业部门的扩张受到农村市场有效需求不足的严重制约。

第二,创新能够创造新的需求,有助于克服二元经济结构转换过程中需求不足的制约。在现代市场经济中,生产不仅仅是被动地适应市场需求,而且还应不断地开拓新的市场,创造新的需求。而技术创新在这方面发挥了重要作用。通过技术创新可以开发出新的产品,创造出新的市场需求,带动新的产业的发展。当创新活动集中出现时,就会在新的市场需求的带动下,出现新的产业群,从而创造更多的就业机会,并通过就业率的提高促进居民收入水平的提高,又通过居民收入水平的提高进一步扩大市场需求。美国在知识经济的带动下,出现长达9年多的高增长、低失业和低通胀,一个重要的原因是新的技术革命发明一批新的产品,创造了巨大的市场需求,带动了一系列相关产业的发展。在经济发展的历史进程中,一般来说长期的经济萧条,通货紧缩常常是与创新不足有关,而持续的高速增长也往往是技术进步的结果。

在新的国内外经济环境下，推进二元经济结构转换，我们面临着比世界上任何一个国家都更为错综复杂的矛盾。根据东北地区的具体情况，为了有效地解决东北在二元经济转换过程的诸多难题，我们在第七、第八两章中集中分析了推进二元经济结构转换的多元化发展道路及主要途径。但是现实的经济运行能不能沿着多元化发展道路及主要途径，顺利地实现二元经济结构转换，还要取决于我们在经济发展过程中，能否较好地解决在二元经济结构转换过程中所共同面临基本矛盾：就业压力和资源、资金及市场需求相对不足的矛盾。因为无论是工业化与农业现代化并进，还是城乡工业的合理分工与协调发展，或是分散式城市化道路与集中式城市发展道路并举，都存在着一个在共同发展的两者之间合理的配置资源的问题，如果不能很好地解决人口与资源的矛盾，克服资金与资源不足的制约，就会出现在众多的应该共同发展的因素之间顾此失彼，难以通过多元化发展道路实现二元经济结构的转换。比如，关于促进工业化发展与农业现代化并进问题，我们在第八章中重点论及了从目前中国及东北经济发展的实际情况出发，应该实现从农业支持工业向工业反哺农业转变，虽然我们也强调现阶段只能对农业的发展实行适度保护，但在目前资金与资源条件下，既要促进工业化进程，又要由工业反哺农业促进农业现代化，毕竟是一个不易做到的事情；再如，实现农村工业与城市工业在合理分工的基础上协调发展，把以轻工业为主的劳动密集型产业转移到农村，同时也意味着把这部分积累源转移到农村，城市工业升级所需的资金固然可以通过利用外资来得到部分程度的解决，考虑到利用外资受到诸多因素的制约以及存在的一些副作用，城市工业升级所需求的资金问题不可能完全依靠利用外资来解决；另外，城市化发展不论是促进大中城市的现代化，还是加快小城镇的建设都需要大量的资金投入。

我国已经告别了短缺经济步入买方市场，需求不足成为经济运行的常态，无论是工业化还是农业现代化都有一个开拓市场，创造需求的问题。要从根本上解决东北地区在经济发展过程中的资金、资源和有效需求不足的制约，使东北老工业基地能够通过多元化发展道路，促进农业剩余劳动力的转移，实现二元经济结构转换，就必须以创新带动经济发展，完成由粗放型经济增长方式向集约型经济增长方式的转变。

第二节 技术创新的路线选择

技术创新的实质，是由于新技术的发明和采用以既定的要素投入获得了更大的产出，或是以较少的要素投入实现了既定的产出。技术创新不仅会引起要素投入量的变动，而且对不同要素投入量变化的影响也是不相同的。根据技术创新对劳动、资本等投入要素影响程度不同，可以把技术创新分为三种类型：中性型技术创新，即技术创新会导致资本与劳动同比例节约，也就是说资本—劳动比在技术创新的前后保持不变；劳动节约型的技术创新，技术创新带来劳动要素投入的明显减少，从而使资本—劳动比上升；资本节约型技术创新，在实现即定产量的前提下，技术创新导致资本投入量的减少，从而使资本—劳动比下降。

技术创新的三种类型分别代表了技术创新的三条不同路线。一个国家或地区在经济发展中选择哪一种技术创新路线主要取决于以下一些因素。

1. 要素禀赋。一个国家或地区的要素禀赋不同，从企业的角度来分析，不同的技术创新路线所形成的成本与收益之间的关系也就不同。因此，在市场经济条件下，企业技术创新一般总是倾向于更多地采用相对丰裕的资源。从国民经济宏观的角度来分析，一个国家或地区的要素禀赋特点决定了这个国家的比较优势，在既定的要素禀赋的条件下，一个国家或地区的技术创新路线的选择决定了一个国家资源利用和配置效率。所以在一般情况下，国家或地区的技术创新路线的选择与微观市场主体对技术创新路线的选择是一致的，也是倾向于用相对丰裕的资源来代替相对稀缺的资源。事实上，在充分竞争的市场条件下，两者也必然是一致的，因为企业技术路线选择的总的趋向就形成了国家或地区整体的技术路线的选择倾向。假如不考虑其他因素的影响，劳动力资源丰裕的国家通常会选择资本节约型的技术创新路线，而资本或自然资源较为充裕的国家通常会选择劳动节约型的技术创新路线。

2. 社会需求结构。在市场经济条件下，社会需求结构决定了生产的利益导向，从而也就决定了市场主体的技术创新倾向。当一个国家或地区处于工业化初期，由于人均收入水平较低，整个社会的需求结构表现为以基本生活资料需求为主，人们对农业和轻纺工业产品的需求量最大，这时，一个国家或地区的技术创新路线就表现为以资本节约型为主。随着经济的发展和人均收入水平的提高，人们在基本生活资料的需求得到基本满足之后，对非基本生活资料的需求会不断增加，整个社会需求结构表现为以耐用消费品为中心的非基本生活资料为主。在这种需求结构的引导下，一个国家或地区的技术创新路线就表现为以劳动节约型技术创新为主。

3. 国际竞争状况。一个国家或地区所面临的国际竞争状况决定了其由资源禀赋所决定的比较优势能否在国际竞争中形成竞争优势，从而也在相当大的程度上影响着一个国家的技术创新路线的选择。一般说来，一个国家或地区的技术创新程度越高，其国际竞争力就越强。而技术创新程度较低的国家或地区则不可能具备较强的国际竞争力。对于国际竞争力较低的国家或地区而言，即使是按照比较成本的原则，根据本国、本地区的要素禀赋来选择自己的出口结构以及由此所决定的技术创新路线，在日益激烈的国际竞争条件下，在对外贸易中仍处于不利的竞争地位。比如，发展中国家的初级产品的出口，以及近年来劳动密集型的工业制成品的出口，与发达国家相比都面临着不利的贸易条件。单纯依据比较成本的原则来决定一个国家的技术创新路线，在日益激烈的国际竞争的条件下，有可能会造成发展中国家长期落后于发达国家的情况。

对大多数的发达国家而言技术创新路线的形成及演变是一个自然发展过程。因为对于大多数的发达国家来说，由于经济的早发性，在其经济发展的过程中，一个国家在一定的经济发展阶段上的要素禀赋、社会需求结构、国际竞争力是一致的。在发达国家经济发展的初期，人均收入水平低，社会需求以基本生活资料为主，同时由于工业化程度不高，积累能力不强，要素禀赋也表现为劳动力丰裕而资本稀缺，其产业结构表现为以劳动密集型的轻纺工业为主，其技术创新路线按现在的标准衡量，则表现为资本节约型。随着工业化程度的提高，资本积累能力的增强，发达国家的要素禀赋也发生了变化，劳动力日益成为稀缺的生产要素，同时人均收入水平的提高，使社会需求结构转向以耐用消费品为主的非基本生活资料的需求为主，其产业结构则表现为以资本密集型的重工业为主，其技术创新路线则表现为劳动节约型。由于发达国家的科学技术水平一直处于国际先进地位，所以不论是在经济发展初期的资本节约型的技术创新路线，还是后来需求结构变动时技术创新路线的变化，均不会受到国际竞争因素的影响，根据国内要素禀赋与社会需求结构变动所选择的技术创新路线，在国际上同时也是具有竞争力的。

但是对于大多数发展中国家来说，经济发展的后发性，按照国内要素禀赋和社会需求的特点所选择的技术创新路线，有可能与提高国际竞争力的要求相背离。对于发展中国家而言技术创新路线的选择能否同时满足三方面的要求，是一个十分难于处理的问题。对于我国来说，在目前的国内外经济环境下，推进二元经济结构转换的技术创新路线的选择就更为复杂。如果按照我国的要素禀赋条件，我国是世界上第一个人口大国，劳动力资源十分丰富，我国应选择资本节约型技术的创新路线；但考虑到在知识经济已经来临的国际环境下，劳动力成本低廉的比较优势在当今的国际竞争中的作用日益降低，为提高我国的国际竞争力，我们则应选择节约劳动型的技术创新道路。就国内市场需求结构来分析，城市居民的消费需求已经进入了以耐用消费品为代表的非基本生活资料需求为主的阶段，在城市消费需求结构变动的带动下，我国重加工业在近年来也有了较大的发展，技术创新过程带有明显的劳动节约型的特征。按我国的要素禀赋的特点来选择技术创新路线，不仅与提高国际竞争力的要求不一致，而且与满足国内需求结构要求也会发生某种程度的背离。东北地区作为中国的老工业基地，其在技术创新路线的选择上，也和全国面临着同样问题。这表明我们在技术创新的路线选择上，不宜采用单一标准，也应走资本节约型与劳动节约型相结合的技术创新道路。具体来说，我们在城市工业的发展上要以劳动节约型技术创新为主，以满足城市居民对非基本生活资料的需求和适应国际竞争的需要；在农村工业的发展上要以资本节约型技术创新为主，以充分利用丰富的劳动力资源。而在农业生产上从人多地少的域情出发，从近期来看，则要以土地节约型的生物化学技术创新为主。

在技术创新路线的选择上存在着一种理论误区，认为就解决劳动就业来说，只能选择资本节约型的技术创新路线，发展劳动密集型产业。应该说，单纯从增加劳动就业的角度来看，在劳动密集型产业的产品有足够的市场需求，资本总量为一定的条件下，选择资本节约型的技术创新路线，由于资本—劳动比较低，发展劳动密集型产业所吸收的劳动力数量，的确要大于选择劳动节约型的技术创新所吸收的劳动力数量，有利于提高资源的利用效率。因此，在一国或地区经济发展的初期，由于工业部门所占的比重较小，资本积累能力严重不足，市场需求也以对劳动密集型产品为主，在技术创新路线的选择上，确实应以资本节约型的技术创新为主。但这绝不意味着，选择劳动节约型的技术创新，发展资本密集型产业对解决劳动力就业问题不起作用，或是会产生不利的影响。如果从动态的角度来考察，即使是劳动节约型的技术创新，也可以从两个方面扩大对劳动力的需求。一是劳动节约型的技术创新，有利于提高劳动生产率，增加剩余总量，从而有利于扩大资本积累规模。即使在资本劳动比提高的条件下，由于资本积累的规模扩大了，对劳动力的需求也会相应扩大，只不过这种扩大的比例要小于资本节约型的技术创新。也仅仅是从这个意义上说，发展劳动密集型产业才更有利于解决劳动就业问题。二是劳动节约型的技术创新，可以通过提高劳动生产率提高人们的收入水平，收入水平的提高所引起的消费结构的变动，会促进第三产业的发展，并通过第三产业的发展来扩大对劳动力的需求。

劳动节约型技术创新与资本节约型的技术创新是一对相对比而存在的范畴，在经济发展的不同阶段，两者所体现的具体内容是不一样的。今天的资本节约型的技术创新，在发达国家经济发展的初期阶段，显然就是劳动节约型的技术创新。从技术创新的历史长河来考虑问题,任何形式的技术创新都具有节约劳动的性质,都是一个不断地把人类日益从繁重的体力劳动中解放出来的过程,随着资本积累,资本—劳动比的提高具有客观必然性。东北虽然是一个处于工业化中期,但是从世界范围来讲,我们正面临着由于全球经济一体化、知识经济到来所形成的激烈的国际竞争。在这种国际经济条件下,过分强调资本节约型的技术创新,忽视劳动节约型的技术创新对劳动就业的作用,有可能会妨碍技术创新的步伐,从长远发展的角度反而不利于解决劳动就业问题。

第三节　二元经济结构转换中制度创新的重点

以创新来带动二元经济结构的转换,不仅要选择适合东北经济社会发展实际的技术创新的路线,通过技术创新来提高资源的利用效率,促进资源的合理配置,而且还要通过制度创新来推进技术创新,促进生产要素的在城乡与工农业之间的合理流动,为二元经济结构转换创新创造良好的制度条件。从促进二元经济结构转换的角度出发,制度创新的重点主要包括三个方面的内容:科技体制创新、农地制度创新以及户籍制度改革。

一、科技体制的创新

要在经济发展过程中充分发挥技术创新的作用,推进科学技术的发展,重要的前提之一,就是要构建有利于技术创新和高新技术以及相关产业发展的制度安排,创造有利于发挥人力资本作用的经济体制、社会文化环境。我国的科技体制与苏联一样,是在计划经济体制下形成的,现行科技体制的最大弊端是科技与经济相脱节。在现行科技体制下，科技成果转化率低，大部分科技力量游离于企业和市场之外。这种情况在东三省也同样存在，甚至更为突出。这是造成我国及东北地区科技对经济增长的贡献率不高，传统产业的技术改造和高新技术产业发展相对缓慢，主要产业市场竞争力不强的重要原因。具体来说主要表现在以下几个方面：

1. 科学研究与市场相分离，科技活动游离与经济活动之外。从科研角度来看，现有的科研机构基本上靠政府财政拨款，与经济部门脱节，独立于生产、企业之外自成体系，大多数科研机构只是按照上级下达的科研计划指标来进行科研活动，科研活动着重于技术上的先进性，而对科研成果的市场适用性及市场应用前景则基本上很少考虑。科研部门只是负责出科研成果，而技术成果在生产中的应用则不属于科研部门的任务。这种情况必然会使市场需求与科技发展缺乏有效的衔接，一方面受政府财力的制约，科技界苦于科研基金不足，另一方面受科技成果应用性的限制，企业又缺乏先进适用的技术。

2. 企业还没有成为技术创新的主体。科技创新主体是指参与科技创新活动过程，并在技术创新活动中占据主导地位，发挥主导作用的社会组织。在市场经济条件下，企业是市场主体，是应用科技成果创造社会财富的社会经济组织。在现代市场经济条件下，企业的生存与发展在很大的程度上取决于企业的技术创新能力，因此，在市场经济条件下企业是技术创新的主体。目前，东北地区企业的研究与开发投入很低，不仅远低于发达国家的水平，也低于珠三角与长三角等经济发达地区。美日等发达的市场经济国家研究与开发经费投入的主要渠道是企业，日本政府对研究与开发投入为18.4%，企业研究与开发投入达80%以上。① 东北地区相当一部分大中型企业还处于体制转轨过程中，还不是真正意义上的市场主体，对企业的长远发展缺乏战略眼光，对技术创新缺乏内在动力与外在压力，企业没有成为技术创新的主体，从总体上看企业的科技投入水平还很低。企业不是技术创新的主体，会由于科研部门的科研成果与企业需求结合的不紧，科研部门的研究经费不足以及科技成果应用于生产的中间环节增加，而不利于科技成果转化为现实生产力。

3. 缺乏技术创新的激励机制与约束机制。技术创新既要进行科技发明，又要加快科技向现实生产力的转化。而这两个方面都需要有一个良好的激励机制与约束机制。现行的科技体制下绝大部分科研机构都是政府官办，科研经费和科技人员的工资收入均来自于财政拨款。在这种体制下技术创新的知识产权归国家所有，科技人员的经济收入与其科研成果及其在生产中的应用没有利害关系。由于科技成果、发明创造等知识产权和利益分配、技术股权、技术转让等都缺乏科学的界定与规范的管理，缺乏相应的法律保障与有效监督，在整个社会就不可能建立起促进技术创新的激励与约束机制。而缺乏这种技术创新的激励与约束机制，就不可能调动广大科技人员进行技术创新以及及时将科技成果转化为生产力的积极性、主动性，也不可能有效地制止各种侵权行为的发生。

4. 政府对技术创新活动缺乏有效的宏观管理与调控。在市场经济条件下虽然企业是技术创新的主体，但整个社会的技术创新活动却离不开政府的宏观管理与调控。只有把企业的自主创新与政府的宏观管理相结合，才能形成完整的国家创新系统，提高

---

① 周小亮等编著：《新世纪的角逐——寻找知识经济的制度结构》，广东旅游出版社1999年版，第152页。

整体创新能力。在现行的科技体制下，政府对技术创新活动缺乏有效的宏观管理与调控，主要表现在：(1) 科技管理政出多门，科研机构重复设置，不同部门与地区间的科研机构缺乏必要的协调与合作，有限的人才与资金不能充分发挥作用，科技创新活动难以形成合力。(2) 科技、教育、财税、金融体制改革大都由专业部门策划和实施，缺乏在科教兴国战略的指导下统筹协调与相互配合。这突出地表现在技术创新活动与高新技术产业的发展缺乏必要的资金支持和相应的优惠政策。多层位、多种类的投融资体系还没有形成，风险投资还处于摸索阶段，风险投资的环境和文化意识的建设进展缓慢。(3) 政府对科技创新的投入不足，在促进技术创新的法律与市场环境的建设方面工作还十分薄弱。

科技体制改革的目标是构建市场化科技体制。所谓市场化的科技体制是指科技创新的出发点与归宿点应以市场为中心，根据市场需求确定科研项目，科研成果应用于市场主体的经济活动，实现技术创新与经济建设的高度融合。为此，需要做好以下几个方面的工作：

1. 深入进行企业制度的改革，使企业真正成为技术创新的主体。企业是经济与科技的结合部，只有企业成为技术创新的主体，才能从根本上克服现行科技体制下的技术创新与经济发展相脱节的弊端。要深入进行企业制度的改革，加快企业的产权制度与企业内部治理结构的建设，使企业真正成为既能享受利益又能承担风险的自主经营、自负盈亏的市场竞争的主体。只有企业命运完全取决于市场竞争实力时，企业才会具有进行技术创新的内在动力，在市场竞争的外在压力下才会形成对科技成果的不竭的需求和强有力的投入。要把企业的改革、改组、改造同加强管理、加强技术创新结合起来，建立健全企业技术创新的激励与约束机制，以加速企业技术创新的步伐。

2. 加快科技机构改革的步伐，促进科技与经济的结合。要对全东北的科技机构进行分类管理，明确界定哪些属于基础性科研机构，哪些属于应用型的技术开发研究机构。对于技术开发型科研机构要转制为企业进行企业化管理，使其面向市场自主经营自负盈亏，充分发挥他们在科技产业中的作用，使大部分科研力量从事科研产业化的创新活动。即使是基础性的科研活动也应尽可能引入竞争机制，采取招标的形式进行，以提高科研经费的使用效率和基础性研究和基础性科技工作的效益；要鼓励科研机构进入大企业或企业集团的研究与开发机构或与企业相互参股成立股份制科技企业；要促进高等院校、科研院所和企业在技术创新、发展高新技术产业中的结合，鼓励高校与科研院所向企业转让技术，或与企业进行从立项到投产的"一条龙"式的全面合作。

3. 健全在市场经济条件下的科技管理体制。要切实转变政府职能，明确界定政府在国家创新体系中的地位。政府工作的重点要尽快从原来的管理具体项目为主，转移到制定政策、改善环境、为基础研究提供必要的支撑，建立坚实的知识基础设施和促进科研部门、企业、金融等部门的协作等宏观管理工作上来；各级科研管理部门要强化间接管理与协调服务功能，对现有的科技力量和科技资源进行调整，彻底改变以往的机构重复，资源浪费的现象，整合过去分散的科技力量，以充分发挥东北地区的科研潜力；政府部门要改变并拓宽科研投资渠道，科研投资要以政府投资为主变为以企业及社会融资为主，建立高科技风险投资基金，加强金融部门对科技创新的支持力度，完善投资结构，提高科技投资效率；建立和完善有利于技术创新的制度和政策体系。要建立完善技术标准、风险管理、知识产权制度以及科研成果在市场交换过程中有序转让制度，制定和实施适应新形势的产业技术政策，集中力量攻克一批关键性技术；要进一步加强基础性科学的研究，选择重点领域增加投入力度，努力在优势领域与薄弱环节取得突破性进展，以增强科技创新的后劲。

二、农村土地制度的创新

农业剩余劳动力由农业向城市非农产业转移的过程，同时也是劳动力脱离土地与工业资本相结合的过程。伴随着农业剩余劳动力向城市非农产业的转移，一方面城市现代工业部门在整个国民经济中的比重不断上升；另一方面，农业经营规模不断扩大，农业劳动生产率不断提高，农业生产日益向现代化方向发展。但是农业剩余劳动力向城市非农产业转移的速度与规模，不仅取决于城市现代工业的发展，还与农村土地制度有较大的相关性。为了促进农业剩余劳动力向非农产业的转移，加速二元经济结构转换的进程，必须改革目前我国这种以均田制为特点的小规模的土地经营方式，实现农地的适度规模经营。

20世纪70年代末80年代初，东北地区与其他地区一样在农村普遍实行了家庭联产承包责任制，使农村的土地制度发生了重大变革。家庭联产承包制涉及土地制度变革的主要内容是：在不改变土地集体所有制的前提下，将土地使用权平均分配给社区成员，形成土地所有权和土地使用权相分离的二重产权形式；农民家庭成为基本经营单位，对所承包的土地具有排他性的使用权；在收入分配上，农户除依据有关法规上缴国家税收和集体提留外，其余劳动产品归农户所有。

联产承包责任制把土地的所有权和使用权相分离，将集体公有土地的使用权交给承包户，由承包者自己配置有限的资源，管理生产过程，使承包者的经营所得与其劳动成果直接相关，极大地调动了农民的生产积极性，实现了我国农业生产发展的历史性转折与飞跃。但是，应该看到，随着农村生产力水平的逐步提高，农业剩余劳动力向非农产业转移，以及农业生产逐步与社会主义市场经济接轨，以均田制为特征的家庭联产承包责任制的局限性越来越明显地暴露出来。

首先，以均田制为特征的家庭联产承包责任制，导致了农业超小规模经营，不利于农业技术进步和对传统农业的现代化改造。以均田制为统一模式的家庭联产承包责任制，主要是按人口和劳动力平均承包土地。根据农村固定观察点办公室对全国29个省（市、自治区）的274个村庄的调查，完全按人口平均分配土地的村庄占到了74.3%，口粮田按人均分配、责任田按全部劳动力均分的占到5.5%，口粮田按人均分，责任田按农业劳动力均分的占到11.0%；其余为其他形式。而且，绝大多数村（76.5%）分配土地时又采取了好、中、差搭配的办法。这样，在农村土地改革之后就形成了分散、细碎、小规模的经营方式。据1984年调查，平均每个农户的农地面积只有8.35亩，分布在9.7块土地上。① 东北地区情况虽然要好一些，但承包制所带来的超小规模经营的情况也同样存在。固定资本的投入是农业技术进步的一个必要条件，但是狭小的土地经营规模，会使农业技术革新特别是农业机械技术革新的投入成本过高，严重影响农业技术革新的经济效益。同时由于经营规模不同，大农场与小农经济抵御风险的能力也不相同。小农经济抵御风险的能力较弱，从事农业生产活动的目的不是寻求利润的最大化，而是寻求生存机会的最大化和风险的最小化。对于小规模经营的小农经济来说，虽然传统技术的生产率不高，但是它们是经过农民祖祖辈辈使用的，保险系数较大，因此，遵从生存原则的小农经济与大农场相

---

① 陈吉元、韩俊：《人口大国的农业增长》，上海远东出版社1996年版，第84页。

比，不仅由于利用固定资产方面的成本较高，缺乏技术创新的能力，而且也由于抵御风险能力不强，缺乏进行农业技术创新的积极性。

其次，以均田制为特征的家庭联产承包责任制，由于土地产权关系的不明晰，限制了农业剩余劳动力向城市非农产业的转移。现行的家庭联产承包责任制虽然使广大农民拥有的承包土地的使用权和一定程度的剩余索取权，但是现行的土地产权制度还远未完善，土地的产权关系也不是十分明晰的。这表现在：土地所有权主体在理论上、法律上是明确的，但在事实上又是模糊的，土地所有权的主体究竟是哪一级的集体各有各的说法，集体成员的进入与退出又导致了集体的边界具有很大的弹性和不确定性；土地产权的期限由国家来确定，并处于不断的变化当中；集体内部人口的变化和集体所有制内含的基本权利法则，导致了承包土地数量处在经常性的调整当中。由于土地产权关系的不明晰，土地使用权转让机制就难以形成。而土地使用权不能转让，就不可避免地限制农业剩余劳动力向非农产业转移。因为对某种稀缺物品具有某种程度的排他性的权利，意味着这种物品可以为权利主体带来一定的收益。通过承包占有土地的权利是与取得一定的收益权利连在一起的，对于这样一种权利，农民是不会轻易放弃的。特别是在社会保障体系不健全的条件下，保留土地是已成为家庭保险的一种手段，加之随着市场经济的发展土地价格的不断攀升，如果缺乏相应的土地流转机制，就不可能割断一部分农民对土地的依赖，以离土的方式向非农产业转移。

最后，以均田制为特征的家庭联产承包责任制，易形成农户兼业的普遍化，不利于农业生产长期发展和农业竞争力的提高。由于土地经营规模过小，大多数农民在有限的土地上不可能充分就业，也不可能通过小规模的土地经营实现较高的经济收入。为了提高生产要素的利用效率，增加经济收入，在小规模经营的条件下，大多数农民都会选择兼业方式。但这种兼业化发展，在土地经营收入仍然是家庭收入的主要来源，非农业收入只占较小的比例时，兼业农民由于可以用兼业收入来扩大农业积累，与纯农户相比土地的生产率和商品率水平都要高一些。但当非农业收入已经成为家庭的主要收入来源，土地经营收入只占很小的比例时，土地经营就会成为副业而不会受到应有的重视。大多数农户只是把土地经营作为保障家庭口粮供给的一种手段，而对土地实行粗放式耕作甚至抛荒。

当然，在小规模经营的基础上也可以建立起现代化的农业生产体系。但是这种现代化的农业生产体系的建立往往是建立在对农业大规模投入的基础之上的。不要说现阶段的经济发展水平不允许我们对农业进行大规模的投入，即使我们的经济发展水平使我们有可能对农业实行高投入，在小规模经营的基础上依靠高投入建立起来的现代农业体系在国际市场也不可能具有较强的竞争力。这是因为土地经营规模小，对固定资产的利用率低下，高投入会导致农产品成本过高，从而缺乏国际竞争力。日本、韩国和中国台湾小规模农业发展的历史与现状充分说明了这一点。

土地制度是农村最基本的一项经济制度，农业生产的经营的状况如何，在很大程度上取决于农村土地制度合理与否。要克服小规模家庭经营的局限性，促进农业剩余劳动力以离土的方式向非农产业转移，实现农业的适度规模经营，加快农业技术创新，推进二元经济结构的转换，就要通过制度创新来变革和完善现行的土地制度，选择合理的土地制度安排，为农业发展提供基本的制度保障。

现阶段我国及东北地区土地制度改革与完善，最重要的是要做好以下两个方面的工作：

首先，明确界定土地的所有权主体。家庭联产承包责任制由于对家庭经营方式的充分肯定，实现了土地所有权与使用权的分离，在经济体制改革初期，获得了极大成功。但是这一模式并没有很好地解决传统体制下形成的土地归属关系不清的问题。土地所有权主体不清，这是目前土地制度存在诸多问题的根源，因此，土地制度改革与完善首先要明确界定土地所有权主体。

在明确界定土地所有权主体上理论界有两种截然不同的观点，一种观点是主张农用土地私有化，认为农村土地只有界定为农民私有才算产权明晰，才能形成对农民长期投入和努力经营的有效激励。另一种观点是主张通过土地所有权国有化，实行国有民营，租给农民永佃使用。土地制度不是一种脱离实际的理论构造，土地制度的变革也不取决于人们的主观愿望，而是特定时期、特定的政治、经济及社会条件诸多因素综合作用的结果。在特定的历史时期一种土地安排合理与否，取决于这种制度安排是否能够与当时特定的约束条件有很好的相融性和协调性。从现阶段的具体国情出发，应该说，这两种观点都是值得商榷的。

我国是社会主义性质的国家，生产资料公有制是我国社会主义经济制度的基础。土地这一生产要素的特殊重要性，决定了土地制度不仅是农业部门最根本的制度安排，而且是整个社会经济制度的最基本的方面。受到我国基本经济制度的制约，考虑到土地制度在整个经济制度中的重要地位，土地制度的变革，必须在公有制框架内进行。即使抛开政治经济制度和社会意识形态的制约不论，单纯从有利于促进农业发展角度来分析问题，土地私有制也不是一个较好的选择。从生产力发展的角度来分析，土地私有制的实施会造成以下难以解决的问题：一是土地私有不利于土地的流动与集中。在土地资源十分紧缺的条件下，经济发展必然会带来地价的不断上涨，土地私有会使农民把土地作为资产增值的手段而不肯轻易转让。二是土地私有制不利于土地宏观配置效率的提高。土地资源作为一种不可再生的有限性资源，不仅要注重它的微观利用效率，而且必须注重它的宏观配置效率。土地的宏观配置效率包括将土地用于公用事业的建设；采取各种措施保持土壤肥力以利于土地资源的持久性利用；通过促进土地所有权与使用权的转让来实现土地、劳动、资本等要素的合理配置等。应该说在这些方面，土地私有不仅不会产生有利的影响，反而由于土地私有权的垄断造成障碍。

一般认为，实行土地私有制，会使土地的所有者更加关心土地的持久性使用，有利于对土地的长期投入。但从实践来看，土地私有制能够保障微观土地利用效率的提高只适用于所有权与使用权合一的情况下。由于土地产权关系不仅仅包括土地所有权的关系，在不同的土地所有制的条件下由于使用权分配的不同，土地的微观利用效率也是不同的。比如在土地私有制条件下的租佃制，由于土地所有权的垄断，佃农耕种土地所有者的土地，往往把收入的一大部分作为地租交给土地所有者，而且一旦产出增加了，地租也会相应地增加。这样提高生产率所带来的好处大部分归土地所在者占有，这种土地使用关系严重抑制了农民采用新技术和在土地上投资的积极性。相反，在澳大利亚，各种类型的公有土地占到了近90%，从公有制和私有制的实际利用效率来看，并不存在任何明显的差别。可见，土地的微观使用效率与私有制之间并不存在着必然的内在联系。在土地所有权明晰的条件下，只要建立合理的土地使用制度，就可以给经营者以有效的激励，刺激他们采用新技术，增加对土地的投入，从而保障土地的微观利用效率。

实行土地国有化的确可以防止土地私有制本身难以克服的缺陷：如由于土地兼并而形成的贫富两极分化；由于土地私有权垄

断所形成的土地经营规模过小和土地宏观配置效率难以保障等问题。而且在土地国有制的条件下，只要土地使用制度合理，同样可以保障土地资源微观利用效率的提高。问题在于一种土地制度的安排不仅要考虑这种土地制度安排的有利之处，同时也要考虑这种土地制度安排的可行性。尽管实行土地国有化从理论上说具有土地私有制不可比拟的优越性，但这一土地制度安排受到两方面的限制：一是受到现阶段生力水平的制约。在现阶段的生产力发展水平的条件下，即使是实行土地国有制，国有土地的管理还要靠各级地方政府来代表国家行使土地的所有权。具有所有权的国家难以实行直接管理，而实行直接管理的地方政府又没有土地所有权，极有可能造成国有土地所有权的虚置，并为各级行政机构从局部利益出发，过度干预土地经营提供了条件。由于土地国有制脱离了现阶段生产力发展水平，这种制度安排不仅难以实现理论分析所具备的优点，而且还会由于责权利关系不清，不利于土地的合理利用与有效配置。二是受到农民意愿的制约。在现阶段生产力发展水平下，占有土地是广大农民最基本的愿望，政府把社区农民集体公有财产收归国有，取代农民集体组织而成为这部分土地的主人，从而获得土地的收租权，是对农民集体财产的一次剥夺，必然受到广大农民的强烈反对。不顾农民意愿强行实行国有化的土地制度变革，极有可能会造成大的社会动荡。

现阶段我国土地制度变革与完善比较可行的选择是，首先进一步明确和完善土地的集体所有制。要以法律的形式明确农村农用土地坚持社区农民集体公有，长期归农民经营使用。

其次，切实保障农民对土地的使用权，允许土地使用权的有偿转让。目前农户土地使用权是很不完善的，具体表现在：（1）土地使用期限的长短处在不断变化之中。家庭联产承包制实行以来，国家先后规定5年、15年、30年不变的承包期，尽管土地使用期限是不断延长的变化趋势,但这种变化却表明土地使用期限的不稳定性和可变性的特点。特别是由于各地在执行过程中,遇到集体内人口增减变化与承包期固定不变的矛盾,根据农村社区集体所内含集体人口基本权利的法则,大多数村都调整了承包土地,使得国家所规定的土地承包期并没有真正落到实处。(2)土地使用的排他性受到限制。许多地方政府利用强制性手段来规定农民必须完成某些作物品种的种植数量,而不管这些品种是否能够盈利。(3)土地使用的转让权还不明确,农户按人口平均承包土地,其转让、抵押、继承等项权利并没有掌握在农户手中。由于农户土地使用权的不完整,集体土地的流转与集中机制就不可能建立起来,土地的适度规模经营,农业的技术进步也会随之受到影响。因此,土地制度改革的一个非常重要的方面就是要采取各种措施,切实保障农民的土地使用权,在此基础上建立土地流转与集中机制,以促进农业剩余劳动力向城市非农产业的转移,加快对传统农业现代化改造的步伐。

切实保障农民土地使用权的一个非常重要的方面是通过延长土地承包期,给予农民对所承包土地的永久使用权。提倡实行"增人不增地,减人不减地",明确农户拥有对所承包土地的使用权、收益权、转让权、抵押权和继承权,并颁发具有法律效力的土地使用权证,以进一步界定土地产权,稳定农户的经济预期,促进土地使用权的流转和适度规模经营的发展。东北地区要借鉴其他地区在农地流转方面的成功经验,要积极探讨土地流转与规模经营的具体形式。

三、现行户籍管理制度的变革

如果说农村土地制度的改革是解决二元经济结构转换过程中

农业剩余劳动力能够脱离土地的束缚，走出乡村的问题，那么现行户籍制度的改革则是解决农业剩余劳动力能够进入城市非农产业的问题。也就是说前者是解决走出去的问题，而后者则是解决进得来的问题。

工业化引起城市化，导致农村人口发生产业转移与地域转移，这是人类社会向现代化演进过程中的必然规律。世界上绝大多数的国家，不论是已经完成城市化进程的发达国家还是正处于加速城市化阶段的发展中国家，都没有通过户籍管理制度来限制人口迁移。中国与其他国家不同，对人口迁移的限制主要是通过以户籍管理制度为基础的城乡隔离体制来实现的。在严格的户籍管理制度下，户口是城市居民与农村居民截然分开的标志，以此为基础，市民与农民在住宅制度、粮食副食品供应制度、就业制度、教育制度、医疗制度、养老保险、劳动保护制度等方面都存在着明显的差异。而这些差异把城乡居民划分为在权利、机会和风险方面存在极大差别的两大群体。就粮食、副食品等基本生活用品的供给制度而言，改革开放以前，市民享受定量低价供应的基本生活必需品，而农民则无法得到低价的基本生活必需品的供应；城市居民普遍实行公有住房制度，90%的住房由各个企事业单位和行政机构投资、建设、分配与管理，城市居民享受住房补贴，房租水平极低，而农村居民住房则由农民自己投资建造，住宅质量与生活服务设施十分落后；我国的教育经费主要投资于城市教育部门，农村教育相当大的一部分是农民自筹资金；城市居民的就业在传统体制下基本上由国家包下来，而农村居民要在城市就业除了有限的国家计划内招工，大中专毕业生的毕业分配及具有干部身份的复转军人的安置等途径外，几乎是不可能的；城市居民从50年代初开始逐步享有公费医疗保障，而广大农民只能是自费医疗，并辅之以小范围的合作医疗；对于城市居民的劳动者建立了相对完善的劳动保护制度和以单位养老保险为特色的养老保险制度，而广大农村则基本上不具备劳动保护与养老保险制度。

我国现行的户籍管理制度是特定社会历史条件的产物。由于它减轻了重工业优先发展条件下的城市就业压力，减少了由"国家包起来的"的人口数量，从而保证了农业剩余以剪刀差的形式源源不断地流入城市工业，因此，它对于实行以重工业为中心的经济发展战略，对于我国能够在较短的时期内建立完整的工业体系和国民经济体系，起到了重要作用。但是这一制度安排，限制了城乡间的劳动力流动，在市场经济不断发展的条件下，现行户籍制度的内在缺陷日益暴露出来，成为妨碍要素流动，阻碍二元经济结构转换的重要因素。

这种以限制人口迁移为特征的户籍管理制度，违背了市场经济运行的基本要求，导致了城乡资源配置的不均衡。市场经济条件下，市场机制对资源配置起基础性作用，市场机制实现资源合理配置的前提是生产要素可以在全社会范围内自由流动，在市场机制引导下的资源优化配置过程，同时也就是资本、劳动力等生产要素在不同产业、不同地区之间合理流动的过程。我国户籍管理制度限制了人口的自由迁移，导致了我国城乡间资源配置的非均衡。农村在不断承受着大量剩余劳动力压力的同时，却一直在为城市工业化提供资本积累，城乡资本与劳动力配置关系的失衡，一方面造成农村过多的劳动投入的低效率，另一方面也影响了城市工业资本的利用效率。城乡资本与劳动力配置失衡，是我国二元经济结构反差扩大的重要原因。

在户籍管理制度基础上的一整套劳动就业制度、生活资料配给制度、社会保障制度以及严密的社会管理体系，阻碍了农业剩余劳动力向城市非农产业转移。改革开放以来，我国农业剩余劳动力主要靠乡镇企业吸收，但仅靠乡镇企业是难以完成剩余劳动力转移这一历史任务的，农业剩余劳动力的转移还要更多地依靠城市第二、三产业的发展。"离土不离乡，进厂不进城"，虽然在一定程度上解决了农业人口非农产业化问题，但却没有解决农村人口城市化问题。长期以来，户籍管理制度妨碍了人口向城市的集聚过程，造成了中国城市化滞后于工业化进程。

改革开放以来户籍管理制度赖以存在的基础已经动摇，一是由于多种所有制的发展和市场竞争的加剧，企业用工自主权大大增强，使劳动就业制度发生了一定程度的变化；二是由于经济发展，居民生活资料的供给已经商品化。由于农民进城可以找到工作，可以买到基本生活必需品，现有的户籍制度就再也无法继续阻挡劳动力的在城乡间的流动。有关资料显示，目前全国常年外出的民工保持在1亿人以上，由于流入城市的人口不能通过户口变更登记进入社会管理网络，影响了对流动人口的有效管理，不仅造成城市社区出现了一定程度的混乱局面，也难以对流动人口的合法权益实施有效的保护。

我国现行户籍管理制度改革的重点是人口迁移政策的调整，要改革现行的限制农村人口向城市迁移的政策，取消农业户口和非农业户口的人为界线，尊重以生活基础为依据的居住地选择，按职业划分人群，按居住地划分城乡。户籍制度改革的核心是消除城乡户籍差别，使户籍不再与劳动就业、居住权利、子女教育、社会保障等社会福利相联系，使户籍真正成为一种表明公民居住情况的证件。一旦城乡户口之间的差别待遇被取消，人们也就不会对城市户口情有独钟，政府也就不必通过户籍管理的手段限制人口的迁移了。

东北地区由于城市率高，农业生产的资源条件好，具有率先进行户籍制度改革的有利条件。东北地区可尝试在中小城市取消对农村人口的户口限制，改革户籍管理为人口登记管理。东北地区的户籍制度的改革必须与城市居民住房、医疗、教育制度的改革配套进行，必须与城乡社会保障制度的改革相结合。要改变现有社会保障制度中存在的覆盖面窄，单位保障仍占主导地位的状况，逐步统一城乡社会保障的基本标准，使社会保障制度走向社会化。要把农村社会保障制度建设纳入整个社会保障体系建设的规划当中，根据我国农村经济发展的实际，可能考虑首先建立新的医疗保险、养老保险制度，在有条件的地区建立统一的城乡保障体系。

参考文献

1. ［美］阿瑟·刘易斯：《二元经济论》，北京经济学院出版社1989年版。
2. V. N. 巴拉舒伯拉曼：《发展经济学前沿问题》，中国税务出版社2000年版。
3. 包月阳：《中国经济的弱势》，经济日报出版社2000年版。
4. 鲍振东等：《2006年：中国东北地区发展报告》，社会科学文献出版社2006年版。
5. 鲍振东等：《2007年：中国东北地区发展报告》，社会科学文献出版社2007年版。
6. 蔡昉：《穷人的经济学——农业依然是基础》，武汉出版社1998年版。
7. 蔡昉：《中国的二元经济与劳动力转移——理论分析与政策建议》，中国人民大学出版社1990年版。
8. 蔡伟明：《转型中国亟待解决的问题》，改革出版社1998年版。
9. 曹晓峰、方晓林、张卓民等：《2008年辽宁经济社会形势分析与预测》，社会科学文献出版社2008年版。
10. 常修泽、高明华：《中国国民经济市场化的推进程度及发展思路》，载《经济研究》1998年第11期。
11. 陈淮：《过剩经济！过剩经济？——形势与对策》，经济科学出版社1998年版。

12. 陈吉元等：《中国农业劳动力转移》，人民出版社1993年版。

13. 陈吉元、韩俊等：《人口大国的农业增长》，上海远东出版社1996年版。

14. 陈佳贵等：《中国工业化进程报告》，社会科学文献出版社2007年版。

15. 陈亮等：《近代东北区城市化与工业化相互作用的过程分析》，载《城市发展研究》2004年第6期。

16. 陈鲁梅：《从区域经济的发展谈东北老工业基地的振兴》，载《经济师》2005年第7期。

17. 陈武：《比较优势与中国农业经济国际化》，中国人民大学出版社1997年版。

18. 陈秀山、滕瑛：《东北地区与长三角地区经济效率和经济结构的比较研究》，载《当代经济研究》2006年第3期。

19. 陈宗胜：《经济发展中的收入分配》，上海三联书店1994年版。

20. 丁立：《培育有竞争力的农业产业体系》，载《农业经济》2001年第4期。

21. 东北振兴办：《东北老工业基地装备制造业优劣势分析》，《东北老工业基地装备制造业重组战略研究报告》摘编，www.CCTV.COM，2008-01-04。

22. 杜鹰：《走出乡村》，经济科学出版社1997年版。

23. 樊纲：《渐进式改革的政治经济学分析》，上海远东出版社1998年版。

24. 方甲：《产业结构问题研究》，中国人民大学出版社1997年版。

25. 费景翰、拉尼斯：《劳动剩余经济的发展》，经济科学出版社1992年版。

26. 高帆：《交易效率、分工演进与二元经济结构转化》，上海三联书店2007年版。

27. 郭克莎：《中国：改革中的经济增长与结构变动》，上海三联书店1993年版。

28. 郭少新：《中国二元经济结构转换的制度分析》，中国农业出版社2006年版。

29. 国家计委宏观经济研究院经济形势分析课题组：《加快结构调整 激发内生动力——2001年经济趋势预测与调控对策》，载《沈阳市场价格信息网网络资料》2001年第3期。

30. 国家计委经济研究所课题组：《二元结构矛盾与90年代经济发展》，载《经济研究》1993年第7期。

31. 郝寿义：《区域经济学》，经济科学出版社1999年版。

32. 何诚颖：《中国产业结构理论和政策研究》，中国财政经济出版社1997年版。

33. 何玉长等：《知识就是力量——走向前沿的知识经济学》，广东旅游出版社1998年版。

34. 洪银兴：《经济运行的均衡与非均衡》，上海三联书店1988年版。

35. 胡必亮：《发展理论与中国》，人民出版社1998年版。

36. 胡春力：《结构调整的原因和目标——中国面临产业结构转换的严峻挑战》，中国计划出版社1997年版。

37. 胡志坚：《国家创新系统》，社会科学文献出版社2000年版。

38. 黄建军：《点燃头脑的火把——知识经济与产业结构调整》，广东旅游出版社1998年版。

39. 黄孟复、胡德平主编：《中国民营经济发展报告 No.3 (2005~2006)》，社会科学文献出版社 2006 年版。

40. 黄泰岩等：《从经济区域比较看东北经济的振兴》，载《经济理论与经济管理》2006 年第 8 期。

41. 霍利斯·钱纳里：《发展的格局》，中国财政经济出版社 1989 年版。

42. 贾大明：《我国三农问题的现状与 21 世纪展望》，载《经济研究参考》2001 年第 40 期。

43. 江春泽：《国际比较中的中国经济体制转轨》，武汉出版社 1997 年版。

44. 金凤君等：《东北地区振兴与可持续发展》，商务印书馆 2006 年版。

45. 景体华等：《2006~2007 年：中国区域经济发展报告》，社会科学文献出版社 2007 年版。

46. 菊颂东：《知识经济与产业结构调整》，社会科学文献出版社 2000 年版。

47. 孔金平：《东北振兴与政府转型互动研究》，中国人民大学博士学位论文，2006 年。

48. 朗永清：《二元经济结构条件下的结构调整与经济增长——以劳动力转移为主线》，经济科学出版社 2007 年版。

49. A. J. 雷纳：《农业经济学前沿问题》，中国税务出版社 2000 年版。

50. 李京文：《21 世纪中国经济大趋势》，辽宁人民出版社 1998 年版。

51. 李俊江：《国外老工业基地改造给我们的启示》，载《新长征》2004 年第 13 期。

52. 李慎明：《全球化与第三世界》，载《中国社会科学》

2000年第3期。

53. 李铁军：《面向新世纪的中国产业结构》，经济管理出版社1998年版。

54. 李铁映：《中国经济改革的双重探索》，载《经济研究》2004年第2期。

55. 历年《中国统计年鉴》、《辽宁统计年鉴》、《吉林统计年鉴》和《黑龙江统计年鉴》。

56. 厉无畏：《转型的中国经济》，上海人民出版社1998年版。

57. 林毅夫等：《中国的奇迹：发展战略与经济改革》，上海三联书店1994年版。

58. 林毅夫著：《制度、技术与中国农业发展》，上海三联书店1994年版。

59. 刘朝明：《中外农村产业结构比较研究》，中国社会科学出版社1992年版。

60. 刘洪：《大透析——中国工业现状、诊断与建议》，中国发展出版社1998年版。

61. 刘世锦：《中国经济学——1997》，上海人民出版社1999年版。

62. 刘伟：《经济发展与结构转换》，北京大学出版社1992年版。

63. [美] 刘易斯：《发展计划》，北京经济学院出版社1988年版。

64. 刘迎秋等：《中国经济成长：格局与机理》，人民出版社1998年版。

65. 刘中一、邓鸿勋：《跨世纪战略发展过程中的中国经济结构研究》，经济科学出版社1998年版。

66. 陆百甫：《大调整——中国经济结构调整的六大问题》，

中国发展出版社 1998 年版。

67. 罗荣渠：《现代化新论——世界与中国的现代化进程》，商务印书馆 2004 年版。

68. 马克思：《资本论》第 1 卷，人民出版社 1975 年版。

69. 马涛：《东北地区经济转轨机理研究》，复旦大学出版社 2007 年版。

70. 马迎迎、杨丽：《我国东北区域经济增长中的固定资产投资、储蓄效应实证分析》，载《价格月刊》2007 年第 2 期。

71. 牛若峰：《中国农业的变革与发展》，中国统计出版社 1997 年版。

72. 农业部农村经济研究中心当代农业史研究室：《当代中国农业变革与发展研究》，中国农业出版社 1998 年版。

73. 朴明根：《二元经济与我国金融危机防范研究》，经济科学出版社 2006 年版。

74. H. 钱纳里：《工业化和经济增长的比较研究》，上海三联书店 1989 年版。

75. 任保平：《欧盟一体化进程中德国鲁尔区的产业转型绩效分析及启示》，载《西安财经学院学报》2006 年第 6 期。

76. 石建国：《东北工业化研究》，中共中央党校博士论文，2006 年。

77. 世界经济与中国编辑组：《世界经济与中国》，经济科学出版社 1996 年版。

78. T. W. 舒尔茨：《人力的投资：人口质量经济学》，加利福尼亚大学出版社 1981 年英文版；又见中译本，华夏出版社 1990 年版。

79. ［印度］苏布拉塔·贾塔克：《发展经济学》，商务印书馆 1989 年版。

80. 孙萍等：《挑战未来——中国经济跨世纪发展战略》，西南财经大学出版社 1999 年版。

81. 谈世中：《发展中国家经济发展的理论和实践》，中国人事出版社 1992 年版。

82. 谭崇台：《发展经济学》，上海人民出版社 1989 年版。

83. 谭庆刚：《双重转换中的乡镇企业》，社会科学文献出版社 2007 年版。

84. 陶文达：《发展经济学》，中国财政经济出版社 1988 年版。

85. ［美］M. P. 托达罗：《第三世界的经济发展》，中国人民大学出版社 1988 年版。

86. 王保田等：《中国的城市化道路及其发展趋势》，学苑出版社 1993 年版。

87. 王长胜等：《中国与世界经济发展报告（2008）》，社会科学文献出版社 2008 年版。

88. 王贵辰：《中国农村经济改革新论》，中国社会科学出版社 1998 年版。

89. 王建：《大变革时代的思考》，社会科学文献出版社 2007 年版。

90. 王朗玲、李敏娜著：《老工业基地改造与体制创新》，经济科学出版社 2004 年版。

91. 王洛林、魏后凯：《东北地区经济振兴战略与政策》，社会科学文献出版社 2005 年版。

92. 王梦奎：《中国经济发展的回顾与前瞻》，中国财政经济出版社 1999 年版。

93. 王荣华：《2007 年：创新长三角》，社会科学文献出版社 2007 年版。

94. 王瑞璞等：《当代中国农村的发展与改革》，中共中央党校出版社1998年版。

95. 王询：《工业化过程中的劳动力转移》，东北财经大学出版社1994年版。

96. 王章辉等：《欧美农村劳动力转移与城市化》，社会科学文献出版社1999年版。

97. 王振：《中国工业化第二条道路》，上海社会科学出版社1999年版。

98. 吴仁洪：《中国产业结构动态分析》，浙江人民出版社1990年版。

99. 吴宇晖、张嘉昕：《东北老工业基地资源型城市发展、接续产业中人力资源开发研究》，载《东北亚论坛》2005年第2期。

100. ［美］西奥多·W·舒尔茨：《改造传统农业》，商务印书馆1999年版。

101. ［美］西蒙·库兹涅茨：《现代经济增长》，北京经济学院出版社1989年版。

102. 夏耕：《中国城乡二元经济结构转换研究》，北京大学出版社2005年版。

103. 徐传谌、庄慧彬：《加快市场化制度创新、振兴东北老工业基地》，载《经济与管理研究》2004年第2期。

104. 徐业滨：《黑龙江省高层次人才的现状及培养对策》，载《学术交流》2006年第7期。

105. 严瑞珍：《农业产业化是我国农村经济现代化的必由之路》，载《经济研究》1997年第10期。

106. 杨雪：《法国东北老工业区振兴中的就业政策——对我国老工业基地振兴的启示》，载《人口学刊》2004年第5期。

107. 杨成绪：《大变革——走向21世纪的世界经济》，首都经济贸易大学出版社1999年版。

108. 杨来科：《地域的陷落——知识经济与经济全球化》，广东旅游出版社1999年版。

109. 杨瑞龙：《面对制度之规》，中国发展出版社2000年版。

110. 杨宜勇：《城市化创造就业机会与城市就业空间分析》，载《管理世界》2000年第2期。

111. 杨玉生：《发展经济学》，辽宁大学出版社1992年版。

112. 袁志刚等：《隐性失业论》，立信会计出版社1998年版。

113. ［美］约瑟夫·熊彼特：《经济发展理论》，商务印书馆1990年版。

114. 斋·滕优：《南北问题与技术合作》，载《世界经济译丛》1998年第5期。

115. 张德修：《大接轨：走向全球化的中国开放型经济》，经济日报出版社2000年版。

116. 张风波：《中国宏观经济结构与政策》，中国财政经济出版社1988年版。

117. 张桂文：《民营经济发展与老工业基地振兴》，载《理论界》2005年第4期。

118. 张杰：《大对策——环球经济发展方略》，经济日报出版社2000版。

119. 张今声：《国民经济管理学教程》，辽宁大学出版社1993年版。

120. 张培刚：《新发展经济学》，河南人民出版社1999年版。

121. 张平、刘霞辉：《中国经济增长前沿》，社会科学文献出版社2007年版。

122. 郑文范：《促进东北装备制造业由"加工基地"模式向"制造基地"模式转变对策研究》，载《科技进步与对策》2005年第4期。

123. 中国人文社会科学博士硕士文库编委会:《中国人文社会科学博士硕士文库经济学卷》,浙江教育出版社1998年版。

124. 中国社会科学院农村发展研究所:《1999~2000年:中国农村经济形势分析与预测》,社会科学文献出版社2000年版。

125. 周叔莲:《中国城乡经济及社会协调发展研究》,经济管理出版社1996年版。

126. 周天勇:《劳动与经济增长》,上海三联书店1994年版。

127. 周小亮等:《新世纪的角逐——寻找知识经济的制度结构》,广东旅游出版社1999年版。

128. 周毅:《21世纪中国人口与资源、环境、农业可持续发展》,山西经济出版社1999年版。

129. 周振华:《体制变革与经济增长》,上海三联书店1999年版。

130. 周振华:《现代经济增长中的结构效应》,上海三联出版社1995年版。

131. 朱守银:《中国农村城镇化进程中的改革问题研究》,载《经济研究参考》2001年第6期。

132. 朱勇:《现代增长理论与政策选择》,中国经济出版社2000年版。

133. H. B. Chenery, "Structural Change and Development Policy", Oxford University Press, 1979.

134. Colin Clark, "The Conditions of Economic Progress", Macmillan LTD. London, 1957.

135. Gerald, M. Meier, "Leading issues in Economic Development", Oxford University Press, 1984.

136. Madddison. A., "Economic Progress and Policy in Developing Countries", Allen & Unwin, 1970.

137. A. p. Thrilwall, "Growth and Development", The Machmillan Press, 1983.

138. Rashit, M.. Labour Surplus Economy. A Neo – keynesian Approach. Macmillan India Press, 1982.

139. Ross, J., "Economic Reform: Success in China and Failure in Eastern Europe", Monthly Review, May 1994.

140. G. Edward Bbanks, "China: A Unique Urbanization Model", Asia Pacific Population Journal, Vol5, No. 3, 2003.

141. Johnson, D. Gale, "Can Agricultural Labor Adjustment Occur Primarily through Creation of Rural Non-farm Jobs in China ", Urban Studies, 2002, Vol. 39, No. 12.

142. Lu, M. "More Efforts for Development of the Rural Market", China Development Review, 2000, 2 (1).

143. Alwyn. Young, "Gold into Base Metals: Productivity Growth in the People's Republic of China during the Reform Period", NBER working paper, 2000.

144. Shujie Yao. "China's Rural Economy in the First Decade of the 21 Century: Problems and Growth Constrains", China Economic Review, 2000.

145. Magnus Blomstrom, Edward, N. Wolff, "Growth in a Dual Economy", World Development 1997.

146. Pei-Kang Chang, "Agriculture and Industrialization", Hong Kong: Arcadia Press, 2002.

147. J. Sachs, X. Yang & D. S. zhang, "Globalization, dual economy, and economic development", China Economic Review, 2001.

后　　记

本书是张桂文教授主持的辽宁省高校人文社科重点研究基地项目（批准号：J05010）——《二元经济结构转换与东北老工业基地振兴》的最终成果；国家社会科学基金项目（批准号：06BJL003）——《我国二元经济结构转换的政治经济学分析》的阶段性研究成果。课题组成员有周健副教授、王国辉副教授、王旭升博士、王杰力博士、贾晓华博士、袁辉光博士、徐敏博士、张爽博士、冯旭、刘剑锋、季高晟、崔艳丽、高月等。

本书写作提纲由张桂文教授提出，经全体课题组成员反复讨论拟定。导言、第一章、第五章、第六章、第七章、第八章、第九章由张桂文执笔，第二章由周健执笔，第三章、第四章由张桂文、周健执笔。全书由张桂文、周健审阅、修改和定稿。

本书在写作过程中参阅了国内外大量的有关文献，从中受到了许多启迪，在此特向这些文献的作者表示感谢。本课题在调研过程中，得到了辽宁省发改委的支持，这里一并表示谢意。

本书是在新的历史条件下，从全面系统的观点，多视角对东北二元经济结构转换进行的一次尝试性探索。由于这项研究工作还未有先例可循，且受到区域数据收集困难和项目组成员学识和水平的限制，书中的疏漏甚至错误必定不少，诚恳希望读者给予批评指正。

作者

2008 年 10 月